写给孩子的
礼仪教养书

雷　子◎编著

1 家庭礼仪

天津出版传媒集团
天津人民美術出版社

图书在版编目（CIP）数据

写给孩子的礼仪教养书. 1，家庭礼仪 / 雷子编著
. -- 天津 ： 天津人民美术出版社，2023.4
ISBN 978-7-5729-0998-6

Ⅰ. ①写… Ⅱ. ①雷… Ⅲ. ①礼仪－儿童读物 Ⅳ.
①K891.26-49

中国国家版本馆CIP数据核字(2023)第060449号

家庭礼仪

第一册

前言

家庭礼仪，是人类为维系家庭正常生活而要求家庭成员共同遵守的基本的道德行为规范。家庭礼仪在家庭成员长期共同生活和相互交往中逐渐形成，并且以风俗、习惯和传统等方式固定下来。对青少年而言，家庭礼仪是一个人的思想道德水平、文化修养、性格气质等方面的综合表现。重视家庭礼仪应成为孩子健康成长的一个重要内容。

家庭礼仪可以用来沟通思想、交流信息、联络感情，对于家庭和谐氛围的建立和维系具有不可替代的作用。一个家庭是否幸福，家庭成员之间的和睦相处非常关键。父母与儿女之间、兄弟姐妹之间，要做到相互尊重，相互关心，相互谅解，言语有文明，行为讲礼貌。

家庭成员日常相处的原则是友爱、平等、宽容和互相关心，尊重对方的人格、性格、爱好、隐私，让每一个人感受到自我存在的价值和意义。大家不仅关心彼此的学习、工作、生活，更主要的是在日常生活的细微处让对方感觉到自己的关心。我们要认识到，每个人都不是完人，家庭成员之间要宽容彼此的缺点。发生矛盾时，要勇于做自我批评，做必要的让步。

除了日常相处，家庭礼仪还需要通过一定的方式来维持、强化和巩固。社会学的理论认为，家庭礼仪的主要功能并非以个人形象的塑造为重点，而是通过种种习惯形成的礼节、仪式来进一步沟通感情。例如，向父母问安、举办生日宴会、乔迁新居等种种仪式的举行和参与，可以使人们体会和享受到更多的家庭温暖。举行这些仪式，可以加强家庭成员的感情联络，提高家庭的凝聚力和向心力。

因为亲情的纽带，家庭成员之间更能体现真诚的关怀和无私的帮助。有的孩子习惯了接受父母或长辈的照顾，甚至习惯成自然，把家庭成员的关怀和帮助当成别人的分内之事。一旦自己的需求得不到满足，就撒泼打滚在家里闹，这种行为是非常错误的。在父母与子女之间，尊重是相互的，彼此之间都要以礼相待。在家庭生活中，只有每个人都履行自己的责任，尽到自己的义务，言行符合礼仪，才能营造良好的家庭氛围，快乐地度过一生。

本书讲述家庭礼仪规范，通过展现家庭生活常见的各个小场景，根据家庭生活的特点，告诉孩子在不同的家庭场景下应该如何遵守礼仪，做个有教养的好孩子。内容涉及仪容仪表、孝亲敬老、兄弟姐妹相处、居家日常等，让孩子全面、有效地接受家庭礼仪教育。本书贴近生活实际，针对性强，是孩子学习家庭礼仪的规范，也是现代家庭礼仪教育的指南。

“家和万事兴。”我们要清醒地意识到，讲礼才能家和。礼仪无小事，家庭不是彻底放飞自我的独立王国。注重家庭礼仪、践行家庭礼仪，从“我”做起，从今天做起，让自己成为一个展现优良家风的“有礼人”。

编者

目录

孝亲敬老礼

百善孝为先

兄弟姐妹礼

家和万事兴

仪容仪表礼

做最美的自己

坐姿礼

你坐『好』了吗

目录

站姿礼

你真的会『站』吗

行走礼

优雅气质走出来

餐桌礼

餐桌举止非小事

日常生活礼

爱在日常，礼不寻常

目录

孝亲敬老礼

百善孝为先

家庭礼仪

儒家《孝经》说：『身体发肤，受之父母，不敢毁伤，孝之始也。立身行道，扬名于后世，以显父母，孝之终也。』孝顺父母、敬爱老人，是每个人的责任，也是义务，更是中华民族的传统美德。要把这一思想时刻贯穿到生活中，从思想上重视，养成习惯。从礼仪的角度看，我们与父母及长辈相处，要秉持恭敬的心意，保有和悦的神色；行为要合乎礼仪，努力做好一切事情，以尽量不让父母和长辈为自己担忧。

要孝敬父母

曾子说，孝子养老，要使父母内心感到快乐，不违背他们的意愿，娱乐他们的耳目感官，使他们起居安逸，在饮食方面要悉心照料，直到孝子生命结束。所谓“终身”孝敬父母，并不只是说终父母一生，而是终自己的一生。凡是父母所爱所敬的人，自己也要爱和敬，即使对犬马也都如此，何况对于人呢？中国传统教育的“教”字，就是“孝”文化的推广，由孝敬、感恩父母推广到天下万物。所以说，孝是仁爱之根本。一个对父母都不能有仁爱的人，岂能善待他人？所以，孝敬父母不仅是作为儿女应尽的本分，也是在提高自

己的修养，培养自己的仁德。

现在很多年轻人忘记了对父母的孝敬，处处以自我为中心，要求父母对自己无微不至地照顾，自己却从不考虑报答父母的养育之恩。不关爱父母，不赡养父母，不给父母好脸色，或者一连几个月不去看望父母，或者对待宠物比对待父母还要亲……这些都是本末倒置的做法，也是严重违背礼仪的事情。

和颜悦色对父母

孔子说，侍奉父母，能随时和颜悦色，让父母开心。仅仅是有了事情，儿女替父母去做，有了酒饭，让父母吃，难道这样就可以称得上孝了吗？就像《礼记·祭义》上说的："孝子之有深爱者必有和气，有和气者必有愉色，有愉色者必有婉容。"在父母面前不可丧着一张脸，更不可出言不恭、随意顶撞，甚至恶言相加。无论我们是顺境还是逆境，都应该在他们面前保持和颜悦色。要做到不与父母争吵，不惹父母生气，主动为父母做家务分担辛劳，让父母为自己的懂事和成长而开心。上学时好好读书，毕业以后好好工作，成家后夫妻和睦，不让父母操心，多给父母尊荣，多给父母留希望。孝敬父母是为人第一德，要时刻牢记在心并加以培养。

孝顺父母，尊敬为先

爱的基础是尊敬。尊敬父母，就是表达爱的最好的方式之一。《论语》中说："今之孝者，是谓能养。至于犬马，皆能有养。不敬，何以别乎？"我们要感恩父母日复一日、年复一年为自己的成长所付出的心血。我们要尊重父母的人生经验，听取不同的生命体悟，他们的处世之道有很多值得我们学习的地方。当然，他们的认知也有局限，我们不一定全部听取，就像我们自身也有很多知识局限一样。俗话说："树老根多，人老话多。"父母年龄大了，唠叨也就多了。所以，即使他们说的不对，我们也可以甄别吸收，不要随意粗暴地打断他们的话，或者对他们说的不理不睬，或者对他们说的嗤之以鼻、冷嘲热讽，失去敬重之心，这是严重违背礼仪的。

要理解、体谅父母

父母作为成年人，需要承受各种压力。例如，在工作中遇到了困难，和领导产生了矛盾，人情往来中有了麻烦等。他们也会感到疲惫不堪、心力交瘁，甚至会产生负面情绪，回到家里对家人发脾气。《论语》中说："事父母几谏，见志不从，又敬不违，劳而不怨。"作为儿女，要认识到自己一生下来就有穿、有吃、有住，是因为父母在辛苦地赚钱养家。父母不可能事事顺心，在烦恼时回家发发牢骚，作为儿女应该多点体谅；

在意见产生分歧的时候，应该学会换位思考，多理解父母，不要执拗地去争辩，毕竟家里是讲情而非讲理的地方。另外，不要干涉父母的私事。父母有自己的社交圈和个人隐私，更有自己的思想感情，子女应体谅父母的难言之隐，不要追问自己不该问的事情。

知识链接

黄香温席

汉朝时，江夏（今湖北境内）有个人叫黄香。黄香从小就很孝顺。在他九岁时，母亲因病去世了。小黄香非常悲伤。从此，他与父亲相依为命，对父亲更加关心与照顾。

古时的冬天，天气特别寒冷，老百姓家中又没有任何取暖设备。一天晚上，黄香读书时，感到异常的冷，他捧书的手一会儿就冻僵了。他想，这么冷的天，劳累一天的父亲，晚上怎么休息啊？为了能让父亲休息好，小黄香就悄悄帮父亲铺好被子，然后脱了衣服，赤身钻进冰凉的被窝。他用自己的体温将被窝暖热后，再请父亲休息。小黄香的孝心，将父亲感动得热泪盈眶、心如暖阳。黄香温席的故事，后来传到了京城，被人称为『天下无双，江夏黄香』。

要关心体贴父母

如果父母生病了，你能细心照顾父母吗？《论语》中说：

“父母唯其疾之忧。”关心体贴父母，尤其要留心他们的健康状况，这是对父母极大的照顾。对有病的父母，一定要悉心照料他们的衣食起居，随时嘘寒问暖，及时查看、询问父母有什么需求，想吃些什么、用些什么等，给予他们更多的关爱。子女除了完成自己的作业，还要主动挑起家庭的重担，多做家务，尽量减轻父母的负担，让父母享受清闲。此外，在父母生病期间，要忧心父母的健康，不要再刻意打扮自己，不要高声说话

知识链接

子欲养而亲不待

一天，孔子在去齐国的路上遇到一个叫丘吾子的人在哭泣，声音非常悲哀。孔子下车，上前问：『您为什么哭得这么伤心呢？』丘吾子哽咽地说：『我此生有三个过失，可惜到了晚年才觉悟，但已经追悔莫及了。』孔子问：『您的三个过失，能否告诉我？』

丘吾子悲痛地说：『我年轻时外出求学，可等我学成回家后，却发现我的父母都已经去世了，这是我的第一大过失；在壮年时，我辅佐齐国国君，然而国君却骄傲奢侈，丧失民心，我却没有尽到做臣下的职责，这是我的第二大过失；我生平很重视友谊，可如今朋友都失去了联系，这是我的第三大过失。』他仰天悲叹说：『特别让我难过的是，当我想要奉养父母时，他们却已经不在了。』

孔子把此事告诉了弟子们。众弟子听了孔子的教诲后，马上回家去看望父母。

或吵闹，不要大笑，不要和同学朋友们出去游玩，还要把无关紧要的事情都推掉，全身心地照顾父母。这才是为人子女应该做的事情，也是符合礼仪的。

出入家门告诉父母

“可怜天下父母心”，无论我们长多大，在父母眼中，我们都是孩子。父母对我们的关心是无微不至的，对我们的牵挂和

惦记更是时时刻刻的。所以，无论我们出门游玩，还是回到家，都要先告诉父母一声，让他们安心。夜晚必归家休息，如果有特殊情况，一定要禀告父母，得到应允。这是为人子女的基本礼仪，正如《礼记·曲礼上》所说："夫为人子者，出必告，反必面。"此外，如果到朋友、亲戚家做客，走时也要告知，回家或到达目的地后要报平安。不声不响地离开或到达，是违背礼仪的。

时常向父母问安

《弟子规》上说："冬则温，夏则清；晨则省，昏则定。"意思是说，为人子女，要对父母的身体健康及心情状况时时关心、处处留意。寒冬腊月天冷时，要想到父母的穿着、被盖是否温暖如意？夏天气温炎热时，要想到父母白天工作、晚上休息是否凉爽安宁？早晨起来，要向父母请安问好；晚上回家后，可将自己在外的情形略告父母，使他们放心。这些虽是日常小事，但处处都表现出儿女的孝敬之心、知恩报恩之心。此外，如果

知识链接

游子吟

明·袁凯

游子行万里，
母心亦如之。
陆行有虎豹，
水行有蛟螭。
盗贼凌寡弱，
风露乘寒饥。
谁云高堂安，
中有万险危。
寄言里中子，
亲在勿远离。

在外地求学或工作，更要时时联系父母，一则让他们别太牵挂想念自己，二则了解他们的生活状况。这些都是做子女的基本礼仪。

记住父母的生日

“慈母手中线，游子身上衣。临行密密缝，意恐迟迟归。谁言寸草心，报得三春晖。”天大地大，不如父母恩情大，我们用什么来报答他们的生养之恩呢？很多人知道自己的生日，能记住好朋友的生日，甚至为自己或朋友们开隆重的生日宴会；但往往忘记父母的年龄及生日，或者父母生日时，却没有任何祝福及具体表示，这样符合礼仪吗？《论语》上说：“父母之年，不可不知也。一则以喜，一则以惧。”就是说，父母的年纪，不可不知道并且常常记在心里。一方面为他们的长寿而高兴，一方面又为他们的衰老而恐惧。孝悌是仁爱之本。对于生养我们的父母，如果不能常

怀感恩之心及做出具体的孝行，甚至连他们的年龄及生日都不知道，又怎么能称得上懂得礼仪呢？

父母呼唤立即到

相信不少人见过这样的场景，妈妈做熟了饭，对着儿女再三呼唤："宝贝儿，快点儿吃饭了！"可是，正在看电视的孩子像没听到似的，仍然一声不吭、一动不动地在那里坐着。这种行为符合礼仪吗？《童子礼》中教导我们：凡是父母长辈召唤我们时，应该随声响应，不可以迟缓，要快步走到尊长面前听候吩咐。如果我们坐着，要站起来立即过去；如果我们正在吃饭，要放下碗筷立即过去。不理不睬，一动不动，这是对别人的不尊重，更何况是对父母长辈呢？这是基本的礼仪常识。

不称父母长辈名字

中国人对称呼很讲究，特别是对尊长的称呼，是有很多礼仪的。《童蒙须知》上说："凡称呼长上，不可以字……凡对父母长上朋友，必称名。"意思是说，凡称呼长辈时，不可以直呼其名或字，要按辈分或年龄称对方爷爷、奶奶、伯父、伯母等，这是尊敬的表现。对长辈、领导、朋友称自己时，一定要报名，不称自己的字。另外，如果称年纪相当的平辈，称字不称名，或尊称兄姐；如果年纪比自己小许多的人，可以称名；如果是上级领导则尊称职衔，如王部长、李经理等；如果称古人，尊称姓名或加先生，今人在正式场合也要尊称男子为先生、女子为女士。这都是基本的称呼礼仪。切记：直呼父母尊长的名字，是非常无礼的行为。

知识链接

彩衣娱亲

老莱子，春秋时期楚国的隐士。他非常孝顺父母，经常做美味佳肴供奉双亲，想尽一切办法逗父母开心。一天，父母看到老莱子的头发都斑白了，儿子也七十岁了，禁不住伤感起来。为了不让父母担忧，老莱子专门让人做了一套五彩斑斓的衣服，经常穿在身上，顾不得自己的高龄，手持拨浪鼓如小孩子般在父母面前调皮地戏耍，逗得父母眉开眼笑。看到父母脸上的笑容，老莱子才心满意足。

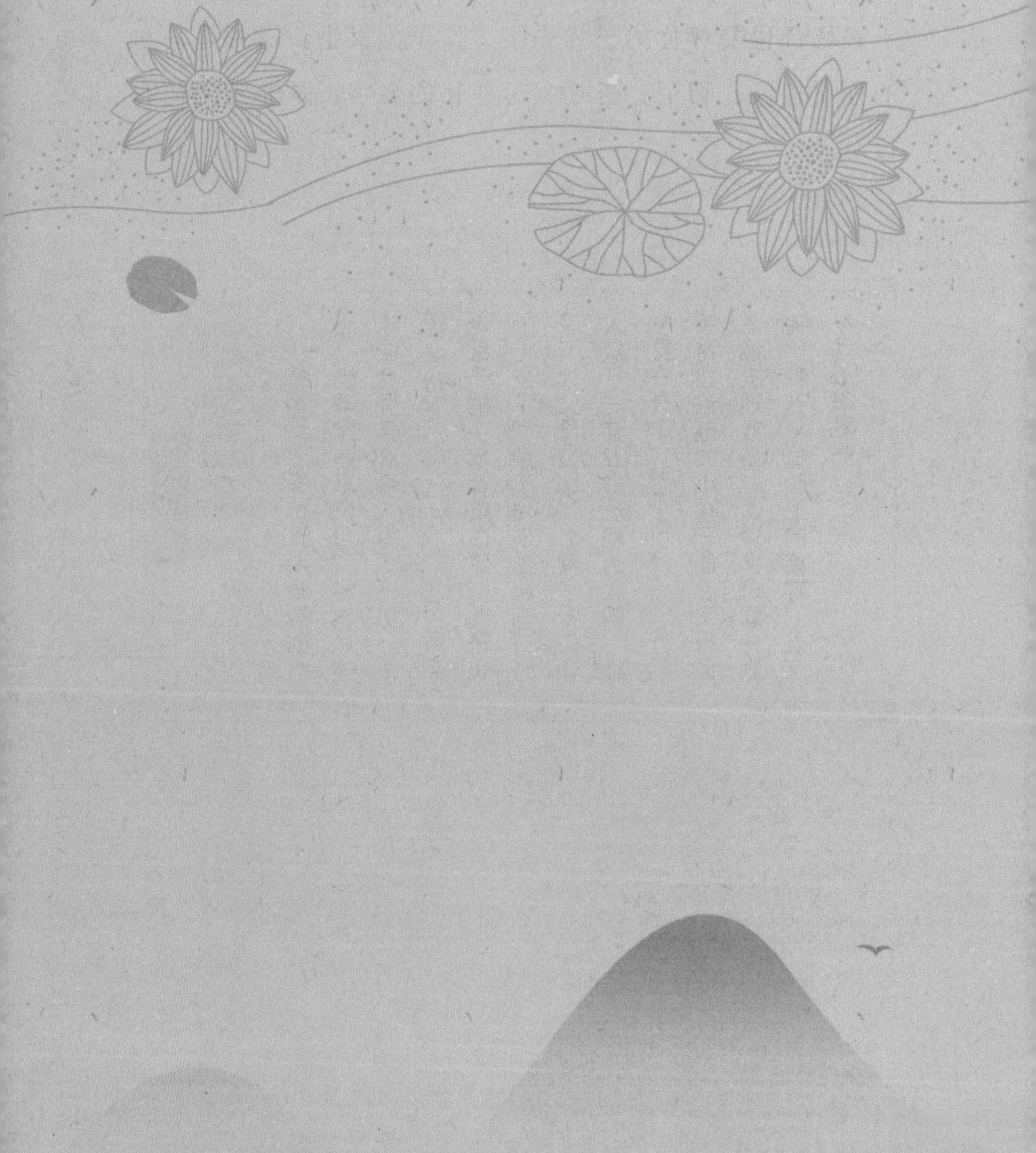

兄弟姐妹礼

家庭礼仪

家和万事兴

一个家庭，能否幸福愉快，兄弟姐妹之间的和睦相处，占有举足轻重的地位。如果兄弟姐妹之间能友好相处，互助互爱，即使产生矛盾，也能讲究礼仪，不吵不闹，互相谅解，和好如初，这样的家庭环境，必然十分融洽。兄弟姐妹，都是父母所生，古人将其比为手足之情，具有血缘之亲。所以《弟子规》上说：『兄道友，弟道恭，兄弟睦，孝在中。』兄弟姐妹不和，首先伤心的是父母；兄弟姐妹和睦，开心的也是父母。那么，兄弟姐妹之间相处应讲究哪些礼仪呢？

互相尊敬，以礼相待

生活中的礼仪有很多，但核心就是《礼记·曲礼上》说的：不要不恭敬。虽然兄弟姐妹之间，用不着那么客气，但天天在一块儿相处，难免会产生怠慢之心和不妥的言行，容易发生种种不愉快和矛盾。所以日常相处，还是要选择一定的礼仪和方式，才能和睦关爱长久，如实事求是地表达意见，不随意讽刺挖苦兄弟姐妹，说话讲究方式方法，有时候言辞要婉转。不要说对兄弟姐妹团结不利的话，即使有人传言于耳，也应该相互信任，不造谣、不信谣、不传谣；做任何事情，都要想到兄弟姐妹的感受，不做对不起他们的事情，这样才能让兄弟姐妹们的感情更亲密、更坚固。

互相关爱，同气连枝

法昭禅师写过一首描述兄弟情谊的诗：“同气连枝各自荣，些些言语莫伤情。一回相见一回老，能得几时为弟兄。弟兄同居忍便安，莫因毫末起争端。眼前生子又兄弟，留与儿孙作样看。”

是啊，兄弟姐妹就好像树枝一样，是同一个树干衍生出来的。爱自己的兄弟姐妹，其实就是爱自己的父母。父母时时刻刻都在为自己的孩子操心，甚至担心自己去世后孩子能否好好地生存下去。所以能体贴父母之心的人，一定能与兄弟姐妹和睦相处，互相帮助，互相关爱。因此，如果你是哥哥姐姐，就应当爱护弟弟妹妹，关心他们的思想、学习和生活。当弟弟妹妹有了错误时，不要在父母面前斥责他们，以免伤害他们的自尊心，尽量不在父母面前随意“告状”，而引起他们的反感。如果弟弟妹妹之间发生矛盾，哥哥姐姐一般以当“和事佬”为宜，切不可偏听、偏信、偏袒任何一方，以免加深矛盾。如果你是弟弟妹妹，也一定要尊重、敬爱哥哥姐姐，听从他们的规劝。

同气连枝，和睦相亲，父母心安，修身进德。

互相帮助，自立自强

兄弟姐妹之间有了困难要互相帮助，让大家感受到亲情的温暖。当一方遇到难以解决的问题时，其他兄弟姐妹应该尽己所能、不遗余力地施以援手，帮助他渡过难关。兄弟姐妹虽然是同父同母所生，但在智力、体力、见识方面会有差异，在学

知识链接

兄弟折箭

铁木真是大蒙古国的建立者。他有兄弟五个，自己排行老大。小时候，他们几个兄弟常为一些小事发生争吵，闹得很不团结。铁木真的母亲非常不安。一天晚上，她把五个儿子叫到身边，取出五支箭，发给每人一支，让他们把箭折断。结果他们没费多大力气就把箭折断了，接着，母亲又拿出五支箭，用皮绳捆在一起，让他们来折。这一次，五兄弟费尽九牛二虎之力也没能折断。母亲意味深长地说：『你们五个全是我生的。如果不齐心，每个人会像单支箭那样容易被人折断；如果齐心协力，你们就会像捆好的五支箭一样不易被人欺负！兄弟齐心，打起仗来才能战无不胜啊！』五兄弟明白了母亲的用心，从此以后相处十分和睦，再也不闹矛盾了。

习和以后工作上取得的成绩也必然有所不同。但生活中无论谁遇到大事，兄弟姐妹都要援手相助。俗话说：“兄弟同心，其利断金。”大家小时候在学习上互相帮助，长大后在经济上互相扶持，才能让每一个人在亲情的滋养中，自信乐观地走好人生之路。同时，每个人都要学会自立自强，尽量不给兄弟姐妹找麻烦，自己的事情先想办法承担起来，尤其不要有事事都依赖兄弟姐妹们的思想，这样会成为别人的精神负担，关系就不易长久和睦。

轻视财物，珍重亲情

《弟子规》上说：“财物轻，怨何生？言语忍，忿自泯。”兄弟姐妹相处时，不能把钱财物资看得太重。人世间的很多矛盾，都是因为彼此太重视物质，在面对财产时起纷争，彼此的怨恨就会产生。所以，兄弟姐妹之间如果能轻财物，不把物质看得太重，甚至有布施的心，把你多余的财产、多余的财物分散给家人，就可以减少许多的怨恨。除了钱财，“言语忍，忿自泯”。兄弟姐妹相处久了，在日常生活中，难免有语言不到、做事不妥的地方。这时，只要不是大是大非、原则性问题，忍一下，退一步，可能就过去了，千万不要为一点小事，非要在言语上争高下，在事情上辩对错。特别是那些心直口快的人，极容易说出伤人感情的话。尤其需要注意的是，做父母的一定要以身作则。因为你的言语不忍，不仅让你和兄弟姐妹不和，也会影响你的孩子。这就是《颜氏家训》中说的，兄弟不和睦，子侄之间就不能互相友爱；子侄不能互相友爱，族里的子侄辈就会关系疏远的深刻道理。

重视交流和沟通

亲情不是单单靠血缘去维护的，更需要一定的付出。兄弟姐妹之间要重视交流和沟通，这样做既能解决彼此的矛盾，又能拉近各方心里的距离。我们不要忽视交流和沟通的重要性。有的人性格内向，遇到事情喜欢闷在心里，不愿意把自己的心事告诉别人。作为亲人，兄弟姐妹们在节假日休息时要多聚会，多交流，多亲近，加深感情，敞开心扉，积极为彼此的事情出谋划策，必要时送个小礼物安慰考场失意的人或遇事不顺的人，这些都是让人感觉亲情美好的温馨举动。

站在他人立场看问题

俗话说："一娘生九子，子子各不同。"兄弟姐妹多，难免个性不同，想法不同。所以，和兄弟姐妹相处时，不能只考虑自己的某些需求，应该换位思考，并从多个角度去审视、分析其合理性与可行性。要充分认识到自己的需求是不是与别人的权益发生冲突。不能为了满足自己的需求，将自己的想法强加给他人。要学会站在他人立场看问题，抱着心平气和的态度，按照互相关爱、相互尊重的原则去处理与兄弟姐妹的关系。“礼之用，和为贵。”一些人在生活中只顾及自己，忽视甚至蔑视兄弟姐妹，动不动以吵架或者打架的方式解决家庭矛盾。这些

行为导致亲情关系紧张，是非常错误的做法，也是严重违背礼仪的。

善于听取建议和意见

兄弟姐妹尽管有长幼之分，但在人格上都是平等的，需要互相尊重。所以，在日常相处时，要善于听取他人建议和意见。当兄长、当姐姐的，对弟弟妹妹要爱护体贴，说话做事不能采取高高在上的傲慢态度；弟弟妹妹也要尊重兄长和姐姐，不要故意挑衅他们。在学习和生活中，有些人往往只考虑自己的想法，从不把别人的想法考虑进去，始终认为自己的想法是绝对正确的。尤其是在商量家庭事务的时候，以自我为中心，随便否定别人的建议和意见，非常容易给别人造成一种压迫感。这是不尊敬兄弟姐妹的表现，是破坏亲情、恶化家庭氛围的不良行为。

孝顺父母不推诿

孝顺父母是每个家庭成员应尽的义务。有的人只想回报不想付出，在孝顺父母问题上和兄弟姐妹讨价还价，表现得异常自私。他们内心深处存在攀比思想，遇到好事总想伸手捞一把；遇到义务就抱怨社会，抱怨父母，抱怨兄弟姐妹，总觉得人人亏欠自己，不愿意承担家庭责任，总想把孝顺父母的事情推给兄弟姐妹。面对生病或者年老的父母，他们有时装作没看见，

知识链接

班家三兄妹

东汉历史学家班彪有三个孩子，分别是长子班固、次子班超、小女儿班昭。

班彪一直致力于著史，为了续写司马迁的《史记》，他作了《后传》六十五篇。班彪死后，班固首先继承父亲的遗志，专心致志写《汉书》。可惜的是，《汉书》没有完成，班固就因为冤案死于狱中。在班固死后，妹妹班昭为完成父亲和哥哥的心愿，主动承担起续写《汉书》的重任，最终不辱使命，完成了我国第一部断代体史书《汉书》的编撰工作。由于编写《汉书》取得的重大成就，班固和班昭像他们的父亲一样，都成为我国著名的历史学家。

班超和哥哥、妹妹的感情深厚，亲密无间，但他的志向与哥哥、妹妹不同。他年轻时为官府抄写文书，后来听说匈奴不断侵扰边疆，就把笔一扔，气愤地说：『大丈夫应当像张骞那样到塞外去立功，怎么能老死在书房里呢！』于是，他投笔从军，跟随大将军窦固出兵攻打匈奴。在他奉命出使西域的三十一年内，先后有五十余个国家降服归顺汉朝。他为西域回归、民族融合、重开丝绸之路做出了巨大贡献。因此，历史上留下了『班家三兄妹』的美名。

有时表示自己无能为力，甚至为了逃避责任去指责或谩骂兄弟姐妹。这些表现不仅是违背礼仪的，也是非常不道德的。同时，万一有个别兄弟姐妹不太尽孝，自己也不要过于抱怨，试想：如果你是独生子，难道就不孝敬父母了吗？他们多多少少不是也帮衬自己吗？如果他们是残疾人，你不是还要照顾他们吗？想到这些，你可能就安心很多了。再说，孝敬父母，首先尽到自己的心和力，不要与兄弟姐妹分高低，这也是礼仪修养。

不乱动兄弟姐妹的私物

家里的兄弟姐妹，除了共有的玩具和日常生活用品，一定都有属于个人的私有物品，例如收到的生日礼物、个人专用的物品等。对于这些物品，即使是兄弟姐妹之间，没有经过对方的允许也不要乱动。

可能有人会说，都是一家人，没有必要分彼此！如果这样认为就错了，因为在任何情况下，随意动用他人的私有物品都是违背礼仪的，是没有修养的行为。所以，即使在家里，没有征得同意，也不要乱动兄弟姐妹的私有物品。这是对兄弟姐妹的尊重，否则，你这种行为可能会伤害到兄弟姐妹的感情。

共同分担家务劳动

爸爸妈妈有时候会分派一些家务给兄弟姐妹。这个时候，每个人都要承担相应的责任，完成爸爸妈妈分派的家务。

哥哥姐姐不要恃强将家务硬推给弟弟妹妹，弟弟妹妹也不要以年幼为借口而推卸责任。兄弟姐妹之间要学会协商分担家

庭事务。作为哥哥姐姐要替弟弟妹妹多分担一些家务，而弟弟妹妹也要主动承担一些力所能及的事。

在劳动的时候，兄弟姐妹之间要相互帮助，相互照顾，齐心协力完成家庭事务，偷奸耍滑是一个人修养不足的表现。

要注意说话的方式

有人会说，熟不讲礼。兄弟姐妹之间，用不着那么恭敬有礼，想说什么就说什么。但是说话太过随意，不考虑对方的感受，往往会在不经意间伤害彼此的自尊心，给亲情带来不利影响。这就是孔子所说的“直而无礼则绞”的深意。

所以，我们和兄弟姐妹说话时，也要注意方式方法，以体现对对方起码的尊重。如兄弟姐妹之间言语沟通交流，口气一定要温和。不要对兄弟姐妹大喊大叫，更不能对他们粗言秽语。对兄弟姐妹提出批评意见，应该委婉地劝告。刚直严厉的言辞，往往使人难以接受，并伤害别人的自尊，从而在亲情关系上烙下不好的印痕。特别是面对事物意见不同时，最好用商量的口吻说出自己的见解和方法，以理性判断，供对方选择。

不要直呼兄姐的名字

现代家庭，特别是城市家庭，大多数孩子是独生子女，很少有兄弟姐妹。所以很多人没有哥哥姐姐或弟弟妹妹的概念，因此对待平辈，他们往往都是直呼其名。即使有些人有哥哥姐姐，也是和父母一样直呼其名，这是不礼貌的行为。

长幼有序，称呼恰当，是中国传统礼仪基本常识。所以，面对弟弟妹妹可以称名或“某弟”“某妹”，面对哥哥姐姐，就不能称呼其名了。一般来说，在称呼年长者时，可以直接喊“哥哥”“姐姐”，也可以称“某哥”“某姐”，这是一种礼敬。

如何与继父或继母的孩子相处

两个单亲家庭组合在一起生活，和继父或继母的孩子想要和谐相处，需要家庭成员之间互相包容，互相理解。继父或继母的孩子，虽然和自己没有血缘关系，但是同样是自己的兄弟姐妹。我们在和他们相处的时候，其基本礼仪和与同胞兄弟姐妹相处时一样，有些地方还需要我们格外注意。

和继父或继母的孩子相处，如果是异性之间，举止就不能像亲兄弟姐妹那样，一定要懂得避讳。即使关系再好，也要尽量避免身体的接触，衣着不能太暴露，尽量不进入对方的房间，等等。另外，因为特殊关系比较敏感，要格外尊重与他们有血缘关系的亲人。对于事情的不同意见及家庭矛盾，尽量不要在公开场合争辩，包括在继父或继母面前诉说。

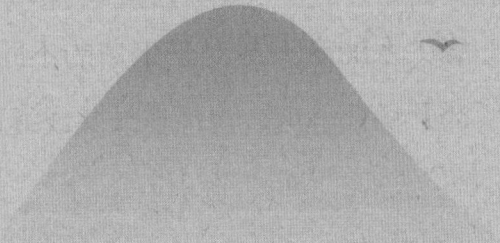

仪容仪表礼

做最美的自己

家庭礼仪

《礼记》上说『礼义之始，在于正容体，齐颜色，顺辞令』，可见仪容在人际交往中是十分重要的。在我们与人相处时，虽然『第一印象』并非一定是正确的，但却是极鲜明、极牢固的，并且决定着我们以后交往行为的依据。一个仪表堂堂的孩子见尊长时，一定是昂首挺胸、神色庄重、目光端正、步履稳重、手不乱动、声调温和、衣帽整洁的。而我们平时只有如此要求自己，才不失礼仪之道。

头颅要端正

头部的姿态能反映我们的信仰、意志及精神面貌。当我们路遇尊长时，我们头部的姿态怎么摆放才是正确的行为呢?《礼记·玉藻》中要求我们与尊长或贵宾相处时，要“头容直”，就是头部要端正，不要东摇西晃。头直则心正意诚。反之，摇头晃脑则显得轻佻浮躁。因此，我们在见到尊长或贵宾时，不仅内心要恭敬，头部也要端正，胸部要挺直，此为形神兼备，内外双修。

目光不斜视

俗话说："眼睛是心灵的窗户。"它不仅给我们带来了明亮的世界，还是我们表达情感的窗口。当我们面对尊长时，我们应该怎样目视对方呢?《礼记·玉藻》要求我们与尊长相处时，要"目容端"，意思是目光要平稳、端正地注视对方，视线从容，不要斜视，以表示对长辈的尊敬。千万不要让眼神飘来飘去，或死盯着对方看，这是不礼貌的。《礼记·曲礼下》也指出，看人时，如果视线高于对方的面部，就像是在看天，会显得目中无人；如果视线低于对方的腰带，会显得过于自卑；如果眼睛左顾右盼，目光游移不定，则又显得心术不正。这些行为都是违背礼仪的。

面色要庄重

人的面部表情是人内心情感的外在表露，体现了人的内在德性。《礼记·玉藻》要求我们见到尊长或贵宾时，要"色容庄"，就是说神色要庄重稳健，温和恭敬，不傲不慢，不能面带倦色，面带倦色有懈怠之意；不能嬉皮笑脸，嬉皮笑脸有轻佻之嫌。这些都是违背礼仪的。此外，面由心生，在不同场合，应有不同的表情：如果参加丧事，必有哀痛的表情；如果参加喜事，必有喜悦的表情。

仪容要整洁

《童蒙须知》指出，容貌仪表要端正整洁。从帽子、头巾到衣服鞋袜，要保持干净整洁。要做到“三紧”：头紧，帽子、头巾要戴正扎紧；腰紧，腰带要束紧；脚紧，鞋带要系紧。三者都

知识链接

『囚首丧面』王安石

王安石是北宋时期著名的政治家、文学家，名列唐宋八大家之一。但他在生活中却不讲究卫生，留下了衣裳肮脏、须发纷乱、仪表邋遢的不好形象。

同为唐宋八大家之一的苏洵，曾批评王安石说『衣臣虏之衣』，『囚首丧面而谈诗书』。沈括也是和王安石同时代的人，他在《梦溪笔谈》中记载了这样一件事：一次，王安石又在书房里苦读了一星期。等他出来后，门人看见他面色发黑，以为他得了重病，就连忙叫来了医生。医生经过一番诊断后说出了一个令人哭笑不得的结论，原来王安石没有得病，只是因为长时间没洗脸，所以脸上污垢太多了，面色自然就发黑了。等医生走后，门人就劝王安石把脸好好地洗一下。王安石却对门人的建议嗤之以鼻，说：『我天生就这么黑，再怎么洗脸也不会变白！』

扎紧了，人的精神状态良好，才能表现出对人、对事的郑重。如果衣衫不整，“三带”即帽带、腰带、鞋带，松松垮垮，就显得懒散、漫不经心，既不尊重自己，也不尊重别人，是违背礼仪的。现在很多人不戴帽子、头巾，但头发一定要梳理整齐。

举足不轻浮

在尊长面前走路时，我们是一蹦三跳，还是应端庄、沉稳呢？《礼记 · 玉藻》要求我们与尊长相处时，要“足容重”，就是说走路时步履要稳健，不可蹦跳不定。《礼记 · 曲礼下》中也提到“行不举足，车轮曳（yè）踵”，就是说行走的时候，不要把脚抬得太高，要像车轮贴着地面那样，用脚跟着地往前走，这样才能显示出人的沉稳气质，也是对人对事恭敬的具体体现。

口不要乱动

《礼记 · 玉藻》要求我们见到尊长时，要“口容止”。“口容止”是告诫我们在正式场合，口不可妄动，尽量保持端庄、静止状态。例如，与人交谈、听课或接受嘉奖等严肃庄重的场合，要做到不撇嘴，不歪口，不嚼口香糖，不边吃零食边听人讲话。“口”保持静止，是内心恭敬的体现。同时，需要说话时，我们应该做到要言不烦、言简意赅，不要乱开口，不要东拉西扯、没完没了。既要保持“口容止”，也要讲究说话的内容和时机，避免言不切义、废话连篇。

双手不乱动

朋友们，当我们面见尊长时，是双手交叉放在背后相见呢，还是恭敬地上前问候致礼呢？《礼记·玉藻》要求我们与尊长相处时，要“手容恭”，就是说我们双手举止要端庄，不要乱指乱动，要有恰当的姿势。而不同的礼节，双手都有相应的位置，例如，路遇尊长时，要恭敬地上前行礼问候，此时双手应叠放

在身体前侧，双腿并立；如果接受别人礼物时，就要双手接过来；如果对方是捧着递送，我们就要把双手放在与心齐平的位置捧接礼物。切记：双手乱动给人轻佻的感觉，而把双手放在背后则显得傲慢，这些都是违背礼仪的。

声调要温和

在公共场所，我们经常会看到一些提示牌，如“请勿喧哗，保持安静”“安静是无声的美”等。《礼记·玉藻》上说，要“声容静”，就是在一些公共场合，要保持安静。如果在剧场、影院、音乐厅、图书馆等场合，要做到“声容静”。如果需要说话时，音调要温和平缓，尽量轻声细语，不要大声喧哗。因为大声说话会打扰别人，破坏清静的环境。此外，平日和父母长辈说话时，也要做到轻声细语、和颜悦色。当然，如果是耳背的老人，声音又不能太小，以防对方听不清楚。“言由心生，心由言修”，心中时刻存着恭敬、尊重及感恩，才能做到说话从容，声调舒缓。

呼吸均匀无声

平时与人交往，尤其是与尊长谈话时，要保持呼吸平静、悄无声息。切忌唉声叹气，否则就会失礼。《礼记·玉藻》要求与他人相处时，要“气容肃”，就是说呼吸要均匀，不要大口喘气，也不要发出怪声。所谓气畅则神定，神定则气爽。否则，就会影响自身气质和形象，还会影响别人对我们的评价，更是违背礼仪的行为！

睡姿要优雅

古人有“卧如弓”的礼仪。就是说睡卧时将躯体右侧，微曲双腿，弯成“弓”形。这样的睡姿不仅文雅优美，也有利于健康。因为这种睡姿使心脏处于高位，不受压迫；肝脏处于低位，供血通畅，有利新陈代谢；让全身处于放松状态，呼吸更匀和，睡眠更安稳。而仰卧看似全身放松，但腹腔内压力较高时容易发生憋闷现象，且睡姿不太雅观。俯卧影响呼吸，使心脏受压，不利于健康，且容易产生口水并流到被子上。枕着胳膊睡会使双臂麻木、血流受阻，影响睡眠。所以《童蒙须知》上说，睡觉时头枕枕头，不要蒙头睡。这些提醒不仅是礼仪规范，更是为了身体着想，让睡眠更香。

晨起洗漱干净

《童子礼》上说，早晨起来后，要立即洗脸梳头，以修饰仪容。脸要洁净，手要洁净，指甲要洁净，牙齿要洁净，耳朵、鼻孔也要洁净；要使头发整洁，不要散乱；身体要洁净，无异味。每天洗漱时，都要严格检查以上内容，仪容整洁才能出门上学、访友、出游等，这是基本的仪容礼。此外，餐前、便后要洗手。晚上休息前也要洗手、洗脸、洗足、洗头、刷牙等，这样既让身体舒服解乏，又干净卫生。

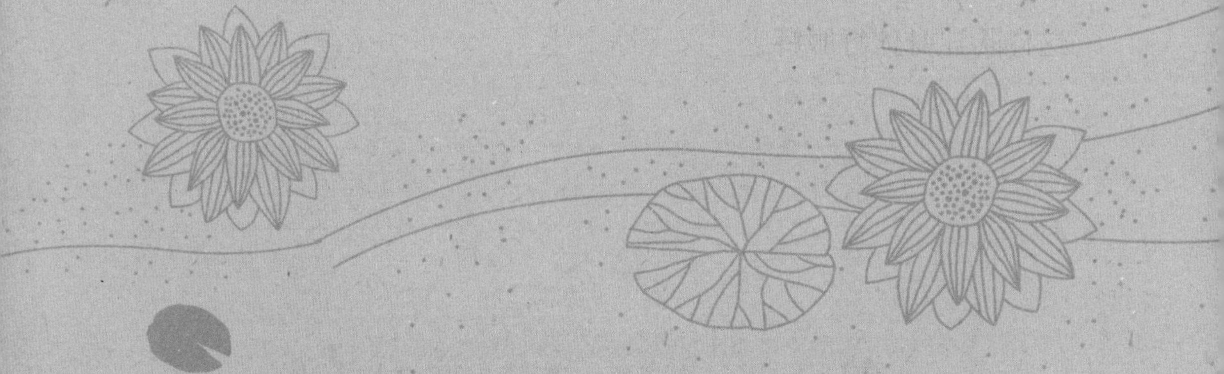

坐姿礼

你坐『好』了吗

家庭礼仪

『人无礼而不生，事无礼则不成，家无礼则不兴，国无礼则不宁。』中国是传统的礼仪之邦，举手投足、站立坐卧都有明确的规范。坐姿如果不正确，除了看起来没精神，也容易腰酸背痛，甚至影响脊椎，压迫神经，最终影响身体健康。正确而优雅的坐姿是一种文明行为，它既能体现一个人的形态美，又能体现行为美。

坐姿要挺直

《童子礼》指出，凡是坐，上身要保持正直，合双手，收敛双脚，以示敬意。身体不可东倒西歪、前俯后仰或倚靠物品，这种身姿不仅不美观，并且影响身体的发育，长久以后，容易出现颈椎、腰椎等方面的疾病。此外，如果与别人同坐时，不要横臂、张腿、箕坐，不要跷腿、抖腿，不要将腿伸到别人腿脚处。这些都是违背礼仪的。古人说：“天下大事必作于细，天下难事必作于易。”我们要想成为知书达礼的人，一定要从一举一动的小事做起。

家中会客时的坐姿

《礼记·曲礼上》说“坐必安”，意思是坐下时身体要安稳，不要来回晃动或跷起二郎腿，或者不停地抖动腿，这是对客人的不敬。在家中会见客人，不能忽视坐姿问题。与客人一起就座，要注意先后顺序，礼让尊长，等尊长入座后再坐，否则这就是傲慢的行为，是严重违背礼仪的。入座时动作要轻、要稳，还要快慢适宜。坐在客人对面，应当面带笑容，双目平视，嘴唇微闭，微收下颌。双肩平正放松，两臂自然弯曲放在膝上，也可把两臂放在椅子扶手上或沙发扶手上。坐稳以后，要立腰，挺胸，上体自然挺直，双膝自然并拢，双腿正放或侧放。至少坐满椅子的三分之二，脊背轻靠椅背。谈话时，可以侧坐，此时上半身与腿同时转向一侧。待客结束起立时，要右脚向后收半步，然后再站起来。离座时要注意礼仪序列，尊长优先，离座动作要轻缓，不要突然起身离座，也不要因为离座弄出响声或将物品挤落在地上，以免打扰或惊吓到客人。

知识链接

孟子休妻

孟子的妻子独自一人在屋里，就伸开两腿叉坐着。孟子推门进屋，看见妻子这个样子，非常生气，就向母亲说：『这个妇人不讲礼仪，请准许我把她休了。』孟母说：『是什么原因啊？』孟子说：『她伸开两腿叉坐着。』孟母问：『你是怎么知道的？』孟子说：『我刚才进屋亲眼看见的。』孟母说：『这就是你的不对了。《礼记》上不是这样说吗，将要进大门时，要先问屋中有人没有；将要进入厅堂时，必须先高声传扬，让屋里面的人有所准备；将进屋时，眼睛要往下看，就是为了让人有准备。可是，你现在到妻子休息的地方去，进屋也不先扬声，因而让你看到了她两腿伸开叉坐的样子。你说，这是你不讲礼仪，还是你妻子不讲礼仪啊？』孟子无言以对，连忙承认自己的过错，再也不敢说休妻的事了。

使用电脑时的坐姿

有些同学免不了要在家用电脑上网课，有的上网课的时候不讲究坐姿，怎么舒服怎么坐，有的甚至瘫坐在椅子上。其实，这种坐姿是十分不雅观的，从健康的角度看，对身体也不利，久而久之会导致脊柱变形，诱发腰部酸痛、背部僵直紧绷等症状。坐在电脑桌前正确的坐姿应当是：身体要微微向后倾，颈部有扶托，保证颈部释放自身压力于扶托之上，这样可避免颈部疲劳。手臂自然下垂，放松肩部肌肉；手臂有扶托，减少手臂因为用力维持自身位置而产生的疲劳。调整电脑桌的高度，保证手能与键盘平行。分开放置双腿于地面，双腿间距约等于肩宽，保证腿部通畅的血液循环。视线与向地心垂线的夹角为115度角左右，也就是电脑屏幕略低于平行视线。这样不仅姿势优雅，对身体也有益。

知识链接

孔子骂原壤

原壤是孔子的老朋友。他的母亲去世了，孔子去帮忙料理后事。他不但没有一点悲伤，反而登上棺材唱起了歌谣。孔子无可奈何，只好装作没听见，以免与他发生不愉快。

关于孔子和原壤之间发生的故事，很有名的还有孔子骂他『箕踞』，就是两条腿像『八』字一样张开坐在地上。一天，孔子去看望原壤，原壤在家里等着孔子时采用了『箕踞』那样的坐姿，孔子骂道：『你幼小时候不懂礼节，长大了毫无贡献，老了还白吃粮食，真是个害人精。』说完，孔子用拐杖敲了敲他的小腿，提醒他的坐姿不雅。我们由此不难发现，即使在自己家里，也要坐有坐相。孔子认为原壤的坐姿是为老不尊，是极其不尊重他人的一种失礼行为。

女孩入座要双腿并拢

从礼仪的角度看，女孩在其他人面前入座时把双腿并拢，说明这个女孩子非常懂礼仪。这样做不仅姿态优雅，还能体现女性的柔美。从传统礼仪层面来讲，女孩分开腿的坐姿，总会给人一种不矜持的感觉。此外要注意的是，穿裙装的女孩在入座时，要用双手将裙摆拢在一起，以防止裙子坐出皱纹或因裙子被打开而使腿部裸露过多的尴尬，给人端庄不雅的印象。

坐着时不要抖腿

抖腿，是一种失礼且轻慢的行为，也是不尊重别人的表现。民间说法是："男抖穷，女抖贱。""男抖穷"是说一个男人喜欢抖腿，人会倒霉，运气差，再有钱也会抖光。"女抖贱"是说抖腿的女人生活作风比较轻浮，给人的感觉就不是一个太正经的女人。如果有人确实是无法控制抖腿，那么他很可能得了一种疾病叫作"不宁腿综合征"。它的症状主要就是不可抑制地抖腿，而且还伴有疼痛、腿部痉挛现象。真有这种疾病，应该尽早去医院诊断治疗。

不要跷二郎腿

一些人坐下时喜欢跷二郎腿。在跷二郎腿的时候，只需要一条腿发力，另一条腿可以放松，所以很多人一坐下来就会不自觉地跷二郎腿。有人认为跷二郎腿是一种象征身份的潜意识

知识链接

日本剑道的跪坐来源于中国

在中国古代相当长的一段时期内，室内没有椅子，只有席子，人们只能席地而坐。很常见的一种坐姿就是跪坐。方法是跪在席上，两膝并紧，臀部落在脚跟处。这是一种放松的姿态，古人大部分时间都会保持这个姿势。平日在席上跪坐，身体要稍微向后一些，以示谦恭。吃饭时，食几在席前一尺，身体要尽量前坐，避免饭菜撒落在席上。入席就座，要掀起下裳前摆。下跪时，左足向右一小步，先跪左腿，右足向后，再跪右腿，然后放下衣摆。起立时，先起右腿，再起左腿。次序分别是左足先跪后起，右足后跪先起。这种下跪顺序还有一个原因，当时士人习惯佩剑，且剑在左侧。秦汉以前佩剑多是青铜剑，剑身短，可以随身佩带而不必解下。秦汉以后剑身加长，入席后要解下长剑置于左侧。左足先跪、右足先起，身体左侧始终留有空间，便于紧急时刻拔剑自卫。隋唐时期，日本剑道向中国学习了跪坐的姿势，至今还保留着这种习惯与礼仪。

行为，会不自觉地产生一种优越感。所以，从传统礼仪看，跷二郎腿是一种傲慢自大、不尊重他人的行为。另外，人在跷二郎腿时，骨盆向一侧倾斜并扭曲，相连接的腰椎也跟着扭曲，日积月累，就很容易导致骨盆和腰椎错位，压迫神经引起腰腿痛，包括容易引起血压升高、骨盆形状发生改变等病症。

吃饭时的正确坐姿

传统中国人认为，吃有吃相，坐有坐相。《礼记·典礼上》中说："食坐尽前。"古人席地而坐，吃饭时要跪在席子前端，以免弄脏了席子。后世餐饮用具改变了，坐姿也发生了变化。所以《童子礼》中要求人在就餐时，要挺身端坐，与餐桌保持一拳左右的距离，不要离餐桌太远或太近，以防弄脏了餐桌或衣服。此外，还要提醒小朋友们，不要趴在桌子上吃饭哦！这种姿势不仅不文雅，还会给人留下抢着吃饭的感觉。

轻松舒服式坐姿

在休闲时光里，可以保持轻松舒服的坐姿，通常是不用刻意端坐的，正确的方法是：臀部尽量往后坐，让腰部尽量贴近椅子背部，双手可随意摆在腿部或椅子、沙发上，但一定要腰背挺直，不宜歪坐在椅子上。神态从容自若，表情自然，目光平视前方或默默注视说话对象。

端庄式坐姿

端庄式坐姿坐得优雅大方，一般适用于比较正式的场合，如家里举办生日宴会等。正确的坐姿是：骨盆中立，上身保持挺直，臀部尽量坐椅面的三分之二。两手交叉叠放于两腿中间，双肩保持平正，两腿并拢，脚后跟并拢，脚尖稍微打开一拳头的距离，大腿和小腿成90度，小腿垂直于地面。

丁字步坐姿

丁字步坐姿也是一种优雅坐姿，尤其适合淑女。要求双肩舒展，腰背挺直，双膝并拢居中，双脚呈丁字形，双手叠放于膝盖上。这种手势与丁字步的脚位相配合，显得腿部纤细，对于淑女来说更显优美形象。

前后式坐姿

前后式坐姿也是一种落落大方的坐姿方式，通常也适用于正式场合，如家里举办宴会等。它是在前边端庄式坐姿的基础上，变换脚步姿势而成的。通常是一只脚在前，另一只脚稍稍靠后，两脚的前后距离控制在半只脚的长度是比较合适的。

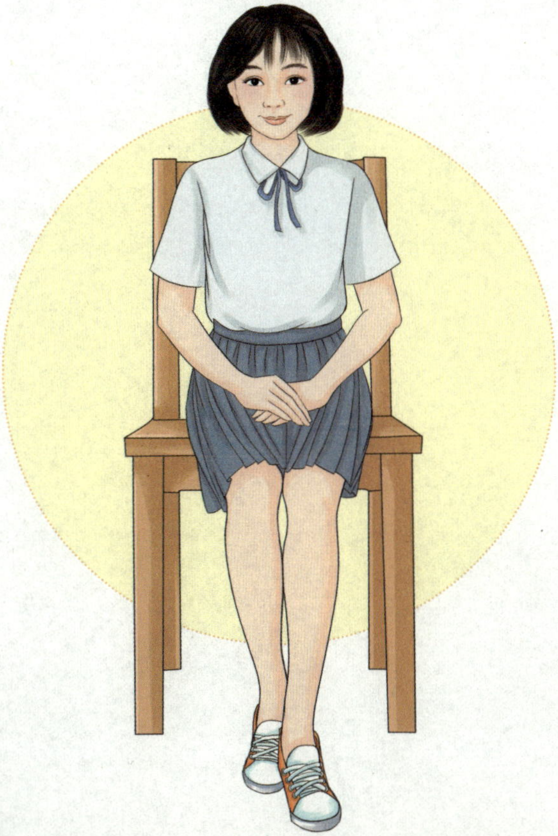

钩脚踝坐姿

钩脚踝坐姿是在丁字步坐姿的基础上变换脚步姿态而成的。正确的做法是：将一只脚的脚踝轻轻钩住另一只脚的脚踝，给人一种轻松自然的感觉。需要注意的是，钩脚踝的幅度不宜太大，以免失礼。

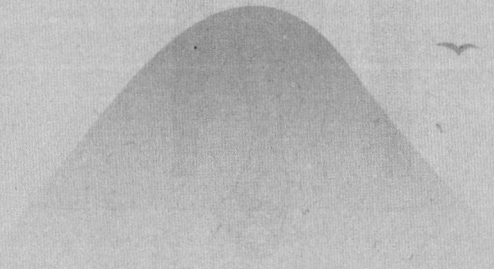

站姿礼

你真的会『站』吗

家庭礼仪

站姿不仅能表现出一个人外部的风度和气质，还关系到我们内在的健康。如果一个人看起来有精神、有气质，那么别人能感觉到他的自重和对别人的尊重。这样的人容易引起别人的注意和好感，有利于社交时给人留下美好的第一印象。女孩子站如芙蓉能让我们感到身姿的挺拔秀美，男孩子站如松柏能让我们领会到体态的壮美。无论哪种姿势，我们都会因站姿的挺拔自信而优雅出众、卓尔不群。

站姿要恭敬

《礼记·曲礼上》说，站立要像祭祀前斋戒时那样端庄持敬，不能一脚踏地，另一脚虚点地，身体倾斜；站着听别人说话时，要面朝对方，头要正，不要歪着头听别人说话，这样可以体现出谦恭有礼，明辨尊卑上下；站立时重心偏于一足，歪斜不正，对于他人，这是态度非常无礼的表现；不能站在门的中央，妨碍他人的出入；当已经有两个人并肩站立时，不能插在他们中间站立。《礼记·玉藻》要求我们见尊长时要“立容德”，就是说站立时要端正，上身微向前倾，就像从别人手中接受器物那样，神态毕恭毕敬，小心谨慎，这就是恭立。《童子礼》又指出：凡是站立，理应双手交握在胸前，如拱形，身体正直，两脚并拢，这就是正立，是平辈之间交往时的站姿。今天的正立姿势与《童子礼》中的要求基本相同，即身体正直，双腿直立，女子双腿并拢，男子双腿与肩同宽或并拢。唯独手的姿势有变化，将双手交握在胸前的姿势演变成双手叠放腹前，男子左手在前，女子右手在前。如果身体离墙壁很近，即使感到疲倦，也不可以倚靠。

“站如松”，才能身姿挺拔

站姿是衡量一个人外表乃至精神的重要标准。优雅的站姿让人感觉舒服，富有魅力。常言道："站如松。"这是中国传统的有关于站姿的标准。人们在描述一个人生机勃勃、充满活力的时候，经常使用"身姿挺拔"这类词语。确实，优美的站姿是保持良好体型的秘诀，也能看出一个人的精神状态、品质、修养及健康状况。一般来说，标准的站姿关键要看三个部位：一是髋部向上提，脚趾抓地；二是腹肌、臀肌收缩上提，前后

形成夹力；三是头部上顶，肩向下沉。只有这三个部位的肌肉力量相互制约，才能保持标准站姿。

具体来讲，标准的站姿应是：站立时要抬头，头顶放平，双目向前平视，嘴唇微闭，下颌微收，面带微笑，心态平和。双肩放松，稍向下沉，身体有向上的感觉，呼吸自然。躯干挺直，收腹，挺胸，立腰。双臂放松，自然下垂于体侧，手指自然弯曲。双腿并拢立直，两个脚跟靠紧，脚尖分开成 60 度。身体重心应在两腿中间，防止重心偏左或偏右。男子站立时，两个脚跟可分开，但不能超过肩宽。女子站立时，双脚前后稍稍分开，以一只脚为中心站立。为了维持较长时间的站立或稍事休息，标准站姿可稍做变化：双脚分开，双脚外沿宽度以不超过肩膀的宽度为宜；以一只脚为重心支撑站立，另一只脚稍微弯曲以休息，然后轮换。

面对不同对象的站姿礼仪

当我们面对不同的对象，采取的标准站姿礼仪也不一样。

当我们站着与亲友交谈时，如果空着手，那么双手可以在体前交叉，右手放在左手上。同时还要注意不要双臂交叉，更不能两手叉腰，或将手插在裤袋里或下意识地做小动作，例如摆弄手、抠鼻子等。

当我们与较为陌生的亲友交谈时，要面向对方站立，而且

知识链接

『站』出来的宰相张九龄

张九龄是唐朝开元年间的宰相。他非常引人注目的地方就是气质好。任何时候看上去，给人的感觉都是举止优雅、气度不凡，看上去精气神很足。刚开始做官的时候，他并没有受到唐玄宗的重视。但是他不管有多劳累，也不管晚上是否休息好，每天上朝的时候都是非常精神地站在朝堂上。与其他大臣相比，他的站姿看上去风度翩翩，鹤立鸡群，这就给唐玄宗留下了非常好的印象。唐玄宗称赞他的仪态为『曲江风度』。唐玄宗每天听大臣们奏事，感到非常疲倦，要打瞌睡时，他就看看张九龄，这样就又振作起来了。所以，后来唐玄宗对推荐为宰相的人选，都以张九龄为标杆，总是要问一问：『风度得如九龄否？』也就是说，张九龄一『站』成名，唐玄宗对宰相的仪表仪态是非常看重的。

要保持一定的距离，太远或过近都是不礼貌的。站立的姿势要端正，也可以稍弯腰，但切忌身体歪斜，两腿分开的距离过大，或倚墙靠门、手扶椅背等，这些都是不雅与失礼的姿态。

当我们向长辈、朋友、同事问候或做介绍时，不论握手或鞠躬，双足应当并立，相距 10 厘米左右，且膝盖要挺直。站立等人时，两脚的位置可一前一后，保持 45 度角。这时的肌肉要放松且自然，但仍要保持身体的挺直。

站姿错误，失礼伤身

正确的站姿，可以让身体各个关节的受力比较平均，心胸会变得开阔，呼吸也会顺畅，精神更饱满，注意力更容易集中。错误的站姿，会让别人产生不被重视的感觉，是一种失礼行为，同时还容易造成颈椎骨质增生、椎间盘退化、腰膝损伤等。从礼仪的角度看，错误的站姿主要有：低着头，歪着脖子；两脚

知识链接

『专属』李白的背手站姿

背手而立，是我国唐代伟大诗人李白的经典动作。很多人都说，有这种站姿的人，内心深处有着千言万语，只是无法诉说。但是李白把自己的所感所悟，所见所闻都写进了诗里。诗里有未酬的壮志，有满腔的抱负，有对家乡的怀念，有对祖国大好河山的热爱……在我们的日常生活中，负责警戒任务的工作人员习惯采用这种站姿。标准的背手站姿即双手在身后交叉，右手放在左手外面，贴在身后。两脚可分开也可并列，分开时，不得超过肩宽。脚尖展开，两脚夹角成六十度。挺胸立腰，收颔收腹，双目平视。这种站姿优美中略带威严，容易产生距离感。从很多描绘李白的图片可以看出来，他背手站立，眼神坚定，表情淡定从容，给人凛然不可侵犯的感觉。

分叉分得太开；交叉两腿站立；一个肩高一个肩低；一只脚在地下不停地画弧线；交腿斜靠在桌子、椅子、墙壁、门框等处；不停地摇摆身子，扭捏作态；含胸驼背，摇头晃脑，歪歪斜斜；手插在裤袋里面；双手交叉抱在胸前或是双手叉腰；膝盖伸不直，等等。这些站姿都会给人一种懈怠随意、不庄重之感。

不将重心放一只脚上站立

《礼记·内则》说，站立时“不敢跛，倚”，应该把整个重心均匀地放在两足之间，平稳站立。不可以像跛脚那样，将整个身体的重心放在一只脚上，而另外一只脚则偏跛歪斜着，这种站法会给人一种不庄重、懒散无力之感。在一些比较严肃的场合，更不可以倚靠在其他物体上，比如墙壁、树或柱子上，即使身体劳累也尽量不要倚靠上去，否则就会有失礼仪。

知识链接

君子不立于危墙之下。对于那些有潜在危险的地方，比如广告牌下，残败或随时有可能坍塌的墙壁下，正在施工的脚手架下，火车道旁，悬崖边上等，我们都应该有意识地避开，以免发生意外。

灵活的前进式站姿

有一种灵活的前进式站姿在家庭中比较常见。它适用于家庭娱乐表演或面对家中多位客人发表演讲等场合。这种站姿是右脚在前，左脚在后，前脚脚尖指向正前方或者是稍向外侧倾斜，两脚延长线的夹角成 45 度左右，脚跟距离在 15 厘米左右。这种姿势重心没有固定，可以随着上身前倾与后移的变化而分别确定在前脚跟与后脚上，不会因时间长而身体无变化导致的不美观。另外前进式站姿能使手势动作灵活多变。因为上身可前可后，可左可右，还可转动，这样能保证手做出不同的姿势，表达出不同的感情。

知识链接

标准站姿训练方法

要拥有标准的站姿，就必须养成良好的习惯，长期坚持。标准的站姿能通过训练而获得。只要利用每天空闲的时间练习二十分钟左右，效果就会非常明显。

训练方法一：贴墙直立。背靠着墙站直，全身背部紧贴墙壁，然后后脑勺、肩、腰、臀、脚后跟与墙壁间的距离尽可能地减少，让头、肩、臀、腿之间纵向成为一条直线。

训练方法二：头顶书本。就是把书本放在头顶上行走，不要让它掉下来。那么你会很自然地挺直脖子，收紧下巴，挺胸挺腰。

不要站立在正门的中央

《礼记·曲礼上》中提到“立不中门”，意思是说，不要站立在正门的中央。站于正门中央会妨碍别人的进出，是没有教养的体现。实际上，不仅门的中央不要站立，任何公共场所的

门廊、楼道、楼梯等较狭窄的道路中间，我们都应尽量做到不站立在中间，或不长时间停留，不与同学或朋友驻足在道路中间闲聊，以免妨碍他人行路，造成拥堵。如果实在需要停留，就要多替别人着想，转移到不妨碍他人进出、上下的地方。

站立时不要抖腿摇臀

日常生活中，我们经常会看到有这样一些人，他们有一种习惯性动作，就是不能端端正正地站一会儿，总是站着抖腿摇臀。这让人看起来既不庄重，又不雅观。从心理学的角度来看，抖腿会给人以不稳定感。在与人初次交往时，如果你有抖腿的习惯，就会降低自身的信任度。所以，要尽量改掉抖腿摇臀的习惯，以免影响自身的形象。

严肃的稍息式站姿

站姿在整体上要给人一种挺拔劲秀、精力充沛、积极向上的感觉。男孩子的站姿应该显得潇洒大方、乐观自信，女孩子的站姿应该显得端庄秀雅、亭亭玉立。如果家有喜事，需要长时间站在门口接待客人，应当采用稍息式站姿。这种站姿是指一只脚自然站立，另一只脚向前迈出半步，两个脚跟之间相距10厘米左右，两脚之间成75度夹角。采用这种站姿，重心总是落在后脚上，一般适用于长时间站立中的短期更换姿势，使身

体在较短的时间内放松，从而得到休息。稍息式站姿一般不会长时间单独使用，因为它给人一种严肃之感。

优美的“丁”字式站姿

“丁”字步是中国古典舞中基本的脚位。“丁”字式站姿是指两脚并步站立，两腿紧靠；一脚尖正对前方，另一脚尖正对侧方；正对侧方脚跟靠于另一脚的二分之一处，两脚成“丁”

字形，上体挺胸立腰，身形挺拔。左脚尖对侧方者，称“左丁字步”；右脚尖对侧方者，称“右丁字步”。身体的重心可以放在两只脚上，也可以放在一只脚上，通过两脚重心的转移缓解疲劳。同时双手相握放置于腹前，胳膊要微微弯曲，身体要站直。这种站姿多为女孩子采用，仪态优美，会给人以意想不到的幽默效果。

行走礼

优雅气质
走出来

家庭礼仪

日常生活中，不论我们上学读书、上街购物，还是探亲访友、参观游览，总是离不开行走。行走是一个人生活中的主要动作，蕴含着丰富的体态语言和礼仪规范，可以说行走之礼是无处不在的。文豪巴尔扎克曾经说：『巴黎的女性是走路的天才。』她们不管身材高矮或穿着如何，由于具有优美的走姿，都可以展现自己绰约的风姿。那么，想要走出优雅气质，我们应该怎么走路呢？

走姿正确显修养

行走的姿势是个人精神风貌的体现，因此我们要时时留意自己的走路姿势。正确的走姿是：身体直立，收腹直腰，两眼平视前方，双臂放松在身体两侧自然摆动，脚尖微向外或向正前方伸出，跨步均匀，两脚之间相距约一只脚到一只半脚，步伐稳健，步履自然，走起来要有节奏感。起步时，身体微向前倾，身体重心落于前脚掌，行走中身体的重心要随着移动的脚

知识链接

邯郸学步

传说战国时期，燕国寿陵有个少年，听说赵国都城邯郸的人走路姿势非常优美，就决定前去学习。他风尘仆仆地来到邯郸，果然见到大街上的人走路姿势十分优雅，走起路来仪态万千，举手投足间都流露出翩翩风度。少年赶紧跟着路上的行人模仿起来，人家迈左脚，他跟着迈左脚；人家迈右脚，他也跟着迈右脚。可是学了几天，他却怎么也学不会，而且越走越别扭，姿势比以前更难看了。少年心想：肯定是我之前的走路方式太有问题了，我一定要把它彻底抛弃，才能学会新姿势。于是他开始从头学走路，每迈出一步都要仔细推敲下一步的动作。就这样废寝忘食地学习了三个月，他每天刻苦练习，却始终没有学会邯郸人的走路姿势，反而把自己原来的走路方式也忘得精光。最后，他彻底不知道该怎么走路了，只好爬着回到了燕国。

步不断向前过渡，而不要让重心停留在后脚，并注意在前脚着地和后脚离地时伸直膝部。步幅的大小应根据身高、着装与场合的不同而有所调整。女孩子在穿裙装时，步幅应小一些；相反，穿休闲长裤时步伐就可以大些，这样能够凸显行走者的乐观与活泼。

陪人行走有礼仪

中国号称礼仪之邦，就是在日常行走时也要以礼相待。三人并行，中者为尊，右边次之，左边更次之；三人前后行走的

时候，第一个人就是最为尊贵的。两人并行的时候，右者为尊；两人前后行走的时候，前者为尊；如果走廊狭窄又有他人迎面走来时，自己应该退到旁边，请对方先走。一个人独步走廊、客厅等地方，行走的路线应尽量为直线。如果不是寻找物品，就不要在行进中左顾右盼，东张西望。此外需要注意的是，去他人家里做客，行走时不可探头探脑，窥视他人卧室等地方。

男孩儿要走出阳刚之美

男孩儿正确的走路姿态应是抬头挺胸，精神饱满，给人一种充满自信的印象。走路时要将双腿并拢，身体挺直，双手自然放下，下巴微向内收，眼睛平视，双手自然垂于身体两侧，随脚步微微前后摆动。双脚尽量走在同一条直线上，脚尖应对正前方，切莫呈内八字或外八字，步伐大小以自己足部长度为准，速度不快不慢。腰部应稍用力，收小腹，臀部收紧，背脊要挺直。脚步要从容和缓，要尽量避免短而急的步伐，鞋跟不要发出太大声响。不要将手插入裤袋中，尽量不要低头看地面。此外，弯腰驼背或肩膀高低不一的走路姿势都是不可取的。

女孩儿要走出阴柔之美

女孩标准的走路姿势是注重仪态，不疾不缓，给人如沐春风的感觉。具体而言，行走时，上身应保持挺拔的身姿，双肩保持平稳，双臂自然摆动，幅度不宜过大，距离身体 30～40 厘米为宜。腿部应是大腿带动小腿，脚跟先着地，保持步态平稳。如果手上有物品，像手提包等，应将大包挎在手臂上，小包拎在手上，背包则背在肩膀上。走路时身体不可左右晃动，以免妨碍他人。在行走过程中，经过玻璃窗或镜子前，不可停下梳头或补妆。如果有物品遗落地上，不要马上弯腰拾起。正确的做法是，首先绕到遗落物品的旁边，蹲下身体，然后单手将物

知识链接

触龙说太后的『徐趋』

战国时，赵国有个老臣叫触龙。有一次他要劝说太后将自己心爱的儿子派往齐国做人质。在面见太后的时候，他开口却是请求太后饶恕他刚才犯下的一个小罪过。那就是进殿的时候，触龙采用的行走姿势是『徐趋』。按照礼仪来说，下位者觐见上位者，要采用『趋』的走路姿势。『趋』就是快速地小跑。但是触龙年事已高，脚上有疾病，尽全力也只能『徐趋』，因此他要向太后解释一下自己不能『趋』的原因。从这一个小小的细节，我们可以看出古人对行走的礼仪是多么严格。因此在后世，作为大臣享有的极高的一项恩宠，就是『入朝不趋』。在皇帝面前，只有地位极高、权力极大的人，才能够拥有这样的行走特权。

品捡起来。这样可以避免正面领口暴露或裙摆打开等不雅观的情况出现。

不大摇大摆行走

行走时大摇大摆、趾高气扬是傲慢的行为，这些都是违背礼仪的。《童子礼》说：走路时，要上身端正，目视前方，两手于袖中，缓步徐行。迈步不要太大，走得不要太急，不要左右摇摆、晃动衣衫的裙摆，甩胳膊幅度不要太大，不要跳着走，不要左顾右盼地走，以防有差误。此外，走路时吹口哨、吸烟、嚼食物，边走边看手机等行为，都是不雅观的，也不符合礼仪。以上这些行为规范，不仅是为了形体仪容美，更是为了我们的安全着想。而安全教育，无论古今中外，都是应该掌握的基本知识。

行走时不吃东西

一边行走一边吃东西非常不雅观，也是一种很不好的习惯。行走和吃东西是两件应当分开做的事情。行走时身体忙于肌肉的运动，身体内血液会从胃肠道大部分转移到肢体，吃东西会使消化液分泌减弱，加重肠胃的负担，使食物在消化道停留时间延长，容易引起消化道疾病。此外，边走边吃，大脑被迫控制两种行为，容易导致误吸、呛食的发生。如果将食物误吸至

气管、支气管，可能诱发气管炎或支气管炎。呛食时，如果食物较大没有及时咳出还可能导致窒息。

走路不要妨碍他人

当我们和家人结伴而行，走在电梯、楼梯或狭窄的室内走廊时，是并排一起走，还是前后一排靠边走呢？《礼记·曲礼上》讲到“行不中道”，就是要求我们，不要走在道路中间，挡住别人的去路，要尽量靠边走，礼让身边的行人和车辆，这既是出于安全的需要，也是彼此尊重的体现。

在室内不张臂飞奔

在居室中行走，你有张开双臂像飞鸟那样奔跑穿行的习惯吗？《礼记·曲礼上》说“室中不翔”，意思是在室内，不要像张翅的飞鸟那样快步奔跑。因为屋内空间相对狭小，又有很多家具什物，张臂飞奔有可能碰倒器物或碰伤自己。如果是在别人家做客，这更是一种失礼的行为。此外，在客厅、厨房、阳台等地方，如果有两人并立正在谈论事情，不要从他们中间穿行。不要随便打扰别人，这是一个人的修养体现。

上下楼梯的礼仪

上下楼梯，应将整只脚踏在台阶上，注意一步一阶，不可并排而行挡住后面的人；如果台阶窄小，则应侧身而行。身体要挺直，目视前方，不要低头看楼梯，以免与人相撞。上楼梯时，应让尊者或女士走在前面；下楼梯时，应让尊者或女士走在后面。上下楼梯时，随身物品最好提在右手上。走台阶尽量不要吃食物。不要在楼梯上久站攀谈或是长时间拨打手机，更不能成群结队在楼梯上嬉笑打闹。家人同行，不要勾肩搭背、

大声喧哗。身体不便的女士在并行时可以挽住家人手臂。如果有成年男士在身边，女士的物品应由男士代劳。此外要牢记，雨天楼梯潮湿，上下台阶容易滑倒，行走时要注意安全。自己有急事，上下台阶也不能推搡前面的人或硬行抢道。

走路时不要踩别人的鞋

当你行走时，踩过别人的鞋吗？《礼记·曲礼上》说行走时“毋践屦（jù）”，意思是说进屋门时要小心谨慎，不要踩着别人的鞋。此外，在行走时也要小心，不要踩着别人的鞋。试想，如果踩了别人的鞋并因此使人摔倒，对双方来讲，这是多么让人尴尬的场景。特别是婚礼、乔迁新居、节假日聚会等人多的场合，难免有此类事情发生。如果自己不小心踩了别人的鞋，一定要真诚地向对方说“抱歉，对不起”。如果对方不小心踩了你的鞋，一定要宽容别人，不要喋喋不休地抱怨对方。宽容别人是美德，真诚道歉是礼仪。如果因为此类事而发生吵闹，对双方来说，都是严重的失礼行为。

餐桌礼

餐桌举止 非小事

家庭礼仪

礼仪的培养，要从日常细微处做起。而吃饭，不仅是要填饱肚子而已，更是体现一种文化，是培养良好礼仪教养的开始。正如《礼记·礼运》所说：『夫礼之初，始诸饮食。』所以，吃相不仅要雅观，不能抢着吃，更要懂得尊老让幼，请别人先吃。懂得尊敬与谦让，是良好教养的基础。

长辈先坐，表达敬意

亲爱的朋友，在你放学回家后，是否已经饿得肚子咕咕叫呢？当你看到满桌子美味佳肴，馋得口水都流出来了吧？这时，你是否先独自坐在餐桌前大吃大喝起来了呢？《弟子规》上讲："或饮食，或坐走；长者先，幼者后。"爷爷奶奶或外公外婆、爸爸妈妈还没入座，我们怎么能先独自吃起来呢？所以，无论在家里吃饭，还是和别人一起吃饭，都要等到饭菜全部上桌，大家都坐下后，再一起用餐。另外，一定请爷爷奶奶或外公外婆、爸爸妈妈先入座，并请他们先动筷子，自己再动筷子。如果能再为长辈盛饭，更说明你是一个有孝心、知礼仪的人了。

留意父母爱吃的饭菜

《童子礼》上说：用餐时，看到父母长辈喜欢吃哪道菜时，要自觉地将那道菜移到离他们较近的地方，以方便他们夹菜，这是孝敬父母长辈的具体行为。同时，《礼记·曲礼上》说"毋固获"，就是说遇到自己喜欢吃的饭菜，如果把盘子据为己有独自吃，而不顾父母和其他人是否爱吃，是自私的表现，与礼仪不合。也有家长会说，现在生活富裕了，也不缺吃的喝的，孩子爱吃就让他吃吧。这种想法对吗？《诗经》上说："黄鼠还有体，人却不知礼仪。人不知礼仪，与动物有何差异？还不如快快死去！”何况，富而教之，才能富而知礼。正因为生活富裕了，才更应该教孩子从小知道礼让，懂得理解别人的感受，否则容易让孩子养成处处以自己为中心的习惯。

知识链接

怀橘遗亲

三国时，有一个人叫陆绩。在他九岁时，曾跟随父亲陆康到九江去拜见袁术。袁术让人拿出橘子招待他们。陆绩临行时往怀里藏了两个橘子，不料橘子却滚落在地上。袁术正好看到，就笑着问他：『陆郎来我家做客，走的时候还要怀藏主人的橘子吗？』陆绩惭愧地回答：『对不起先生，因为我母亲喜欢吃橘子，所以我想拿回去两个让母亲也尝尝。』袁术见他小小年纪就懂得孝敬母亲，不但没有责怪他，还另外赠送他一袋橘子，来满足他的孝心。

给父母双手端饭

“父兮生我，母兮鞠我。拊我畜我，长我育我，顾我复我，出入腹我。欲报之德。昊天罔极！”这是《诗经》上的诗句，是对父母恩情的深刻表达。可是，我们怎样报答父母的恩情呢？从日常点点滴滴小事上做起。所以《童子礼》上说：在给父母长辈端饭时，要先将桌子擦干净，然后用双手恭敬地把饭

菜放到他们的面前。另外，如果是父母给我们盛饭时，一定要站起来双手接，并说“谢谢”。这些都是尊敬长辈、孝敬父母的实际行为，也是做儿女的基本礼仪。

饭菜不可回放

《礼记·曲礼上》说“毋放饭”“毋反鱼肉”，就是说用餐时，不能把剩下的饭菜、咬过的鱼肉等再放回公盘、公碗里。让别人吃自己咬过或剩下的饭菜，既不卫生，也是对别人的不尊重，是不符合礼仪的。此外，夹菜时，要在面对自己的公盘边侧夹菜，把菜放入自己的餐盘内慢慢地吃。夹菜或盛饭时要少一点，尽量不要剩。如果剩余，也要留在自己的餐碟或碗中。还有，吃过的骨头、鱼刺、菜渣等不能直接吐在餐桌上，要放在自己的餐盘内侧；如果想咳嗽、打喷嚏或吐痰，一定要转身掩口，并用餐巾纸擦干净嘴后说“对不起”或“抱歉”。这些都是用餐的基本礼仪。

不要满嘴流汤水

《礼记·曲礼上》说“毋流歠（chuò）”，就是说进餐喝汤时，要小口慢喝，不要大口吞咽，使汤水从口角流下来，弄得满嘴、满身都是。喝汤时先用大汤勺从汤盆中盛到汤碗里，再用小汤勺盛起慢慢地喝。不要捧着碗直接喝，这样容易弄得满嘴及满身都是汤水。这种吃相，既会破坏美好的就餐环境，还会让人感觉没有修养，简直是在抢吃抢喝，是不文雅的。

不要发出怪声

《礼记·曲礼上》要求人在喝汤喝粥时，不要让口中发出“呼噜呼噜”的声音；在吃菜吃饭时，不要发出“吧唧吧唧”的声音；在啃骨头时，不要发出“呱唧呱唧”等响声。这些吃相都是不文雅的。此外，在等待上菜的过程中，有的小朋友爱用筷子敲打碗盘，发出“叮叮当当”的声音，这也是违背礼仪的。

知识链接

孔融让梨

《三字经》上说：『融四岁，能让梨；弟于长，宜先知。』这说的是汉代孔融小时候的故事。

有一天，孔融的爸爸买了一筐梨，放在餐桌上让孩子们吃。你猜，小孔融是怎么做的呢？他不挑好的，也不拣大的，只拿了一个最小的梨。孔融的爸爸看见了，就好奇地问孔融：『这么多的梨，又让你先拿，你为什么只拿一个最小的呢？』

孔融回答说：『我年龄小，应该拿最小的，大的让给哥哥们吃。』

爸爸不解地说：『可是，你还有弟弟呢，弟弟不是比你还要小吗？』

孔融接着说：『弟弟虽然比我小，但我作为哥哥，应该把大的留给弟弟吃。』

爸爸听了孔融的话，哈哈大笑说：『好孩子，好孩子！没想到你一个四岁的孩子竟然这么懂事，还知道礼让哥哥弟弟呢。』

含着饭菜不说话

《论语·乡党》上说：“食不语，寝不言。”就是说吃饭的时候不要言语，睡觉的时候不要说话。现代人把一起吃饭作为人际交往、情感交流的重要手段，所以吃饭时不说话，可能不太现实。但一定要注意基本礼仪及细节：口中含着饭菜时不要说话。如需说话也要等自己及对方口中食物嚼咽后再说，以防把饭菜粒喷到饭桌上，甚至溅到别人的脸上。这种行为既不卫生，也不雅观，更是严重违背礼仪的。另外，如在餐厅吃饭喝酒时，不要高声喧哗，避免影响别人；呼唤服务员、催饭菜时，要温声细语，避免语言粗暴、大声喊叫，这是做人的基本修养。

进餐时不要扬饭

《礼记·曲礼上》说：进餐时“毋扬饭”，就是说用餐时，为了着急喝粥或喝汤，就用汤勺去扬起汤饭的热气，使其快速凉下来。这样做容易将汤饭溅到别人身上，也会让共同进餐的人感到尴尬，有着急吃饭之嫌。如果是做客时，这样做会让主人感觉准备不周。还有人为了让汤饭凉下来，或用筷子快速搅动，或用嘴去吹，这些行为都是不文雅的，是不符合礼仪的。亲爱的朋友们，你有这样的行为吗？

不要争抢食物

《童蒙须知》上说：“凡饮食之物，勿争较多少美恶。”特别是与兄弟姐妹相处时，不要为饮食多少或美恶，发生争抢的行为，这是很失礼的事情。《朱子家训》上说，为人兄或为人姐，对待弟弟或妹妹要宽厚谦让；为人弟或为人妹，对待哥哥

或姐姐要恭敬礼让。兄弟姐妹之间的悌爱礼让之心，就是从饮食这种小事上开始培养的。如果这种小事情都不能做好，甚至发生争执抢夺、大打出手等行为，以后在良田、华屋等财产分配，或名位、荣誉等来临时，能和睦相处吗？如果对自己的兄弟姐妹都不能辞让，以后能对同学、朋友、同事及社会民众礼让吗？这就是古人所说的“贪心不可纵，首严在饮食”的深刻道理。所以《论语·学而》上说：“君子务本，本立而道生。孝悌也者，其为仁之本与！”

不要狼吞虎咽

《礼记·曲礼上》说“毋嘬（chuài）炙”，就是说大块的烤肉和烤肉串，不要一口吃下去，如此塞满口腔，不及细嚼，狼吞虎咽，仪态不文雅。无论吃肉还是吃菜，都不要狼吞虎咽，更不要上一口还没有嚼完咽下，下一口又放入口中，一口接着一口，满嘴吞嚼，甚至腮帮子都鼓起来。要缓缓地举筷子，慢慢地夹菜，闭嘴，细嚼慢咽，不发出大的声音。动作要舒缓文雅，这是用餐的基本礼仪。

不在公盘中翻搅

《童子礼》要求夹菜时，要缓慢沉着，不要急迫匆忙，更不能用自己的筷子在公盘里翻搅。这种行为既不卫生，也不尊重别人。有的人在翻搅菜肴时，还张大嘴巴，伸长脖子，甚至伸出舌头去接要夹的菜，这种吃相是不雅观的。此外，在就餐时，不符合饮食卫生的话题不要说。这种话题会破坏就餐环境，影响别人的食欲，是违背用餐礼仪的。

安放碗筷要谨慎

亲爱的朋友，在就餐吃饭时，你是否因不小心把碗筷碰到地上，将碗打碎、饭菜扣了一地呢？这是多么尴尬的事啊！所以《童子礼》上说，安放碗筷时，要格外小心谨慎，千万别使其坠地。特别是有客人时，碗筷掉地会破坏欢快祥和的气氛。如果热菜热饭再洒到客人身上，将干净整洁的衣服弄脏，甚至烫伤客人，这是多么不敬和无礼的事情啊！

碗中不留剩饭

《悯农》中写道："锄禾日当午，汗滴禾下土。谁知盘中餐，粒粒皆辛苦。"我们吃的每一粒粮食，都是农民伯伯用辛勤劳动换来的。所以，即使在物质丰富的今天，我们也不能浪费粮食。《常礼举要》上也说"碗中不留饭粒"，盛的饭要吃完。如果饭量小，可以盛少一点，千万不要浪费了。正所谓："一粥一饭，当思来之不易；半丝半缕，恒念物力维艰。"无论贫富，节俭既是一种美德，也是对别人劳动成果的尊重，更是一种礼仪。

饭后清理餐具

每次吃完饭，你是不是一声不响地离开餐桌，跑去看动画片或玩玩具了吗？对于餐桌上的一片狼藉你看到了吗？其实，作为儿女，我们应做一些力所能及的事情，帮爸爸妈妈清理饭桌、收拾碗筷，甚至主动承担刷锅洗碗等家务，这不仅是作为子女应尽的孝心，也是作为家庭一员应尽的家庭责任，还是从小锻炼我们做事能力的机会！一屋不扫，何以扫天下？试想，一个连基本家务都不会做或做不好的人，又能有什么大成就呢？一个连自己家的家务都不愿承担的人，又能承担什么社会责任呢？如果是到别人家做客，自己用过的碗筷、餐具等，更要主动帮助清理，这是对主人热情款待及辛苦劳作的肯定与答谢，也是很基本的做客礼仪。当然，如果你是主人，当客人帮助收拾碗筷时，一定请客人不要劳动，引导客人在客厅小坐或喝茶，这才是待客之礼。

日常生活礼

爱在日常 礼不寻常

家庭礼仪

在日常生活中，你是否有过这样的行为？或歪头斜坐，或左顾右盼行走，或说话大呼小叫，或说话虚诳无据，或居室凌乱不堪等。这些行为符合礼仪吗？古人说：『坐立有仪相，行走有姿态，言语有根据，居处有规矩。』日常生活中的一言一行，都反映了我们的外在形象、内在修养。居家时，举手投足都要谨慎，不可有傲慢之心；做事时，无论大事小事，都要有恭敬之心，不可怠慢。这样才符合礼仪！

长辈说话不打断

《童子礼》中说，长辈说话时，不要随意打断，要等长辈把话说完了再说自己的意思。不要随意插话，不要顾左右而言他。如果确实有急事，要表达歉意并说明情况。这是对人的基本尊重，何况是自己的长辈呢！同时，长辈问自己事情，要据实回答，不可胡言乱语、哄蒙欺骗。长辈有什么事情需要你去办理，要答应马上去做，不要无故推诿、拒绝，或表现出极不耐烦的样子。

说话要有诚信

《弟子规》说：“凡出言，信为先。诈与妄，奚可焉。”就是说，凡是讲话，我们要以信实为第一。不真实的事情，不诚实的语言，怎么可以做和说呢？大家一定知道《狼来了》故事中的那个放羊娃吧，只要说过谎言，以后就不会有人相信他说的话了。诚信，是做人的基本礼仪，也是为人处世的根本。

知识链接

曾子杀猪

曾子是孔子的学生。他在教育子女时，不仅严格要求子女，自己也能以身作则。

一天，曾子的妻子到集市上去办事。她的儿子看到了，就跑过来又哭又闹地要跟随妈妈去集市。她担心儿子年幼，走不动路，就不愿带他。可是被儿子缠得没有办法，她就哄孩子说：『儿子，你不是想吃肉吗？你如果不跟随妈妈，我回来就为你杀猪煮肉吃。』

儿子听说有肉吃，马上停止哭声，露出了微笑，然后一蹦一跳地到一边去玩了。她从集市回来，发现曾子正准备杀猪，急忙上前拉住丈夫说：『你疯了吗？我不过是哄孩子罢了，你怎么信以为真？』曾子说：『孩子相信父母的话。父母教孩子要守信，怎能自己不守信呢？现在你欺骗孩子，就是教他欺骗别人。今天你欺骗了孩子，孩子以后还能相信你说的话吗？这样做，怎能教育好孩子呢？』她认为丈夫说得有理，就同意曾子杀猪了。

轿车座次有讲究

当你和长辈一块儿乘轿车出行，通常你会坐在哪个位置呢？你会不会上车先找一个自己觉得舒服的位置坐下呢？按照中国的传统礼仪，乘车座次是有讲究的。乘坐轿车大致有两种情况：一种是长辈亲自开车，座位顺序由高到低依次是副驾驶座—后排右座—后排左座—后排中座。另一种是专职司机驾车，座位顺序由高到低依次是后排右座—后排左座—后排中座—副驾驶座。作为晚辈，上车前选择一个适合自己的位置才是懂礼仪的表现。

说话温和谨慎

说话，既能表现一个人的内心情感，又能体现一个人的素质，还能修炼一个人内涵。所以，要约束我们的一言一行，提高我们的修养。《童蒙须知》说，凡为人子弟，与尊长说话要温和细语、语言详缓，不可高声喧闹、哄骗。《常礼举要》又说，口为祸福之门，话要经一番考虑再说。见失意人，不说得意语；见老年人，不说丧气悲伤话。不侮辱人，不跟人乱开玩笑。这些都是尊重他人的具体行为，反映了一个人的内在修养，是说话礼仪常识。

不歪头听人说话

举止是一个人内在修养的直接的外在表现，歪坐、斜站、眼睛到处乱看，是怠惰不敬的一种表现。《礼记·曲礼上》说“立必正方，不倾听”，即正式场合，站立的姿势一定要身正，不要歪着头斜着身听人说话。而且眼神也要专注，不要左右游离、飘忽不定。尤其是路过别人住宅窗户前、办公室门前等地方时，更不可伸长脖子侧耳倾听，像偷听别人家秘密一样，这是一种失礼的行为。此外，《礼记·曲礼上》说，听人说话时，

不要两腿高低不一，左右失衡。这样站立的姿态既是对人不敬，也是不雅观的。

知识链接

狄仁杰妙答皇帝

狄仁杰是武则天当皇帝时的宰相，他办事公平，执法严明。有一天，武则天对狄仁杰说：『听说你在豫州的时候，名声很好，政绩突出，但也有人揭你的短，你想知道是谁吗？』狄仁杰不慌不忙地回答：『人家说我的不好，如果确是我的过错，我愿意改正；如果陛下已经弄清楚不是我的过错，这是我的幸运。至于是谁在背后说我的坏话，我不想知道，因为这样大家可以相处得更好些。』武则天听了，觉得狄仁杰为人大度，性格宽厚，更加赏识他、敬重他。武则天尊称狄仁杰为『国老』，赠给他紫袍色带，并亲自在袍上绣了十二个金字，以表彰他的功绩。

日常用品要摆放有序

礼仪的一个重要作用是生活有序。将日常用品有序摆放，体现的是一种能力和素养。我们从小就要养成这样的好习惯。

为书包找一个位置，以后一直放那里；常看的课本、课外书籍和报刊要整整齐齐地放在书架上或指定位置；给玩具找一个固定的“家”，如买一个收纳箱专门放玩具，或者在家专门划定一个方便的角落堆放玩具；固定自己拖鞋的放置地点，进家不能乱穿拖鞋，不能光脚走，更不能把拖鞋弄得找不到；脱下的衣帽鞋袜等，一般爸爸妈妈都安排有指定的存放位置，千万不要就地摆放，或东一个西一个地乱扔。检查自己的衣服，脏的衣服放入洗衣机，干净的衣服放入衣柜，不要到处乱放；固定一个临时衣服放置处，用以放置在家脱下的衣物，且摆放要整齐；床上只保留被子、枕头、毛绒玩具，不要将书籍、零食等放在上面；为洗漱用品找到固定的放置地点，如牙膏牙刷就固定摆放在洗漱台上，自己的沐浴露、洗发水就放在洗澡间的置物架上。

物品使用后要及时归位

日常用品要摆放在固定的位置上，这样家里才会显得整洁。所谓归位意识，就是指将东西归还原位的意识。物品“归位”的前提是要摆放有序。

如果缺乏归位意识，一个人就无法养成良好的秩序感。在家里，东西使用后，我们要将其放在原来的位置，保持家里东西的整齐美观。例如，书本、文具和玩具用后放在原来的位置；在家劳动时，抹布、扫帚、簸箕、拖布等保洁用品用过后，要收拾干净放到原来的位置上，不可随处乱放。

随时留意家里有没有不小心乱放的物品，如果有，送它们回原处。一个人要形成良好的秩序感，要从一点一滴做起。

贴身衣物不要随便放

在家里，我们的衣物通常都应放在衣柜里。我们要注意的是，有些衣物要特别小心，如贴身衣物，千万不要随便乱放。

贴身衣物直接接触我们的皮肤，如果乱放，可能会沾染细菌，引起皮肤瘙痒或其他疾病。

特别要注意的是，像内裤这样的贴身衣物，如果在家里乱放，不仅涉及卫生问题，还会有碍观瞻，所以不要乱放，例如不要放在沙发等显眼处，更不要放在餐桌上。脏的内裤，要单独放在待清洗的地方，不要和其他衣物一起堆放。即使是干净的内裤，也不要和其他衣物放在一起。可以买一个内裤收纳盒，每条内裤洗干净晾干后，折叠好放在一个一个的格子里，然后再放进衣柜里或者抽屉里。这是比较卫生的方法，而且取用也很方便。

进家人的房间要敲门

有些人以为，进父母等家人的卧室，因为都是自家人，自己没有必要敲门！这种想法是错误的。如果真那么做了，也是有失礼仪的。

“门”就是边界，门里面藏着人的隐私。即使在家里，每个人也有自己的隐私权。“入门”就是进入别人的私人之地，应该得到允许，这是基本的礼仪，也是对人尊重的表现。尤其父母卧室的门关着，想进去要先敲门，得到允许才能进。兄弟姐妹的卧室，特别是异性的卧室，也不能不敲门就随意闯入。

过节要给家人送祝福

在特别的节日里，将一份祝福送给被祝福之人，一定能让他（她）倍感温馨幸福。

一般来说，春节、中秋节等重大的传统节日，在向同学、亲友送祝福的同时，可别忘了祝福爷爷奶奶、外公外婆和父母，例如向他们说上一声："祝爷爷奶奶（外公外婆）身体健康，万事如意！""爸爸、妈妈，春节好！"有些特别节日，例如父母结婚纪念日，若能准备一件有意义的小礼物，献上深切的祝福："爸爸妈妈，祝你们恩爱永久、天天快乐、永远年轻！"他们一定非常开心。

在特殊的日子里，给长辈带去一份祝福，这是晚辈对他们尊重的主要表现之一。

家人过生日要送去祝福

生日是每个人生命中极重要的日子，甚至不亚于一些传统的节日。一般来说，在家人生日到来时，要提前订购蛋糕，组织筹划生日的庆祝活动。生日当天，早晨第一时间向家人表示生日祝福，或送上生日礼物。如果家人在外地，一定要打个电话或发信息祝他生日快乐。

为家人准备的生日礼物，不一定需要花太多钱。很多时候，自己制作一些别具新意的礼物，更能给他们带来惊喜。例如，用照片精心制作一个视频，把想说又当面说不出口的话录入视频，生日当天播放给他们看，可能让家人非常感动。

家人生日时，不要有不吉利或者晦气的语言和举动，特别是老人生日当天，禁止说死、挂、翘、挺之类的字音字节。送生日礼物，禁忌送钟表之类的物品。

不轻议别人长短

你听说过“静坐常思己过，闲谈莫论人非”这句话吗？意思是说要经常静坐反省自己的过错，使自己的德行有所提高；平时和别人说闲话时，不要随便议论别人的是非。《童子礼》也教导我们不“轻议人物长短”，哪个人没有过错呢？反省自己的过错是修养，宽恕别人的过错也是修养。而经常忽视自己的过错、议论别人的过错，就是缺乏修养的行为了，也是违背礼仪的。

知识链接

勉学诗

明·方孝孺

莫驱屋上乌，乌有反哺诚。
莫烹池中雁，雁行如弟兄。
流观飞走伦，转见天地情。
人生处骨肉，胡不心自平。
田家一聚散，草木为枯荣。
我愿三春日，垂光照紫荆。
同根而并蒂，蔼蔼共生成。

对残疾人要尊重

《论语》记载：樊迟问什么是仁。孔子回答：爱人。孔子又说，一个人没有仁爱之心，遵守礼仪有什么用呢？所以，仁爱是礼的根本，敬人是礼的表现形式。特别是面对那些残疾人，更应该格外地尊重。所以《常礼举要》说，与残疾人会面，须格外恭敬。此外，对孤寡老人、儿童、妇女、农民工甚至乞丐等弱势群体，都要加倍爱护和尊敬，这才是真正的修养和礼仪啊！

斗闹之处不近前

《童蒙须知》说，凡喧闹争斗之处，不可近前；凡危险之处，不可近前。特别是赌场、酒吧、歌舞厅等娱乐场所，包括一些网吧、游戏厅等，小朋友们更是不要近前。这些场所，或许会有打斗之事发生，会危及自身安全，并且还是黄、赌、毒的滋生地。《弟子规》说："斗闹场，绝勿近。邪僻事，绝勿问。"道理就在此处。

登高不大呼小叫

当你站在高处大呼小叫，会产生什么样的后果？相信不管是你的朋友，还是周围的路人，一定都会把目光投向你，并一脸的惊异：遇到什么特殊情况了吗?《礼记·曲礼上》说“登城不指，城上不呼”，意思是说登上城墙，不要指手画脚，大呼小叫。登城有所指，就会让人产生困惑；登城高呼，就会让人产生惊骇恐慌。这里的“城”可延伸为“高处”。我们无论在高山上，还是在高楼上及旅游景点等，切记不可对着下面大呼小叫、胡乱指画。这样不仅有损自身形象，也会扰乱别人的视听，是有失礼仪的。

问路时请说敬语

亲爱的朋友，你出家门的时候，有过问路的经历吗？别人问路时，你详细告诉过对方吗？如果不知道，你怎么回答别人呢?《常礼举要》说，向别人问路，先称谓别人“大伯”“叔叔”等敬语，再说“请问”事项，问过路后要说“谢谢”。别人向你问路，一定要详细地为他人指示清楚。如果自己不清楚，一定要说“抱歉！我不太清楚”。如果时间允许，你也可以再询问一下别人。千万不要爱答不理，一副不耐烦的样子，这样是违背礼仪的。向人问路或被人问路的言行是否讲究礼仪，往往反映了一个人的修养和内在的心态。

出国远行知禁忌

出国求学或旅行，一定要提前了解当地的禁忌，以免给自己带来麻烦。自己的一言一行应当符合当地的礼俗。《礼记·曲礼上》说："入境而问禁，入国而问俗，入门而问讳。"禁，即禁忌。这句话的意思是说，每到一个地方就先打听当地的禁忌，每到一个国家就先了解该国的风俗习惯，同理，到了别人家里，也要先问他们有什么忌讳。这都是对别人及其文化的高度尊重。同时，远行归来时，尽量带一些当地的特产或礼品去拜访至亲好友，告知他们自己已经平安归来。

向人借财物要及时归还

《弟子规》中说："借人物，及时还；后有急，借不难。"当我们借人家的东西，要想到及时归还，特别是在危难时人家借给我们钱财，那是对我们的极大帮助，我们应该感恩报恩。假如我们不能按时归还，而别人又有急用，就可能耽误别人的事情，这是缺乏道义的行为。所以，答应什么时间还人家，一定要兑现；如果实在有困难不能如期归还，一定要向人家解释清楚，恳请别人原谅，并告知归还计划及时间。如果每次借人家的东西都这么谨慎并守信用，以后他人还愿意帮助你。切记：借人财物不按时归还，是失信失礼之事。如果能还而不还给人家，就是道德品质问题了。

知识链接

宋濂借书

宋濂是明朝初年的一位文学家，一生著作很多，誉为『开国文臣之首』。宋濂小时候就非常好学，可是家中贫穷，没钱买书，因此常常向别人借书看。他一边看，一边抄录。天气寒冷时，砚台上的墨水都冻成坚硬的冰，手指也冻僵了，伸屈很不方便，但他抄录从不懈怠。抄录完了，他急忙把书送还，一点也不敢超过预定的日期。

有一次，宋濂到一个富人家借书看。那家人不愿意借给他，所以借的时候说十天之内要还回来，可十天根本就读不完那本书。那家人以为这样他就不会借了，可他满心欢喜地答应了。于是那家人在无奈之下就把书借给了他。到了第十天的早晨，天上飘起鹅毛大雪。他早早起来，没顾上吃饭就向富人家赶去。那家人以为他不会来还书了，可是没想到他却冒雪把书送了回来。他们很感动，告诉他，以后可以随时来看书，不再给他限定借书的时间了。因为他借书守信用，所以别人都愿意把书借给他，他也因此能够读到大量的书。

宋濂做官以后，把自己小时候借书苦读的经历写进了一篇文章，那篇文章就是著名的《送东阳马生序》。

进屋门要换鞋

亲爱的朋友，你每天放学回家进门后换拖鞋吗？换拖鞋有什么礼仪吗?《礼记·曲礼上》说，穿鞋子不上堂，并且脱鞋子时，不要正对台阶或厅堂，不要对着人，要侧向一边。穿鞋时，要蹲着拿起鞋子，到一边蹲下去或坐凳子上穿，不要面对尊长或客人穿鞋。现代家庭房屋中多数为木制地板或瓷砖地，无论回家或到别人家做客，进门时都要脱去脚上穿的鞋，换上专门准备的拖鞋。这样就不会踩脏地板，既清洁卫生，又尊重主人的劳动成果。

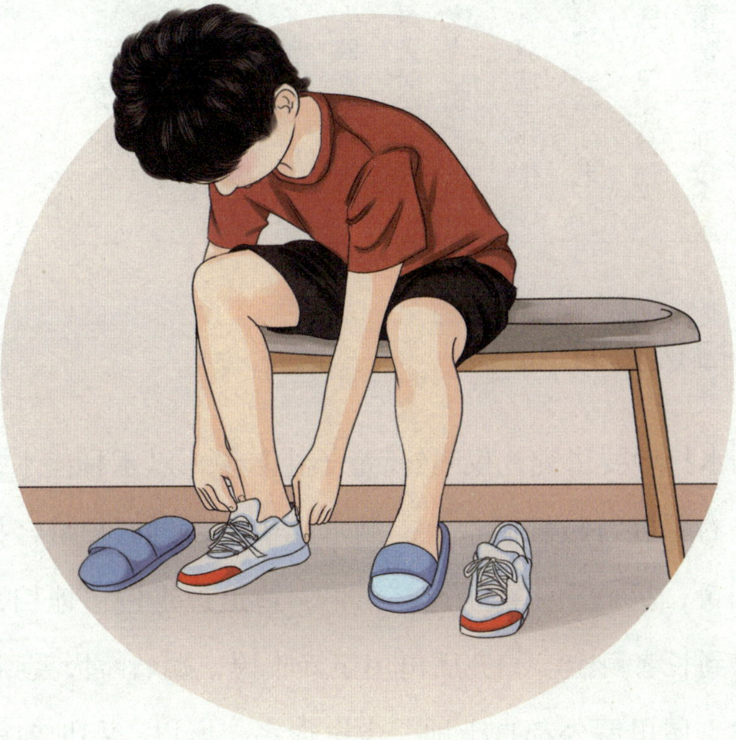

牛皋问路

知识链接

岳飞和牛皋是同乡，他们一同赴京城去参加武考。考前一天，牛皋想去看看考场到底啥模样。于是，他独自一人出门前往。路上，他遇到一位老者，就问：『喂！老头儿，去校场咋走？』老人抬头一看，见这位武士面目不善，语言又粗俗，即显不悦之色，当下便低头闭口不语。牛皋无奈，只有继续前行。结果，他走了许多冤枉路，用了半天时间才找到京城校场。岳飞在旅店好长时间不见牛皋人影，估计他去了校场，又怕牛皋行为粗莽，无端惹事，就离开旅店去找牛皋。路上也碰到这位老者，岳飞上前拱手行礼说：『敢问老伯，去校场的路怎么走啊？』老人见他眉目清秀，又十分懂礼，就十分痛快地告诉了他详细的路径。岳飞很快就来到校场。同样的问路，不同的结果，这就是文明礼仪产生的作用。

洒扫认真仔细

洒水扫地要讲究礼仪吗？《童子礼》说，以木桶盛水，左手提着，右手以竹枝轻洒堂上。洒水完毕后，再取扫帚轻扫，一手执扫帚，另一手用袖子遮挡扫帚，边退边走慢慢地扫，不让尘土溅到长者身上。扫完后再用簸箕收捡，端着垃圾丢到他处。在古代，屋里屋外都是土地，尘土很多。所以，扫地前就需要先洒水。现在生活条件好了，家里的地面不是木地板就是瓷砖，打扫时也不用先洒水，先用扫帚细心扫一遍，再用拖把仔细、认真地拖地。方式虽有变化，但洒扫之精神是一致的，就是在这些日常细微的小事上培养专心、细心、认真的做事精神。一个洒扫马马虎虎的人，其做事态度也多是不认真的。

居室要打扫整洁

亲爱的朋友，你的卧室及生活空间，经常打扫、清洁、整理吗？很多人可能会说“我每天上学，都是妈妈替我打扫整理的”。这话可不完全对！打理好自己的居住空间，不仅是自己应该承担的责任，还是生活能力的具体体现，是需要从小学习和锻炼的。《童蒙须知》中说，凡为人子弟，要经常打扫居住环境，让其保持整洁。此外，早晨起床后，要将被褥收拾整齐；晚上休息前，将自己用的学习用具及生活用品摆放整齐，归放原处。生活空间，代表主人的精神面貌。如果居室凌乱不堪，其主人也多是邋遢之人，且对事物没有敬畏之心。居室整洁是做人的基本礼仪哦！

传统祭日，行为举止要庄重

按照中国传统，清明节是传统祭祀日，家家户户都会扫墓拜祭祖先，感恩怀念祖先。

在祭祀祖先的时候，除了传统祭品、祭食等行为，还可以为先人送上菊花表达思念之情。菊花自古有怀念的含义，特别是白色菊花是非常合适的，还可以搭配一些绿草。此外，百合、月季、康乃馨等，也很漂亮。

在墓地前祭拜先人时，不要跨过坟墓及供品，更不要大声喧哗、嬉笑怒骂和使用污言秽语，这些做法是对先人不尊敬。不能对墓穴设计评头品足，否则会被视为亵渎先人。

和家人一起祭拜先人时，行为举止要庄重严肃。可以将自己美好的愿望诉说出来，以此激励自己在实际生活中努力实现。

远行要禀告祖先

古人出门远行前，不仅要向祖父母、父母及亲友辞别，还要到祠堂向祖先辞别。《朱子家礼》中说，如果出门远行需要很长时间，在离开前要进入祠堂，打开祠堂中门，先向先人行拜礼两次，然后上香，并向先人禀告说："某某即将出远门，前往某地了，今日特来向先人辞行。"然后，又一次行再拜之礼，再

知识链接

一屋不扫，何以扫天下

东汉时期，有一个人叫陈蕃，他在少年时代刻苦读书，立志要以才学为百姓造福。一天，他父亲的一位老朋友薛勤来看他，见他独居的院子内杂草丛生、秽物满地，就对他说：『你怎么不打扫一下屋子，以招待宾客呢？』陈蕃回答：『大丈夫处理事情，应当以扫除天下的祸患这件大事为己任。为什么要在意一间屋子呢？』这回答让薛勤暗自吃惊，知道此人虽年少却胸怀大志。但是眼前乱糟糟的院子仍然让薛勤不舒服。薛勤当即反问说：『一屋不扫，何以扫天下？』陈蕃听了无言以对，觉得薛勤的反问很有道理。从此，他开始注意从身边小事做起，长大以后当上了太傅，干出了一番事业。

出门。如果从远方归来，也要向先人禀告。禀告流程与辞行时的礼仪相同，只是说辞为：“某某今日从某地归来，特来拜见先人。”从以上礼仪中，我们可以明白中国文化的精妙之处，即对待生者与亡者是一样的，这就是“视死如生”“祭神如神在”的精神。

主动帮助有困难的邻居

扶弱救急、患难相恤是中国乡村自治精神的核心，是中华传统重要美德，也是传统礼仪的基本要求，特别是面对邻里有难或紧急情况时，更应该主动前往帮助。俗话说："远道的亲戚，救不了近旁的邻居。"如果遇见邻居老人上下楼梯，应主动上前搀扶；邻居有人生病、去世，应该及时去慰问，询问是否能帮上什么忙；面对空巢、残疾等特殊邻居，一定要体贴他们的寂寞、孤苦状态，生活上要多加照顾，即使只是经常陪他们聊聊天，也能缓解他们的压抑心情……当然，对未成年人来说，应该根据自己的实际能力去救助他人，或者和家人一起给予邻居生活帮助和精神慰问。

远行前要辞别亲友

现在很多人经常远行，或在外地上学，或出国求学，或周游世界。可是，你知道在外求学或远游有什么讲究吗？按照中国传统礼仪，如果我们要远行，并且一时半会儿回不来时，临行一定要向祖父母、父母及至亲好友辞行，要告诉他们自己远行的地址、目的及时间等。这是时刻不忘父母及至亲好友恩德的具体行为，而自己的一言一行也要让他们安心。所以孔子说："父母在，不远游，游必有方。"意思是说，父母在世，尽量不出远门，如果有为之奋斗的事业，必须要出远门，就要告诉他们自己的明确去处及目的，让他们安心。如果出远门不和至亲好友辞别，甚至也不告诉一声，就是违背礼仪的。

与邻里要和睦相处

俗话说“远亲不如近邻”，邻里和睦相处，对每个家庭都有好处。如果邻里之间经常闹矛盾，既影响彼此家庭的生活，也影响其他邻里家庭的安定。古语云：“你容我，我容你，天宽地阔；你敬我，我敬你，亦显德高。”这同样适用于邻里相处。邻里之间，抬头不见低头见，接触十分频繁，应当礼貌相待，努力做到互敬、互信、互助、互让。如果有分歧，双方要积极沟通，平等协商，互相谅解，分歧通常是可以得到妥善解决的。切忌搬弄是非，火上浇油。

知识链接

六尺巷

『六尺巷』，长百米，宽两米。说起『六尺巷』的由来，还有一段脍炙人口的历史佳话。清代桐城人张英、张廷玉为父子宰相，从政于康熙、雍正、乾隆，可谓三朝为官，『六尺巷』说的就是老宰相张英的故事。

清朝康熙年间，张英担任文华殿大学士兼礼部尚书。他老家桐城的宅邸与吴家为邻，两家院落之间有条巷子，作为两家过往通道。有一年，吴家要建新房，想越界占用这条路，张家人不同意。双方发生纠纷，将官司打到当地县衙。县官考虑到两家人都是名门望族，左右为难，迟迟不能判决。张家人见有理难争，一气之下写了一封加急信送给张英，要求他出面解决。张英看了信后，并不赞成家人为争夺地界而惊动官府的做法，于是提笔在家书上写了四句话：『千里来书只为墙，让他三尺又何妨？万里长城今犹在，不见当年秦始皇。』家人看过信，领会了其中含义，主动让出三尺空地。吴家见状，深受感动，也主动让出三尺房基地，『六尺巷』由此得名。

张英的一封家书，化解了两家的邻里之争，张吴两家的礼让之举也成为几百年来的人间美谈。

写给孩子的
礼仪教养书

雷　子◎编著

2 学校礼仪

天津出版传媒集团
天津人民美術出版社

图书在版编目（CIP）数据

写给孩子的礼仪教养书. 2, 学校礼仪 / 雷子编著
. -- 天津 : 天津人民美术出版社, 2023.4
ISBN 978-7-5729-0998-6

Ⅰ. ①写… Ⅱ. ①雷… Ⅲ. ①礼仪－儿童读物 Ⅳ.
①K891.26-49

中国国家版本馆CIP数据核字(2023)第060472号

学校礼仪

第二册

前言

学校礼仪是学生在学校的行为规范。一个守规范、讲礼仪的学生一定有一颗重教养、懂品位的心灵。践行礼仪极好的环境是学校。学校礼仪能够体现一个人的世界观、人生观、价值观。这些观点表现在师生之间、同学之间的相处模式上，以及表现在学习、生活时遇到问题的处理方法上。

有教育专家认为，一个人有怎样的思想，就会有怎样的行为；有怎样的行为，就会有怎样的习惯；有怎样的习惯，就会有怎样的性格；有怎样的性格，就会有怎样的命运。学校礼仪是一种行为习惯，体现了人的基本素养，很大程度上与人成年以后的成就息息相关。学校教育的目的是什么？是让学生成才，更是让学生成人。

毋庸讳言，一个在校园里满嘴脏话、举止粗野的人，必然是一个非常不受欢迎的人。我们有时会看到个别学生身上有一些不好的习惯，如：在学校走廊跑来跑去，大声吼叫；在操场上遇到老师假装没看见或者低头匆匆走过；看到生活困难的同学就说“你家真穷，连智能手机也买不起”；不讲究语言文明，一张嘴就伤人……有的老师会教育学生：“你们要有礼貌，不要像野孩子一样在校园里疯跑打闹，说话不要像社会上的小痞子、小混混……”学校在一个人的成长过程中会起到非常重要的作用。学校礼仪的学习会给学生注入新鲜的礼仪活水，让他们在礼仪的滋养中快乐学习、健康成长。

在学习科学文化知识的过程中，学校礼仪对学生的熏陶是潜移默化的。上课时一句真诚的“老师好”，下课时一句温暖的“老师再见”，师生之间礼貌的挥手告别，这些话语和行动让校园里充满了仪式感。师生之间、同学之间日常相处，大家都非常真诚地表达他们的心意，没有敷衍。这些礼仪表现不仅让学生学会尊重他人，同样也会培养他们对情感的体验和对情感的表达。

学校礼仪教育应该成为学生人格塑造中的一个重要方面。一个有知识、讲礼仪的学生，才能在青葱校园中给他人留下好印象，才能在工作以后融入中华民族伟大复兴的历史进程中。

本书讲述学校礼仪规范，通过展现学校生活常见的各个小场景，根据学校生活的特点，告诉学生在不同的学校场景下应该如何遵守礼仪，做一个有礼貌的好学生。内容涉及尊师礼、同学礼、课堂礼、网课礼和读书写字礼等，让学生全面、有效地接受学校礼仪教育。本书贴近学校生活实际，针对性强，是学生学习学校礼仪的范本，也是现代学校礼仪教育的指南。

编者

目录

尊师礼
师道崇高，礼传天下

同学礼
友好相处，共同成长

课堂礼

内化于心，外化于行

目录

网课礼

熟悉新形式，学会新礼仪

读书写字礼

恭敬专注，谦虚平和

67 小心爱护图书

68 不要漫不经心

68 写字要严谨整齐

69 不在书桌上乱画

70 看完图书归原位

寝室礼

爱寝如家，团结和睦

72 开门、关门不可用力

73 在寝室说话音调不要太高

73 不要在寝室制造噪声

75 尽量不在寝室打电话

75 床单被罩要及时清洗

75 讲卫生，常洗澡、勤洗头

77 自己物品要摆放整齐

78 共同维持寝室卫生

79 待客或访友的礼数

79 做客要信守约定时间

80 寝室成员之间要相互体谅

81 主动融入小集体

81 学会分享，创造和谐

83 要适当向舍友求助

83 关心有度，不干预私事

目录

校园餐厅礼

吃有吃相，文明用餐

集体活动礼

顾全大局，遵守纪律

尊师礼

师道崇高
礼传天下

学校礼仪

在中国古代社会中，老师一直享有崇高的地位。《后汉纪·灵帝纪》曰：『经师易遇，人师难遭。』优秀的老师，不仅能够讲解书本上的知识，还能以人格品行影响学生，教育学生怎样为人处世。从礼仪的角度分析，老师受到尊敬，知识才能受到重视；知识受到重视，学生的学习态度才能端正；学生的学习态度端正了，他们才能认真听讲、专心读书，长大以后才能为国家和民族做出贡献。所以，尊师重道，应该从一言一行做起。

见到老师要主动问候

《荀子·修身》中讲："君子隆师而亲友。"意思是说君子要尊崇老师而亲近朋友，这一点应当体现在我们的一言一行中。当我们路遇老师，应主动上前问候老师，同时态度要恭敬，语气要温和，语调要平稳，姿势要端正。一声亲切的问候会让老师感到欣慰。这一点在《弟子规》中也有提及："路遇长，疾趋揖；长无言，退恭立。"这虽然

知识链接

正衣冠

《礼记·冠义》上说：礼义的开始，在于容貌身体端正，内外表里如一，言辞和顺得体。因此，开学典礼上第一件事就是『正衣冠』。儒家先贤认为：『先正衣冠，后明事理。』让学生仪容整洁、体态端正，是开学后的第一课。入学时，新生排队站立，由先生依次检查、整理好学生的衣帽鞋袜及仪容。这个仪式现在很多学校仍然实行。然后，学生整齐地排着队，到学堂前集合，恭敬站立，在先生的带领下，去祭拜至圣先师。

是古时遇见尊长的一种礼仪，但在现代也要上前问候，表示致敬，虽然形式发生了改变，但是尊师重道的精神并没有改变。

见到行政人员要问好

有些学校的行政人员不负责教学，他们和学生只是在教务、行政、后勤等方面有接触。有的学生认为，尽管自己和那些行政人员打过交道，但是他们没有给自己上过课，见到他们没有必要问好。其实这种想法大错特错。学校的行政人员，也都是为了学校教育工作而服务，并且他们也是教师，只是工作岗位不同罢了。所以，一句简单的“老师好”，不仅是在表达对学校行政人员的问候、尊重，更是一个人思想品质、礼仪修养的体现。

尊重实习老师

实习老师，是指刚刚走上工作岗位的年轻老师，往往在教学经验、师生关系上存在一些不足。我们应该理解并包容实习老师的成长过程。我们每个人也都会经历由青涩到逐渐成熟的过程。但有些调皮的学生，在面对实习老师时会做出种种不敬之举：上课前，在讲台上放几条虫子惊吓老师；上课时，故意提出刁钻问

知识链接

程门立雪

杨时是北宋著名学者。他不仅酷爱学习，而且对老师礼敬有加。相传有一次，他和同学游酢一块儿去拜程颐为师。走到老师家门口，杨时正想敲门，忽然听见了老师的打鼾声。杨时就悄悄地对游酢说：『程老师正在休息，咱们在门外等会儿吧！』他们就恭敬地站在门口，静静地等待。这时，外面开始下起了雪。如此过了很久，程颐才醒来。他发现有两个学生站在门口的雪地里，就赶忙把他们拉进屋里，吃惊地问：『外边这么冷，还下着雪，你俩怎么不进屋呢？』杨时微笑着说：『程老师，您正在休息，我们不忍心惊动您！』程颐深受感动，便收他俩为弟子，悉心传授。后来，两人不负所望，都成为理学大师。

这就是『程门立雪』的故事。它启示我们：尊师不要停留在认识上，而要落实在行动中。

题难为老师，抓住一点漏洞故意起哄嘲笑老师；下课时，躲在实习老师身后突然发出一声怪叫……按照师生礼仪，这些行为是非常不礼貌的。不尊重实习老师，首先会影响教学效果，破坏师生关系；其次，这些学生容易给实习老师留下不好的印象，也给其他同学留下欺软怕硬、爱搞恶作剧的负面印象；最后，学生如果言语过分，会伤害实习老师的自尊心，使对方难堪。

不要当众顶撞老师

师者为尊。作为学生，尊敬师长是每一个学生应具备的基本品德。老师不仅是我们人生路上的传道者，更是筑梦者、引路人。俗话说“人无完人”，老师也一样，他们处理问题也会有不周到、不全面之处；老师的知识不一定面面俱到，上课也有偶尔讲错的时候。尤其在课堂上，或在很多老师在场的办公室内，不顾及老师尊严，当众顶撞老师，甚至说出带有攻击性、侮辱性的话，这种行为是有失礼仪的体现。“直而无礼则绞，勇而无礼则乱”，敬人者人恒敬之。正确的做法是：当老师做的或说的对时，我们应当感激，虚心改正；当老师做错或误解自己时，我们应该适时、委婉地指明或解释，而不是针锋相对、语言攻击。

不议论老师的私事

哪位女老师与某某谈恋爱了，哪位男老师和老婆离婚了，

哪位老师的家里有什么“秘密”……喜欢在背后议论老师私事的学生大有人在，这是十分不礼貌的行为，尤其是一些没有证实的负面消息，不仅影响老师的形象，也影响学校的形象，很容易造成恶劣的舆论氛围。作为学生要牢记，不要道听途说议论老师的私事，更不要把那些事情主动向外传播。

知识链接

祭拜至圣先师

孔子不仅是中国的圣人，是儒家创始人，是伟大的思想家，而且还是中国第一位开创私学的大教育家呢！所以《礼记·学记》中讲：入学之初，要穿礼服，备祭品，祭拜有道德学问的至圣先师，以示尊师重道。就是说，在入学典礼开始时，学生穿着庄重文雅的礼服，带着精心准备的祭品，到至圣先师孔子像前叩首祭拜，以纪念圣人之功，不忘圣人之德，这是尊师重道的风气。

穿礼服是表示郑重庄严之事，不能有半点怠慢之心。祭品一般为芹（寓意勤奋好学）、枣（寓意早立志向）等类似的普通蔬菜、瓜果，虽然普通，却体现了古人轻视财物、看重师道的深意。

向老师提意见要讲究分寸

“人非圣贤，孰能无过。”老师在工作中也许有说话不恰当或观点错误的时候。我们提倡讨论学问和自由论辩的精神，但学生向老师提反对意见，应该遵守基本的礼仪，采取合适的方式。具体地讲，学生在阐述自己意见时，不要把话说得太满、太绝对，也不要与老师有意气之争，尤其是在某个细节上，争得面红耳赤，非要见个“胜败”。学生可以这样说：“老师，这个问题，我个人认为是……”或者说：“请问老师，我听某某讲过这个问题，他说的观点与您说的相左，为什么是这样呢？”

或者说："老师，这本书籍上是这样阐述的……"不要以批评的口吻或绝对的语气去否定别人，如"老师，你这是乱讲，根本就不对"。尤其对于学术界有争议但没有定论的问题，学生如果不同意老师讲授的观点，提意见时应理性地申明自己的观点和证据即可，切忌情绪冲动、言辞激烈，甚至语言攻击，这是严重违背礼仪的。

知识链接

子贡尊师

孔子是我国古代著名的思想家、教育家，弟子多达三千人，其中著名的有『七十二贤人』。子贡就是七十二贤人中的一位杰出代表。

子贡非常尊敬自己的老师。一次，鲁国有个大夫在人前贬低孔子，抬高子贡。这些话刚好被子贡听到了。子贡非常气愤，丝毫不因为那个人在夸自己而给他留情面，当即打了一个比方。

子贡说：『如果每个人的才能就是一所房子，那么老师的房子仅围墙就有十多丈那么高，屋子里富丽堂皇，一般人没法翻过围墙看到里面的摆设；而我子贡的房子呢，围墙只有肩高，屋子里有什么一眼就可望尽。』接着，他又把老师比作太阳和月亮，说太阳和月亮光彩照人，不是常人所能超越的。大夫听了这一席话，脸上一阵红一阵白，十分惭愧。

做好课前准备工作

古人说，凡事预则立，不预则废。《家诫要言》又说："进学莫如谦，立事莫如豫。"意思是说，要想在学业上有所进步，没有什么比得上谦虚的；要想建功立业，没有什么比得上提前做准备的。我们学习也是一样，要想取得好成绩，课前准备工作就一定要做好，这不仅是对老师起码的尊重，也是每个学生应该具备的基本礼仪。比如上课前，值日生应在征得老师的同意后，主动为老师擦净黑板，整理好讲台。其他同学应把书本和学习用品准备好。预备铃声响起后，同学们要安静有序地归位，恭迎老师上课。当老师走进教室，班长应用洪亮有力的声音喊"起立"；全班同学立正站好，真诚地向老师鞠躬并行注目礼；等老师回礼后，同学们才能坐下。当然，老师每天下课时，同学们也要起立行礼感谢老师，目送老师离开。

正确对待老师的批评

谦受益，满招损。特别是老师建议学生，甚至提出批评行为时，一定要虚心接受，认真反省，诚心改正。很多时候，指出学生问题的老师，是真正关心学生、帮助学生，真正希望学生能认识不足，改正不足，得到成长。这就是"良药苦口利于病""严师出高徒"的深刻道理。

鼓励和批评，是一个好老师常用的教育手段。所以，学生一定要理解老师的苦心，他是想通过批评这种方式，来教育自己、鞭策自己、警醒自己，让自己认识到缺点和不足，而不是想让自己难堪。

智慧越高的人，越懂得反省自己。智慧越低的人，越固守自己的成见。所以先贤曾子说："我一天中，能三次反省自身言行。"我们一定要向圣贤学习，尤其面对老师的批评，深刻反省自己的言行，哪些地方做得不对，是否考虑了别人的感受，是否对他人造成了不良影响，这是作为学生好学的行为，也是基本礼仪教养。

按时完成作业

学如逆水行舟，不进则退。《中庸》中有句关于学习的名言："博学之，审问之，慎思之，明辨之，笃行之。"意思是说，要广博地学习，要对知识详细地询问，要慎重地思考，要明白地辨别，要切实地力行。作为一名学生，一定要按时完成老师布置的作业。作业是检验我们课堂学习效果的重要手段之一。它既能使我们巩固已学知识，又能提高我们的学习能力，还是一种礼仪表现，是我们对老师劳动成果的基本尊重。同时，不能按时完成老师布置的作业，也是失信的行为。无信之人怎么能称得上知礼仪呢？

不能上学要提前请假

《三字经》中讲“亲师友，习礼仪”，生活中处处都要讲礼仪。当我们因为家中有事或者身体有病不能上学时，要向老师提前请假。请假的方式有两种：一种是事前写出书面的请假条，说明请假的真实理由；另一种是打电话向老师说明请假的原因、

时间，请老师批准。不管采用哪一种请假方式，都要注意用词用语等方面的礼仪。千万别等事情过后再说，或者不向老师请假，让老师担心或者来电询问，这是违背礼仪的。

老师上课不起哄

《荀子·大略》说："国将兴，必贵师而重傅。"意思是说，国家想要振兴，必须尊敬教师，重视传授专长技术的师傅。可见，老师的地位有多高，值得每一个学生尊重。所以，作为学生，应时刻怀有一颗对老师的恭敬心。当老师讲课幽默风趣时，我们应当由衷地赞美老师；当老师无意犯错，例如读错了一个字或者讲解有些枯燥时，学生不能故意起哄、做怪相或者专门挑老师的毛病，引逗其他同学发笑。这种行为会扰乱课堂秩序，影响讲课和听课的效果，也会影响老师的心情，是不尊重老师的表现。

进出老师办公室要有礼

进出老师办公室，对每个学生而言都是经常遇到的事情。但很多人都没有注意到自己进出老师办公室时的表现。作为学生，进老师办公室要先敲门，喊"报告"，经老师同意后，方可进入。进入办公室应放慢脚步，不大声喧哗，不影响老师备课、办公。与老师谈话应采取站立姿势，老师让座后，方可坐下。

在老师办公室谈事情，或者回答老师的问题，态度要诚恳，语气要平和，不要任意打断老师说话。

离开老师办公室时，要向老师礼貌道别，并轻轻随手关好门，再转身离开。

知识链接

孔子尊师

公元前五二一年，名闻天下、知识渊博的孔子决定到周都洛阳去拜访老子。

孔子见到老子，恭恭敬敬地向他行礼。老子问孔子为何事而来，孔子谦虚地说：『我学识浅薄，对古代的「礼制」一无所知，特地来向老师您请教。』老子见孔子态度诚恳，就详细地讲述了自己对礼制的见解。

回到鲁国后，孔子的学生请求他评价老子的学识。孔子说：『老子博古通今，通礼乐之源，明道德之归，确实是我的好老师。』同时，他还打比方赞扬老子，说：『鸟儿，我知道它能飞；鱼儿，我知道它能游；野兽，我知道它能跑。善跑的野兽我可以结网来逮住它，会游的鱼儿我可以用丝条缚在鱼钩上来钓到它，高飞的鸟儿我可以用良箭把它射下来。至于龙，我却不能够知道它是如何乘风云而上天的。老子，他就像龙一样！』

教师节，有礼仪

有人说，教师应该永远是天下最令人尊重的职业，因为你们不仅在燃烧自己、照亮别人，而且放飞希望。人类之所以有希望，是因为我们的文明在不断地传承。教师就是文明的传承者。

学生对老师的付出，都应怀有一份很真诚的感激之情。不论自己学习成绩如何，在教师节前夕，都可以给老师准备一份礼物。或者亲自做一张卡片，写几句真诚的祝福；或者买一束鲜花，画一幅漫画；或者购买几本图书，寄一封书信，都能表达对老师的谢意。当然，礼轻情意重，不可攀比礼品的贵重，歪曲了美好的寓意。也有很多老师只接受节日祝福，不接受任何实物作为礼品，我们要尊重老师，不可勉强。总之，尊师是我们民族的优良传统，也是我们应知的基本礼仪。

知识链接

汉明帝敬师

汉明帝刘庄做太子时，博士桓荣是他的老师，后来他继位做了皇帝，依然用对待老师的礼节尊重桓荣。他曾亲自到太常府去，让桓荣坐东面，设置几杖，像当年听课一样，聆听老师的指教。他还将朝中百官和桓荣教过的学生数百人召到太常府，让他们向桓荣行弟子礼。

桓荣生病，明帝派人专程慰问，甚至亲自登门看望。每次探望老师，他都是一进街口就下车步行前往，以表尊敬。进门后，他往往拉着老师枯瘦的手，默默垂泪，很久才离开。当朝皇帝对桓荣这样尊敬，所以诸侯、将军、大夫等来探视桓荣病情的人，都不敢乘坐马车到他的家门，进门后都拜倒在他的病床下面。

桓荣去世时，明帝还换了衣服，亲自临丧送葬，并对其子女做了妥善安排。

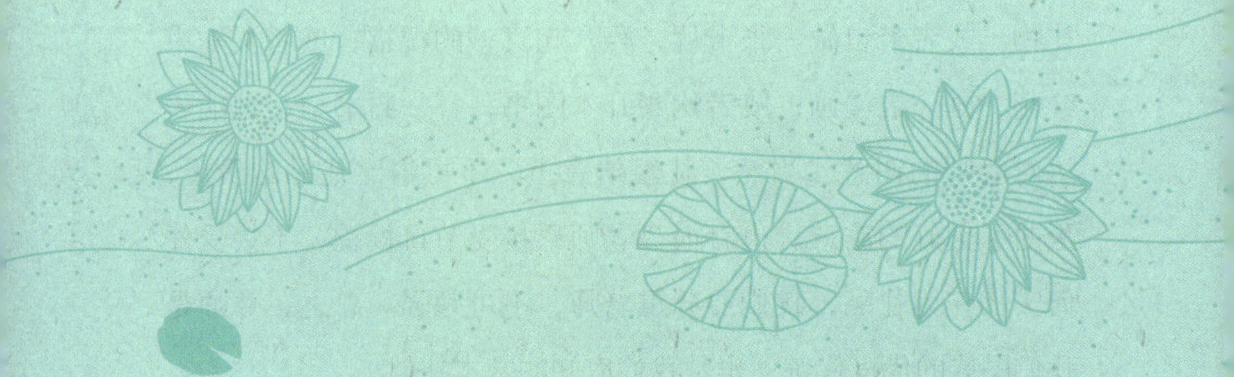

同学礼

友好相处 共同成长

学校礼仪

学校是个大家庭，我们每个人都是这个大家庭的成员。纯真的同学情，会成为一个人终生宝贵的财富。作为朝夕相处的同学，我们不仅要共同学习科学文化知识，还要建立深厚的友谊，注重情感的交流与沟通。为了让校园充满爱，让文明礼貌之花在我们的校园竞相绽放，同学之间的交往要遵循相应的礼节，应该互相尊重、互相谦让、互相帮助，这样我们才能在温馨、和谐的校园中共同成长，共同进步。

平等相待，团结友爱

校园是同学们共同的家园，每个人的行为都会被其他同学看在眼里。因此，要树立“心中有他人”的观念。同学之间要平等相待，相互尊重，一言一行、一举一动都要从团结的愿望出发。平时遇见同学一定要打招呼。打招呼的方式很多，可

以问好、点头、微笑、招手等。不管自己是班干部，还是学生会的干部，都不要居高临下，用命令的口气和同学说话。日常生活中与同学相处要做到热情、诚恳。用你的真诚去对待别人，必然会得到同学真诚的回报。

真诚相处，相互尊重

真诚是一种崇高的道德情感，是同学之间彼此交往的基础。在学校的人际交往中，很重要的一条原则是彼此之间的真诚。只有你对他人真诚，让他人体会到你的真诚，你才能获得他人的信任。给他人留下一个良好的印象，让他人产生和你交往的兴趣，这样你才能交到更多更好的朋友。要记住，对同学真诚不是短时间的，而是长时间的。无论做事还是说话，都要体现诚意，让同学觉得你不是一个虚情假意的人。

在真诚的基础上，与同学相处融洽的一个秘诀是相互尊重。大家一起在校园里学习生活，在人格上都是平等的。尽管大家的学习成绩有高有低，家庭背景各不相同，但是每个人身上都有值得他人学习的优点和长处。与同学交往，千万不要因为他人的不足之处而产生轻视心理，甚至因为轻视他人而说出让同学感到伤心羞愧的话。一个不懂得尊重他人的人，往往也得不到他人的尊重。

自尊自爱，不过分依赖同学

我们经常能看到，校园里总会有几个非常投缘的同学。他们在学习上形影不离，在校园之外也能玩到一块儿。这些同学遇到了困难，特别喜欢彼此之间互相帮忙，长时间过度帮忙，以至于形成了依赖的关系。

其实，过分依赖同学的思想是要不得的。这会让人失去自我，让人碰到事情只会选择逃避，让人无法学会承担责任。过于依赖同学，只会让人成为一个学习以及生活中的弱者。人一定要学会独立，学会自己解决问题。不要什么事情都依赖同学，那样做不仅是给同学添麻烦，也无法让自己获得成长。

为同学保守秘密

每个人都会有一些个人秘密，如果你发现同学的隐私，不要随意扩散，因为这些隐私可能是其伤心事，也可能包括别人的生理缺陷、个人的恩怨等。在校园里，同学之间一定要互相尊重，不要随意窥探他人的隐私，如私自翻看同学的日记、私拆私藏同学的信件等。《弟子规》中讲：“人有短，切莫揭；人有私，切莫说。”意思是说，发现他人的短处，千万不要当众揭露；知道他人的隐私，千万不要到处宣扬。古语也有“不敬他人，是自不敬也”的说法，所以，为了表示对他人的尊重，同时也表示自重，一定要为同学保守秘密。

礼貌请教，珍惜友谊

古人云："学有友，则不孤。"无论学习还是生活，都会有一些让你疑惑的事情。所以，一定要虚心地、有礼貌地向同学请教，包括主动结交几位志同道合的学友，既是一种生活智慧，

也是一项基本的校园礼仪。

向同学请教，是由于无法靠自己思考得出答案，所以切忌不懂装懂。必须明白，问题中要尽量避免带有假设答案或者个人倾向性。这样被请教的同学才能感受到你虚心学习的态度，才愿意倾囊相助。此外，需要注意时机，应该在同学空闲时请教。同学的时间也很宝贵，向他请教时要尽可能做到提出的问题简明扼要。在同学回答的过程中，自己务必专注地倾听，并请同学把难点解释清楚。“好记性不如烂笔头”，不妨用纸笔记下要点，以加深印象。毫无疑问，同学之间的无私帮助能够让双方建立真诚的友谊。这种友谊将会是成长过程中永远值得珍惜的美好回忆。

对待同学要宽厚

古人云：“责人之心责己，恕己之心恕人。”“海纳百川，有容乃大。”就是说为人处世要严于律己，宽以待人，要有包容万物的胸怀。同学之间朝夕相处，有时难免会发生一些小摩擦。这时，我们不要斤斤计较，更不要拉帮结派去诋毁、攻击对方。凡事要换位思考，站在对方的角度想一下，自然就会理解对方，心平气和了。一个懂得宽厚为怀、善于原谅别人错误的人，才能团结同学，营造一个和谐互助的班集体，“礼之用，和为贵”，这也是同学们讲文明、懂礼仪的重要组成部分。

同学之间要有集体意识

集体意识是指大家对集体的目标、信念、价值与规范等的认识与认同。正像一滴水离不开浩瀚的江河大海一样，每一位同学在校园生活中都不能离开班集体。一些班集体活动，如大合唱、运动会、大扫除等都需要全班同学的共同努力。因此，我们每位同学都要有集体意识。在集体生活中，要顾全大局，遵守规章制度，不可我行我素。同学们有了集体意识，才能建立团队的合作精神，才能珍惜班集体的荣誉。

不要恶意起外号

有些同学相互之间称呼外号，是一种亲密的举动，因为恰当的外号代表着赞赏或表扬，并非含有贬义。例如，称呼成绩好的同学为“学霸”，叫班上个子最高的同学为“巨无霸”等。这些外号不仅不会让对方觉得反感，还会让人觉得名副其实，有利于建立良好的同窗关系。但是，如果给同学起具有侮辱性的恶意外号，用外号来嘲笑对方的相貌、身材、智力、家庭等，就是对别人的不尊重了，这种行为是违背礼仪的，也是必须禁止的。

知识链接

三年不窥园

汉代儒学大师董仲舒，自幼天资聪颖，酷爱学习，读起书来常常废寝忘食。他的父亲董太公看着儿子如此用功读书，既高兴又担心。于是，董太公决定在屋后修一座花园，让儿子能在读书之余，到花园散散步，放松一下身心。

动工第一年，花园里铺了草，栽了树，种了花，到处是鸟语花香、蜂飞蝶舞。可是家人多次邀请董仲舒到园中玩，他只是摇头，仍然手捧书籍，学《春秋》，背《诗经》。动工第二年，花园里修了假山，通了水渠，建了池塘，风光秀丽，绿水烟波。乡邻的孩子们纷纷爬到假山上玩，绕着池塘玩耍。可董仲舒依然不动心，仍然在屋内读诗文。第三年，花园竣工了，亭台楼榭，小桥流水，柳树成荫，美不胜收。亲友们都邀请董仲舒去玩，他还是摇摇头，仍埋头学习。他的书房紧挨着姹紫嫣红的花园，可他竟然三年没有进过花园，也无心观赏。后来他的学问天下闻名。他被朝廷征为博士，公开讲学，弟子遍布四方，成为令人敬仰的儒学大师。人们都称他为汉代的孔子。

乐于帮助成绩差的同学

乐于助人，是中华民族的传统美德，也是现代社会人际交往中互动性的良好行为，还是一种需要培养的礼仪。

乐于助人的行为是充满爱心的表示，也能得到其他同学的称赞和帮助。对于学习成绩差的同学，我们应当经常鼓励他，帮他找出学习成绩差的原因。例如，是不够努力还是学习方法

不对，根据具体情况找出相应的解决方案。对于学习不努力的同学，我们要不断鞭策他，让他端正态度、努力学习；对于学习方法不对的同学，我们应该帮助他掌握正确的学习方法，少走弯路。

忌玩笑过火

人生中很多纯真的友谊是在校园结成的，让自己难忘的诚挚朋友往往是自己的同学。有的人很喜欢在同学之间开玩笑。但是有些同学的心理很敏感，别人开的玩笑会在不经意间伤害到他，甚至给他造成一生的阴影。我们要知道，同学之间开玩笑要讲究轻重，不能开过火的玩笑，千万别在玩笑中说到对方的短处或是痛处。当被开玩笑的同学露出不满神情时，一定要及时停止玩笑，并立即安抚对方。

同学之间不攀比

当某同学买了名牌服装，或者经常出入高档饭店，你心中是不是特羡慕？想想自己的现状，有时是不是还会有一种莫名的失落感？其实大可不必。

《弟子规》中讲："若衣服，若饮食，不如人，勿生戚。"学生穿衣服贵在整齐干净，不在于是否高档、华丽，只要符合自己的身份就可以了；对于饮食，不应该挑三拣四，只要营养均

衡，有益于健康成长就是合适的选择。不要和同学攀比衣服和饮食，更不要因为衣服和饮食不如别人而不愉快。同学之间要比的是德行、成绩、才艺等。

男女生要把握交往的分寸

男女同学相处应该注意把握以下几点：

交往范围要广泛。异性交往中，千万不要把目光只落在一个人身上。世界上每个人的性格、气质各不相同，组成了多姿多彩的男性世界和女性世界。如果只和一个异性交往，不但容易陷入早恋，还容易一叶障目，不见泰山。如果交往中遇到挫折，还容易形成对异性的偏见。

交往程度要把握。异性同学交往，首先要把握好感情上的度，就是要自然，不要干涉对方的生活和交往。其次要把握好距离上的度。男女同学在一起免不了谈天说地，甚至追逐打闹。但男女毕竟有别，因此应该保持“尊重”的距离。

珍惜友情不谈恋爱。中学时期的男女同学间会产生一种朦朦胧胧的喜欢，虽然其中有异性相吸的成分，但这还不是爱情。这属于男女之间纯真的友情，一旦变成了早恋，所有的美好立刻就会烟消云散。要把这种友情深深地埋藏在心底。多年以后回忆起来，这种友情会犹如一缕淡淡的清香，那么温馨，那么令人回味。

不私自翻看同学的日记

私自翻看同学的日记是不道德的行为，甚至可能违反相关的法律。有的同学在日记中写了自己的隐私，他的隐私权是受到法律保护的。

我们不妨换位思考一下：一旦自己的隐私被别人偷看，并且很多人还在议论自己的隐私，自己的心情又将如何？万一自己不小心看到了同学的日记，切记不要四处宣扬其中的内容，尤其是不应该宣扬日记中的秘密。为同学守护这个秘密，才是我们应该做的。否则，翻看同学日记的人，就会被认为是一个品德低下的人，他会慢慢地被同学疏远。因为没有人会喜欢与这样的人交朋友。

不私拆私藏同学的信件

某班的一位同学出国后，给自己的好朋友寄来一封信。好奇的班长让同学们举手表决能不能看这封信，很多同学都举手同意。后来班长把这封信拆了念给大家听，信的主人知道后非常生气。私拆私藏同学的信件不仅是没有教养、让人气愤的不良行为，还可能是触犯法律的违法行为。如果情节严重，信的主人可以报警，让私拆私藏同学信件的人承担法律责任。所以，如果发现不属于自己的信件时，应该尽快将信交还物主，这是基本的礼仪教养。

不窥探同学的隐私

个人隐私是指公民个人生活中不愿为他人（一定范围以外的人）公开或知悉的秘密，而且这一秘密与其他人及社会利益无关。隐私权是一种国民的基本人权。随着年龄的增长和独立人格逐步形成，很多同学的“保密性”需求越来越强，例如，自己的电子邮件和网购记录、与同学谈话的内容等，他们往往都不愿意向其他人泄露。作为同学，我们要尊重其他人的隐私权，不能出于好奇心理去窥探别人的隐私，把同学的姓名、肖像、住址和电话号码等隐私信息“广而告之”。

同学聚会有讲究

确定要参加同学聚会，就要遵守约定时间，尽量早到。同学之间的感情不是建立在酒桌之上，注意身体健康，量力而为，不要拼酒劝酒，友谊才能更长久。同学聚会是欢度青葱岁月的美好时光，体现的是真挚的友谊和情感。大家地位平等，可以相互直呼姓名，无论成绩优劣、是否为班干部，都应该彼此尊重、互敬互爱。不要轻视他人，也不要阿谀奉承。聚会时尽量做到有人牵头、费用平摊、人人出席、人人出力。聚会的目的不是吃喝玩乐，不要铺张浪费。因为每个人的生活条件不同，组织者要将费用维持在大家都可承受的范围之内。同学聚会时，说话要把握分寸，谈吐要注意场合。懂得包容、懂得忍让，才能让聚会气氛融洽快乐。聚会主要是为了交流感情、增进友谊，要多说些开心的事情。不要总是诉苦，把负能量带给同学。

借用物品要提前打招呼

同学之间的友谊，需要互相理解、细心经营。借用同学物

品要事先征求主人的意见，经过允许才能够顺理成章地使用。如果莽撞行事，想当然地认为关系好就能随意动用他人物品，不仅会导致误会产生，丢失了基本的礼貌，也会令彼此的关系变得淡漠。正如《弟子规》中所说“用人物，须明求，倘不问，即为偷”。借人物品有礼节，礼是对人的尊重，借是请求别人借给，要先“明求”，向同学说明需要借用的原因，以及大概什么时间可以归还，并且要得到同意之后，才能取用。

交谈要注意教养

交谈是同学之间交流的主要形式之一。交流可以增加同学间的了解、增进友谊和增长知识。同学之间的交谈应该注意一些问题，例如，说话态度要诚恳谦虚，要语调平和，不可装腔作势；交谈中力求语言文雅；说话注意场合、分寸。该说的就说，不该说的不说。听同学说话时态度要认真，不要轻易打断同学的讲话。要插话或者提问应选择适当的时机，如果同学说得欠妥或者说错了，应在不伤害同学自尊心的情况下，恳切、委婉地指出问题所在。吵架、骂人、讥讽同学是一种无教养的表现。

课堂礼

内化于心
外化于行

学校礼仪

每天上课，你习惯踩着点进教室，还是习惯提前几分钟？为什么要保持教室环境整洁？为什么课堂上要保持安静？……别看这些只是一个个小习惯，实际上它们体现了学生的文明礼仪水平。课堂是我们学习的主要场所。遵守课堂礼，不仅有利于我们更好地学习文化知识，还有利于构建和谐校园，培养高尚的道德情操、热情友好的待人态度和谈吐文明的行为举止。

保持课堂环境整洁

学校，是培养人才的地方。在学校生活中，课堂卫生环境非常重要。课堂卫生环境是一个学校文明程度的重要标志，是学校对外形象的直接展示。因为课堂是我们涵养德行、提高修养、增加知识的场所，不能有半点疏忽。《童蒙须知》说：在读

书时，先要收拾好书桌，把桌上的物品归整好。把书本整齐放好，端正身体、专心致志地看书，把书中的内容看得仔细分明、清清楚楚。整洁的环境，不仅使人神清气爽，也有助于培养敬重之心。

老师进教室要起立恭迎

当上课铃响起，任课老师进入教室走上讲台时，班长应用洪亮有力的声音喊“起立”。全班同学应迅速、严肃地立正站好，真诚地向老师鞠躬并行注目礼，同时用洪亮的声音齐声说：“老师好！”任课老师会回应“同学们好”。等老师允许大家坐下后，同学们才能就座。起立和坐下时的动作要迅速、齐整，同时要精神饱满。这是学生尊敬老师的基本礼仪，可以增强老师的荣誉感。老师感到被尊重，会以更大的热情和更好的状态授课，从而提高讲课的水平。这种仪式营造了尊师重教的氛围，能够加深师生之间的情感交流。

听讲时要端坐

《常礼举要》说：“听讲时，应端坐或直立，不支颐交股，弯腰，翘足。”就是说在教室听讲时，应该挺身端坐；在教室外听讲，应该挺身站立。不要支着头、架着腿、弯着腰。为什么要如此要求呢？因为挺身端坐直立、抬头收脚才能聚精会神地听讲，而支着头、架着腿、弯着腰则显得精神萎靡，是懈怠的表现，听讲效果自然不好。并且，这样的姿势也不美观，是对老师的不敬，是违背礼仪的。

知识链接

曾子避席

“曾子避席”出自《孝经》，是一个非常著名的故事。曾子是孔子的弟子，有一次他在孔子身边侍坐，孔子就问他：“以前的圣贤之王有至高无上的德行、精要奥妙的理论，用来教导天下之人，人们就能和睦相处，君王和臣下之间也没有不满。你知道这是什么原因吗？”曾子听了，明白老师是要指点他深刻的道理了。于是，他立刻从坐着的席子上站起来，走到席子外面，恭恭敬敬地回答说：“我不够聪明，哪里能知道呢？还请老师把这些道理教给我吧。”在这里，“避席”是一种非常有礼貌的行为，如同今天我们向老师请教问题时要恭敬站立，老师讲课时我们要正身端坐、专心静听，都是为了表示对老师的尊重。

上课不迟到不早退

《孟子·离娄章句上》说：“不以规矩，不能成方圆。”所谓规矩，就是用来规范人们行为的准则，也是人们各项事业成功的重要保证。无论我们立身处世，还是读书学习，都一定要遵循规矩法度。入学上课也是一样，我们应尽量做到不迟到、不早退。否则迟到和早退不仅是对老师的不尊重，还会打扰老师的教学活动，影响其他同学的注意力。如果经常迟到，还会使我们变得缺乏时间观念。如果因特殊情况偶尔迟到，进教室时一定要注意礼貌，应该先轻轻叩门，得到老师允许后，轻轻进入教室，简短地向老师说明原因，得到老师同意后再迅速而轻声地回到座位。

不在课堂大声喧哗

在课堂上，我们不应该大声喧哗，制造噪声。这是对公共秩序的遵守，也体现了自身的修养。这一点在《童子礼》中早有提及，儿童不可轻率随便地说话。如果要说话，必须轻声细语、语气平和，不能高声喧哗。古时对儿童的日常生活都有此要求，更别说在学校课堂这样严肃的公共场合了。所以，为了保证让人满意的教学效果，我们更要注意自己的言行，遵守学校的规章制度，做一个讲文明、懂礼仪的好学生。

请教问题要举手

当我们在课堂上有疑问时，一定要选择一个合适的时机，举手向老师提问，这是尊重老师的表现。《童子礼》中讲，课堂

上想要向先生请教，要先整理衣衫，保持神情严肃，向先生报告，获得先生同意后才能离开座位上前提问，等先生回答完毕才能返回座位。这虽然是古时学堂中的礼仪，但今天仍然适用。这是对课堂秩序的尊重，也体现了尊师重道的精神。

下课起立行礼谢老师

听到下课铃响时，如果老师还未宣布下课，学生应当安心听讲，不要忙着收拾书本，或者把桌子弄得乒乓作响。在听到老师说“下课”后，班长或者值日生喊“起立”，同学们要立即起立站好，对老师行注目礼。如果老师说“同学们再见！”那么同学们应当用响亮的声音说“老师再见！”然后用目光送别老师离开教室。待老师离开后，学生方可离开。这样的做法，是下课时感谢老师辛勤付出的基本的礼仪形式。

上课听讲要专心致志

上课听讲是为了获得知识，一定要专心致志。学生在课堂上，要注意力集中，认真聆听老师的讲解；思想上不要溜号、开小差，不要胡思乱想与学习无关的事情。教育学的理论认为，上课时听讲不专心，是学习的大忌。从方法上看，专心致志地听讲要做到“五到”，也就是眼、耳、口、手、脑都要动起来。眼到是要看课本、看黑板、看老师；耳到是要听老师讲，听同学发言、提问，不漏听、不错听；口到是说回答老师提出的问题，要复述；手到是要做笔记、画要点、写感想；脑到是要思考、动脑筋。这样才能把课听好，加深对知识的认识和理解。

上课时不随便讲话

专心学习、遵守班纪校规是每个学生应该做到的事情，也是学生的基本礼仪。

但是一些学生自我约束力差，在上课时总是随便讲话。有的学生还特别喜欢一边听课一边和同桌交换意见。统计数据显

知识链接

宰予昼寝

宰予，字子我，亦称宰我，春秋末年鲁国人，孔子的著名弟子，『孔门十哲』之一，『言语』科之首。

『宰予昼寝』已经成为中国文化的一个重要典故，引起了许多人的兴趣。据说，宰予大白天在课堂上睡觉。孔子非常生气，说：『腐烂的木头不可以雕刻，用粪土垒砌的墙面不堪涂抹！对于宰予这样的人，还有什么好责备的呢？』孔子又说：『起初我对于人，听了他说的话就相信他的行为；现在我对于人，听了他说的话却还要观察他的行为。这是由于宰予的事而改变。』

其实，宰予能言善辩，是一个优等生，孔子在列举自己的得意门生的时候就提到过宰予。不过，宰予口才极好，与人争论问题时好像『杠精』。孔子可能不太欣赏宰予不管什么场合、只要一张嘴就说个没完的态度。宰予后来做了齐国临淄的大夫，和其他人一起同谋作乱，因此被灭族。

示，学生上课随便讲话是很多老师非常头疼的事情。有经验的老师不难发现，每次上课时习惯随便讲话的学生都是那几个人。听到那些与教学无关的随便讲话声，有的老师会暂时停下讲课，一声不吭，静静地看着讲话的学生。

上课时随便讲话，这种行为违反了课堂纪律，干扰了老师的工作，对其他认真听讲的同学也造成了不良影响，是应该注意的。

考试时不作弊

考试，是学生完成学业的必要环节。对学生来说，考试主要是检验一个时期的学习情况。

但是有些学生为了取得好成绩，在考试时采取夹带纸条、偷看他人试卷、用手机查找答案等作弊手段。当诚信考生，用努力取得好成绩，既是学校的要求，也是做人的基本准则。为了维护考试的公平，诚信做人，我们要坚决抵制考试作弊等不良现象。在考试时端正态度，严守考试纪律，杜绝作弊现象。诚信考试，不仅是自身知识素养的真实展示，也是礼仪修养的实际检验。

擦黑板前要征得大家的同意

课间休息的时候，有的同学会主动擦黑板，为下一节上课的老师，做好教学准备。这种“学雷锋、做好事”的行为，应该鼓励，但在擦前需要征求老师和同学的意见。因为有的

知识链接

褚遂良请教书法

褚遂良是唐朝政治家、书法家，他在年轻时的书法老师是虞世南。一天，褚遂良认为自己的字已经写得很好了，能够与其他的大书法家一较高低了。他故意问虞世南：『我的书法与智永法师的书法相比，水平怎么样？』智永法师是虞世南的书法老师。

虞世南觉察到褚遂良妄自尊大的问题，于是回答说：『我听说智永法师一个字值五万钱，你能够达到这样的水平吗？』褚遂良又问：『那么，我的书法跟欧阳询相比呢？』虞世南回答说：『听说欧阳询写字可以不择纸笔，并且都能写得很好，你能够达到这样的水平吗？』

褚遂良知道老师的回答，是说自己的书法水平还不够高，还需要继续努力。从此以后，他发愤学习，研究多种字体并综合运用，多年以后，褚遂良创造出个性鲜明特色的『褚体』，他写出了《雁塔圣教序》《伊阙佛龛碑》《孟法师碑》《房玄龄碑》等著名作品，成为与欧阳询齐名的『初唐楷书四大家』之一。

板书及内容，要留给同学做笔记，有的同学记笔记速度比较慢，还没有记完，有的同学还习惯用手机拍照黑板上的内容，然后再学习。如果不征求大家意见，就擦去黑板上的内容，会给一些同学带来不便，也容易招来埋怨。

晚自习结束要关灯、锁门

晚自习结束，作为最后一个留在教室的人，不关灯、不锁门就离开教室，第一是浪费电资源；第二是制造安全隐患，因为教室不锁门，会存在物品丢失的风险；第三，这样做显示此人缺乏集体观念，做事不认真、不负责。如果最后离开的人是班干部，相信大家会对他的行为表现出更强烈的不满。最后一个离开教室的同学，应该关灯、锁门前再仔细检查一下，保证教室里面一切设施都在安全状态，这也是基本的礼仪。

受奖后要徐步走下领奖台

有时候，一些同学为班级或者学校赢得荣誉后，老师会在课堂上举行颁奖礼。有的同学受奖后头也不抬，一言不发，立刻匆匆忙忙跑下台去，这种表现非常失礼。这会给人以紧张、胆小、怯场等不良印象。手上有奖品或者奖状的同学慌里慌张地跑下台去，作为颁奖者的老师会觉得自己未受到应有的尊重；有的同学会觉得受奖者太性急，只顾尽快一个人欣赏奖品，功利心过重；有的同学会觉得受奖者不懂得与观者互动，不给大家一个提出问题、充分交流的机会。正确的做法是：受奖的同

学应首先向老师鞠躬、致谢，然后面对同学立正站好，等待老师的进一步提示（如介绍成功经验等）或者让大家向自己提出问题。下台时脚步要缓慢、从容、镇定，避免慌乱。

知识链接

桃李满天下的来历

战国时期，魏国有个叫子质的大臣。子质是个非常有学问的人，经他指教的学生中，有好多人都在朝廷中得到了提拔，做了大官。

后来因为子质得罪了魏文侯，所以他不得不逃离魏国去了北方。在路经山东时，子质巧遇了一位叫子简的学者。有着满腹委屈的子质向子简发起了牢骚，埋怨那些他教过的人忘恩负义，在自己失势的时候没有帮助自己。

子简听后，就很直率地笑着对子质说：『春天种下的桃树和李树，夏天可以到树下休息，秋天还可以吃到果实。可是你在春天种的是蒺藜，夏天没有树叶可以乘凉，秋天更没有果实可以吃，而且蒺藜还有可能刺伤你呢。所以君子培养人才，首先要观察那些人的品质，要选择品德高尚的人来培养。你选拔的那些人本来就是不应该选拔的啊！』

这里，子简以『种树』来比喻『育人』，既形象又深刻。后来，人们就把老师培育出的优秀人才称为『桃李』，用『桃李满天下』比喻老师培养的优秀学生很多。

网课礼

熟悉新形式
学会新礼仪

学校礼仪

疫情期间，在『停课不停学』的背景下，网课成为当前中小学生甚至大学生学习的主要方式。学生们也在适应着网络带来的全新视觉体验。上网课，学生与老师隔着屏幕，用一种与面对面上课完全不一样的方式沟通交流。新课堂有新规范，网课同样需要同学们遵守相应的礼仪。

仪表要端庄整洁

网课出现之后，各种不文明现象频出，有的同学穿着背心、短裤上网课，甚至还有同学穿着睡衣躺在床上上网课。他们觉得，上网课的老师看不到自己，自己在家里穿什么都可以。其实，形象是一种自我要求，也是对他人的尊重。干净的着装总会让我们精神抖擞、心情愉悦。上网课，要有仪式感，仪表要端庄整洁。上课时要保持正确的坐姿和良好的精神风貌，认真听讲，不要做与学习无关的事情。

选择合适的网课环境

上网课的环境，要选择一个 Wi-Fi 信号好、安静且无人打扰的房间。如果家里有条件，可以到书房上网课，书房气氛好，容易使人的心理进入上课状态；如果有自己的房间，关上门就可以上网课，方便自己，也不会打扰家人；如果家里没有书房和自己的房间，可以用屏风、隔板、布帘等在客厅围出来一个小空间，这样上网课能够减少周围环境的影响；光线好，空气好，也是个不错的选择。

课前要调试好设备

“工欲善其事，必先利其器。”现在市场上能够购买到很多类型的网课设备。我们需要了解设备的性能、参数等指标，并且要结合自己的使用要求仔细选择，尽量购买性价比适合自己的网课设备。为了避免上网课时出现设备故障，上网课前要调整好耳机、麦克风、摄像头等设备。用手机上课的同学尽量准备一个手机支架，把前置摄像头的距离和角度都调好，注意不

要让自己距离摄像头太近或者太远，手机画面中露出上半身即可。课前调试好设备，一是方便自己上网课，同时也是对老师的一种尊重，否则老师已经开始上课了，你还什么都没准备好，岂不是对老师无礼的表现？

网课的房间要打扫干净

有的学生在家不讲究卫生，乱丢垃圾，不愿意收拾自己的房间。他们认为，做家务是妈妈或者爸爸的事情，反正不关自己的事情。上网课时摄像头一开，背景环境一览无余。有的老师说，有一次在网课上请一个女同学做课程汇报，然而镜头中显示这个女生的房间完全没有打扫，乱糟糟的像废品收购站一样。作为一个爱干净的人，老师上课的心情一下子就变得很差。毕竟，上课的房间相当于教室，教室在卫生方面的基本要求就是整洁。把上网课的房间打扫干净，是对老师的一种尊重。如果实在来不及打扫房间，可以使用虚拟背景。

上课要向老师问好

网课礼仪与正常上课礼仪是相同的。有的学生认为，老师也看不到我，上网课前就不用向老师问好了。对于其他主动在上网课前向老师打招呼或问好的同学，他们还认为这些同学要么是在刷存在感，引起大伙和老师的注意，要么是在家太寂寞了，想和老师互动一下，要么是向老师展示学习积极性，博得好印象。从礼仪上讲，任何情况下都不能失去恭敬之心。从老师的角度看，学生上网课前问好，至少有三个作用：一、说明有学生正在等待自己讲课，问好的行为能够体现教师的职业荣誉感；二、提醒其他同学马上要上课了，让那些没有做好准备的同学尽快进入学习状态；三、向老师问好既是对老师的尊重，还能活跃网络气氛，尤其是那种师生在上课前都没有互动、气氛死寂的网络空间，可以立刻让整个网课氛围热烈起来。

上课时坐姿要端正

在教室里必须规规矩矩地坐着，在家上网课就可以躺着吗？当然不是！上网课不可以“躺平”，要像在线下课堂上课一样端正坐姿，这也是尊师的一种表现。具体地讲，上身应正直而稍向前倾，头平正，两臂贴身自然下垂，两手随意放在自己腿上，两腿间距和肩宽大致相等，两脚自然着地。坐姿不正确会造成视力缺陷及脊柱发育不良，对身体的健康十分有害。正确的坐姿不仅可以促进消化、强壮骨骼、保护眼睛、减少疲劳等，还可以提升情绪、增强自信心、有利于集中注意力等，对于深入思考及专心学习十分有益。

专心上课，态度严肃

许多刚刚开始上网课的同学，终于有一个正当的理由掌控手机或者平板、电脑。特别是年龄小的学生，觉得这是一件很好玩的事。上网课时他们一会儿发一个表情，一会儿按一串火星文，一会儿大段复制别人的话……这些行为都是有失课堂礼仪的，会使听课群严重刷屏，导致重要信息被覆盖、让其他学生无法正常听课等不良后果。如果老师没有要求互动，就要像在教室里一样，认真听讲，不能做与课堂无关的事情；如果老师明确要求互动，才可以按照老师要求回复“知道了”“做好了”等信息或者上传图片等。

要与老师积极互动

互动是师生之间双向沟通的教学方式，可以有效提高学习效果。上网课虽然没有眼神的交流，但是良性的互动却是必不可少的。准时打卡成了被表扬的资本，连麦使师生保持沟通，发送图片使大家交换心情，在留言板中用文字发言还可以加上“哦”“噢”“哈”等语气助词……上网课，我们要像在线下学习一样积极、大胆地发表自己的想法。即时回复老师的提问，既可以让老师了解我们对课程知识点的掌握，也可以营造共同学习的氛围。与线下课堂需要保持安静不同，在上网课时同学们可以大声跟读，这样有利于理解老师讲授的内容，也可以帮助自己增强记忆。

被点名要积极发言

在上网课的时候，只要被老师点名，有些学生就表示网络或者设备出了故障不发言。他们会找出各种各样的借口，希望老师让其他同学回答问题。这种把回答问题“甩锅”给别人的行为是非常不礼貌的。老师上课点名的作用是督促同学们认真听讲，被点名的同学积极发言是对老师教学的正向反馈，同时体现了对老师工作的尊重。此外要注意，因为网络技术等原因，

知识链接

击鼓明志

《礼记·学记》上说，在入学授课前，先召集学生击鼓明志，再打开书包。表示学生要鼓舞意志、坚定志向，并对学业及书本要有恭敬之心。然后，再拿出夏、楚（教鞭）二物，以鞭策、警诫学生，达到整肃威仪的效果，表示学习时要起早贪黑、不怕吃苦。同时，如果违反礼仪及学习纪律，就要施以处罚了。此程序完成后，入学典礼正式结束，钟声响起，学生就要进学堂专心致志地学习了。鼓与钟的设计，显示了中国古人的智慧。鼓是发志明志，钟是收心静心，可谓动静收发于一体。此外，也有一些学校在此环节设计洗手净心、朱砂点智等活动，其精神都是相通的。亲爱的朋友们，这个入学典礼是不是很有趣而且有意义呢？

有时上网课确实会出现电脑黑屏、信号卡顿等现象，同学们不仅要保持麦克风始终处于打开状态，回答问题时还要稍微放慢语速。

不乱用网络表情

有一些学生，他们有疑问懒得用键盘打字，就在屏幕上发各种网络表情向老师请教问题。表情包，属于比较轻松愉悦的一种沟通方式。网课属于面向学生的教学行为，要严肃对待。学生不能由着自己的性子，乱用网络表情。而且，有的学生发的网络表情，自己感觉把想表达的意思传达出去了，可是老师并不一定理解他的意思。如果老师把学生的意思理解错了，教学效果一定大受影响。同时，我国关于网络表情的版权保护还很不足，与之相关的商业开发也处于起步阶段，这就给各种投机行为留下了可乘之机。有的网络表情涉嫌侵犯他人的肖像权、商标权和著作权等，随意发送网络表情可能引发法律纠纷。

作业拍清晰，利师也利己

既然是上网课，同学们的作业也都是在网上提交的。以拍摄图片的形式交作业，除了书写工整，还要注意光线充足、正面拍摄、多张图片尽量合并为一张图片等。不少老师都说，批改在线作业，这视力是急剧下降啊！一个老师一天审阅几十份

甚至上百份的图片，确实很费眼睛。更何况，有些学生拍的照片是“模糊派”：拍照的时候手抖；从很高的地方拍照，把很多字都挤进一张照片里；从作业最后一段往上拍，到照片的尽头，作业纸两边的线都相交了……有的老师竭尽全力瞪大眼睛看作业，还是分辨不出学生写的是“5”还是“3”。学生拍照后要预览一下是否清晰。如果自己都看不清图片，就发老师审批，这是为难老师，增加老师不必要的负担。因此，提交作业把图片拍清楚，既是一种尊师的表现，也是自身的礼仪修养。

与老师交流要用敬语

上网课时，有些学生上课从来不向老师打招呼，下课从来都不向老师告别。甚至向老师请教问题也不使用敬语，直接向老师发问："这题怎么做？"老师解答完后，他就好像从人间消失了一样。这种行为让老师心里特别不舒服。从礼仪的角度看，在网上联系老师解答问题，开始时一定要有对老师的尊称，语气要诚恳，例如："老师，您现在忙吗？我有个问题需要您指导一下。"哪怕只是简单几句，结束时也要记得说"谢谢老师！再见""老师辛苦了"等礼貌用语，包括下网课时，都要与老师道别并致谢，这是对老师的尊重，也是自己礼仪教养的体现。

家长要配合

网课是疫情催生出来的"新事物"，是一种新的挑战和教育方式。学生上网课，学生家长不能采取不闻不问的态度。部分学生特别是年龄较小的孩子，尚不具备自主学习能力，家长应给予一定的监督和引导，并借此教育孩子养成正确的学习习惯。很多家长被迫在家辅导孩子学习，终于体会到教书育人的不容易。家里要营造安静舒适的网课环境，不在孩子上网课的时候看电视、大声打电话、高谈阔论等，让孩子能够专心听讲、不被打扰。网课结束以后，家长要与孩子、老师积极沟通，以确保教学质量的巩固和进一步提高。从礼仪的角度来讲，这也是尊师的一种表现。

知识链接

李世民教子尊师

唐太宗李世民是我们历史上少有的明君，也是一位情商很高的皇帝，他知道国家要发展得好，就得从娃娃抓起。因此，他给几个儿子选择的都是德高望重、学问渊博的老师。而且，一再告诫自己的子女要尊敬老师。

一次，太子李承乾的老师李纲因为患了脚疾行走不便，唐太宗就特许他乘轿入宫讲学，诏令皇太子亲自拜迎老师。

后来，唐太宗得知四儿子李泰对老师王珪不敬。唐太宗知道后十分生气，当着王珪训斥李泰道：『你以后每次见到你的老师，如同见到我一样，应当尊敬，不得有半点松懈。』从此，四儿子见到老师后十分尊敬。

由于唐太宗家教很严，他的几个儿子对老师都很尊敬，从不失礼。唐太宗教子尊师也被后人传为佳话。

读书写字礼

学校礼仪

恭敬专注　谦虚平和

读书时，要求学生一定要全神贯注，大声朗读，不要读错字，不要落字、添字，不要读颠倒，要把自己的精、气、神投注到诵读之中。这是一个人恭敬、专注的体现。而写字时更要专心、严谨，写的字不求多好看，但一定要工整。放笔时不能动作过大，不在桌面上乱写乱画。这些都是读书写字的基本礼仪。了解一些读书写字的礼仪，会对我们的学习有很多帮助。

环境整洁清净

在日常生活中，学习环境非常重要。因为读书写字的地方，是我们涵养德行、提高修养、增加知识的场所，不能有半点疏忽。《童蒙须知》上说：在读书时，先要收拾好书桌，把桌上的物品打扫整洁。把书本整齐放好，端正身体、专心致志地看书，把书中的内容看得仔细分明、清清楚楚。整洁的环境，不仅使人神清气爽，也有助于培养敬重之心。

读书先要心静

心思不安定，就会坐立不安，就读不进书里去。《礼记·大学》上说：志向坚定才能镇静不躁；镇静不躁才能心安理得；心安理得才能思虑周详；思虑周详才能有所收获。所以，读书前一定要静下心来，像明亮的镜子一样。

灰蒙蒙的镜子怎么能照清东西呢？而心静的前提是，真诚地想读书。意念不真诚，心如何能静下来呢？而人心浮躁不安、意念不真诚，是不会有效果的，是读书的大忌。

读书要谦虚平和

亲爱的朋友，你知道读书也要谦虚吗？《朱子读书法》上说，读书一定要谦虚，要心平气和地去读书，还没有看完就下结论，甚至乱批评，是无礼之举。这样既不能理解作者的义理，也浪费自己的时间和精力。读书不要带偏见，不要轻易下结论，好比与人交往，第一次相见只能看到他的外表；第二次相见就可以记住他的姓名、籍贯等；第三次相见就能了解他的基本爱好和行为习惯；而相交时间久了、共事多了，才能发现他的本性及内心思想等。怎么能凭一面之交，就对别人乱下结论呢？这是对作者的不尊重。

读书要“三到”

《童蒙须知》上说，读书时有“三到”的标准：心要到位，眼要到位，口要到位。如果读书时心不在焉，只是随意散漫地诵读，绝对不会记住，即使记忆下来也不能做到长久不忘。在“三到”中，“心到”是最重要的。因为读书要有思考，需要用心去体会，需要用心与作者交流。而心思已经集中了，看书和诵读难道还不能聚精会神吗？精神集中了，自然会事半功倍。这不仅是读书礼仪，更是做事的真谛。而《弟子规》中也说“读书法，有三到；心眼口，信皆要”，都说明了这个深刻的道理。

一本一本熟读

《朱子读书法》上说，书要一本一本熟读，不要贪多求快。一本书完全领会了，才能换另外一本书。如果能理解透彻且得当，那么一辈子会受用无穷。如果泛泛而读，走马观花，就算读到老，又有什么用呢？如果读几遍还不懂，那么就读十遍；十遍还不熟，那么就读二十遍。书能读五十遍，就一定有见地。如果不能熟读，哪能谈得上融会贯通呢？张载先生说：“圣贤书要能熟练背诵。精心思考多在半夜中，或者静

坐时得之，记不住就谈不上思考。”读其书而不知其义，可谓浪费时间，枉读此书。

温故而知新

《童子礼》中说：读过的书，要经常温习，每十天、每个月要整个梳理一遍，以求不忘。无论何人，都是会遗忘的。而读书越多，遗忘得也越多。所以，要不断地温习，要反复地梳理，才能把所学的知识掌握牢固，甚至要做札记，记录下来，重点背诵与体悟。正如孔子教人“学了以后要适时温习，只有时常温习，才能逐渐深入理解，才能继承并创新”。这不仅是读书真谛，也是做事的精神，还是与人交往的原则。“交了新朋友，忘了老朋友。”这句话大概是说那些只读书而不温习的人吧。

知识链接

读书仪容整洁精神

《童蒙须知》指出，容貌仪表要端正整洁。从帽子、头巾到衣服鞋袜，要保持干净整洁。要做到『三紧』：头紧，帽子、头巾要戴正扎紧；腰紧，腰带要束紧；脚紧，鞋带要系紧。三者都扎紧了，人的精神状态良好，才能表现出对人、对事的郑重。如果衣衫不整，『三带』即帽带、腰带、鞋带，松松垮垮，就显得懒散、漫不经心，既不尊重自己，也不尊重别人，是违背礼仪的。现在很多人不戴帽子、头巾，但头发一定要梳理整齐。

不要怕有疑问

亲爱的朋友，你在学习上有疑问吗？遇到疑问怎么解决呢？《朱子读书法》上说，读书不怕有疑问，就怕没有疑问。刚开始读时没有疑问，再读时就有了疑问。有疑问的地方，要自己先思考，不要依靠别人。自己得不到满意答案时，再请教别人，但自己也要再思虑辨别一番。或者把甲乙丙丁的注解拿来

对比着研究，哪个有所得，哪个有所失，哪个比较精辟，哪个比较粗疏，高低自然就明白了。这种各家有异同的说法极有看头，千万不要糊里糊涂、粗心大意就放过了。读书或者做事时糊里糊涂，其学问是不会精进，事业上也不会成功的。

读书要有次序

《朱子读书法》上说，读书的次序有两个：一个是许多书一起读时，要有先后、缓急的次序；一个是每本书朗读背诵、学习研究的次序。许多书一起读时，如果没有先后、缓急的次序，就会走很多弯路，增加困难，并且不能结合自身情况去体会。例如读“四书”，一定要先读《大学》，再读《论语》《孟子》《中庸》，因为《大学》是为学的纲目、入德之门；每本书朗读背诵时，如果没有次序，就会因为凌乱、急促而无法上下贯通。所以要一章一章去读，从前到后去读，不能间隔跳跃、片面地读。

不要懒惰散漫

古人说，一日不劳动，一日不吃饭。读书，也应该有这种精神。《朱子读书法》上说，读书做不到勇猛精进，恐怕会白白浪费时间。读书，一定要严格制订读书计划，一刻也不能放松，像射箭一样，手把着弓，一定要射中才罢休。如果半途松手，

读书坐姿要挺直

知识链接

亲爱的朋友，你听说过『坐如尸』这句话吗？『尸』是古代祭祀时代表死者受祭的人。这是《礼记·玉藻》中的一句话，是说与尊长相处时，坐姿要端庄大方，恭敬谨慎。《童子礼》也指出：凡是坐，上身要保持正直，合双手，收敛双脚，以示敬意。身体不可东倒西歪、前俯后仰或倚靠物品。这种身姿不仅不美观，而且影响身体的发育，长久以后，容易出现颈椎、腰椎等方面的疾病。此外，如果与别人同坐时，不要横臂张腿箕坐，不要跷腿抖腿，不要将腿伸到别人腿脚处。这些都是违背礼仪的。古人说：『天下大事必作于细，天下难事必作于易。』我们要想成为知书达礼的人，一定要从一举一动的小事做起。

怎么能射中靶心呢？所以，读书为学，切忌懒惰散漫、悠闲逸乐、随波逐流，今天想读就读一点，明天不想读就放下，这样一曝十寒，是不会有成就的。

不要急功近利

做人不能急功近利，读书也是一样。读书是厚积薄发，用的功夫越深、越久，取得的成绩越大。《朱子读书法》上说，不是看了一两遍书，就能领悟出精深的道理。这好比服药治慢性病一样，只吃了一两服药，病怎么能好呢？要吃完一服又一服，吃得多了，药力自然就能发挥出来，病也就自然好了。先解决困难然后才能有收获，先努力做事然后才能成功，说的就是这个道理。

小心爱护图书

《童蒙须知》上说，凡是图书，须小心爱护，不可使其破损、污垢、皱褶。如果正在读书，虽然有急事速办，也必将图

书放整齐，然后再起身。对人当恭敬，对书也当如此。作为学生及读书人，如果不爱护自己的图书，又如何能对文字及义理产生敬重呢？一本图书，不仅凝聚了作者的思想及意志，也耗费了其很多时间及精力。如果对图书不爱惜，又如何能对作者心存敬重呢？

不要漫不经心

《童子礼》上说，写字时不要漫不经心或者偷懒，以致养成写字潦草、歪斜、错漏、涂抹的毛病。而漫不经心、写字潦草之人，其为人做事时，也多是马马虎虎、轻浮草率、不太专心的人。并且，字是让人看的，如果因潦草、歪斜以及错漏等原因，让别人无法辨认，这是对别人的不敬，也是对自己的不尊重，是违背礼仪的。

写字要严谨整齐

古人说："字如其人。"什么样的人，就写什么样的字。写字，不仅是人类表达、沟通的工具，也是个人情感、气质及认识事物态度的外在反映。所以，《童子礼》说：凡写字，不论写得好看与否，最重要的是要专心去写，一定要把笔画写得严谨、整齐。而专心、严谨、工整，就是对事物恭敬的具体体现。

不在书桌上乱画

亲爱的同学，如果有人在你的脸上胡乱涂画，你能接受并开心吗?《童子礼》上说，写字时在砚台表面、书本或桌子上胡写乱画，最不雅观，一定要禁止。砚台、书本、书桌、笔是我们学习的工具，我们一定要好好珍惜呵护它们。此外，研墨、放笔时要小心谨慎，不要发出声音，或者将墨汁溅到四周。破坏美好的学习环境，是违背写字礼仪的。

看完图书归原位

《弟子规》上说："列典籍，有定处；读看毕，还原处。"意思是说，书籍应分好类，收拾整齐，放在固定的地方，读完应放回原处。很多人在学校的图书馆看完图书后，或随手丢在桌子上，或随意横放在书架上；或把文学类的书籍放到科技类的架子上，这种看完书不归原位，随意乱放的做法是有失礼仪的。它不仅增加了图书管理员的工作量，还增加了书籍的破损概率，更造成书架混乱、不整齐、不美观。

寝室礼

爱寝如家

团结和睦

学校礼仪

寝室是住宿的同学每天生活的居所，是我们健康成长的地方。良好的寝室环境是我们享受学校美好时光的『大本营』。寝室如家，它为我们创造了一个良好的学习和休息环境，让我们学会了如何更好地与人相处、宽以待人，也让我们感受到了团结的力量和友情的珍贵。寝室虽小，但感情在这里凝聚，梦想在这里交汇，独特的寝室文化已经成为我们生活中必不可少的一部分。

开门、关门不可用力

开门、关门只是寝室生活中很小的细节，但是细节能反映出很大的问题，进出寝室正确而不失礼数地开门、关门体现出来的是良好的个人修养。一般情况下，进出寝室的房门，不可用力，应该用手轻推、轻拉、轻关，态度谦和。动作一定要轻、声音一定要小，“乒乒乓乓”地开门、关门是十分失礼的行为。

此外还要注意，有些喜欢体育运动（如舞蹈或者踢足球）的同学习惯用脚开门、关门。这个小小的用脚踢门的动作会让他们长久以来建立的良好形象消失殆尽。因为，任何一个懂礼貌的人都明白，用脚开门、关门是非常惹人讨厌的行为。

在寝室说话音调不要太高

心理学家认为，人在紧张激动的情况下容易声音大，例如吵架；那些说话尖酸刻薄同时又爱发火的人，往往说话时音量会不自觉地高几个分贝，就算自己理亏，声势上也要压倒对方才甘心。此外，性格急躁的人说话声音都比较大。急性子的同学在寝室说话常常也是大嗓门，震得其他同学的耳朵嗡嗡直响。说话音调太高，特别容易与别人起冲突。其实，有意识地在寝室降低说话音调，语速缓而不慢，会让同学们认为说话者语言有条理、为人有修养。低沉悦耳的说话声音能够让周围的人产生被尊重的感觉。

不要在寝室制造噪声

寝室是休息的地方，不打扰他人是基本礼仪。所以，我们的一言一行，都需要考虑到其他同学的感受。为了营造一个安静舒服的休息环境，我们不要有意或无意地在寝室制造噪声。寝室里如果有其他人在学习，尽量不要朗读课文或者出声背单词；如果自己学习，用完小书桌或者电脑桌，要轻声合上桌子腿儿，不要毫无顾忌、硬生生地“啪”的一声折起来。那样的响声，会让人心惊肉跳；如果使用电脑，尽量轻声敲击键盘，能不用鼠标就不用鼠标；很多人有午休的习惯，如果找别人有事，要象征性地轻敲两下门，然后轻轻推门而入。如果门是插着的，还是等人醒了再说吧！如果自己有晚睡或早起的习惯，

知识链接

寝室睡姿要优雅

古人有『卧如弓』的礼仪。就是说睡卧时将躯体右侧，微曲双腿，弯成『弓』形。这样的睡姿不仅文雅优美，也有利于健康。因为这种睡姿使心脏处于高位，不受压迫；肝脏处于低位，供血通畅，有利于新陈代谢；让全身处于放松状态，呼吸更匀和，睡眠更安稳。而仰卧看似全身放松，但腹腔内压力较高时容易发生憋闷现象，且睡姿不太雅观。俯卧时影响呼吸，可使心脏受压，不利于健康，且容易产生口水并流到被子上。枕着胳膊睡会使双臂麻木、血液受阻，影响睡眠。所以《童蒙须知》上说，睡觉时头靠枕头，不要蒙头睡。这些提醒不仅是礼仪规范，更是为了身体着想，让睡眠更香。

要提前把洗漱工作准备好，不要让自己洗脚或者刷牙的声音影响别人休息。总之，礼仪修养就是要求我们，时刻记得保持寝室静谧环境，不打扰他人。

尽量不在寝室打电话

学生宿舍一般为多位同学共居，具有公共性。有些同学特别喜欢在寝室里打电话，声音很大，并且时间很长。从礼仪的角度看，这种做法是没有教养的表现。因为这种行为不仅侵入了其他同学的私人空间，而且严重影响别人休息。学校寝室不是自己家的卧室，大家要互相尊重。自己在寝室打电话要有节制，不要引起其他同学的抗议。在校园里，阳台、走廊、水房、操场等地方，都是比较适合长时间打私人电话的地方。

床单被罩要及时清洗

在寝室生活的一些同学，要经常清洗床单被罩，减少异味，这既是礼仪要求，对健康卫生也有很大好处。医生建议，床单被罩这一类的东西需要及时清洗，因为它们随时都能接触到人的皮肤，肮脏的床单被罩会直接影响到人的健康。有些学校每月免费为住在寝室的同学清洗一次床单被罩。对于夏天习惯每天洗一次澡的人来说，最好应该每周换洗一次床单被罩。

讲卫生，常洗澡、勤洗头

讲究个人卫生是基本的礼貌，尤其是在学校的寝室里。很多人都不愿意和一个不注意卫生的同学住在同一间寝室，特别

是那些爱干净的人。有的同学在夏天连续一个礼拜不洗澡，寝室里都是他身上发出的汗臭味；有的同学喜欢穿运动鞋，又不爱洗脚、不勤换洗袜子，使寝室里臭味熏天；有的同学很少洗头，头发油腻，寝室地面上到处都是他掉的头皮屑……这些不文明的行为会降低寝室生活质量，恶化同学关系，让人“谈寝

色变”。从健康的角度看，经常洗澡、洗脚、洗头发具有促进血液循环、让人精神振奋、舒缓学习压力等积极作用。整个寝室的成员都仪表干净、神清气爽，有助于建立和谐的同学关系，同时也展现了年轻人乐观向上的时代风貌。

知识链接

在寝室睡觉时应当换睡衣

亲爱的朋友，当你回到寝室后，是否穿着外装就直接上床钻进了被窝，美美地睡上一觉呢？如果有这种行为，是很不卫生的，会把外边的病菌带到室内。同时，还人为地减损了衣物的寿命。《童蒙须知》上就教导我们，外出时穿的服装，要根据场合的要求恰当选择；回到家中要换上家居服，晚上休息时换睡衣。此外，如果有客人来访，一定不能穿睡衣接待！这是对人不敬，是违背礼仪的。

自己物品要摆放整齐

寝室是同学们生活的地方，一个温馨干净的寝室能给人带来舒适感。如果我们不擅长打理寝室，个人物品杂乱无章，整体环境看起来就会让人非常糟心。为了让自己的东西摆放整齐，就要准备一个储物柜，把物品放入柜中。把不需要的东西扔掉，以免占用空间。利用节假日或休息时间，定期清理打扫柜子里的物品。从实际需要出发，把物品归类整理，摆放整齐。根据储物空间、物品大小和颜色，有序排列不同物品。学会科学收纳，养成东西用完放回原处的习惯。

共同维持寝室卫生

寝室卫生，是很多学校面临的老大难问题。虽然寝室面积不大，但毕竟是公共区域，所以每一名成员都有责任和义务定

期打扫卫生。寝室整洁的居住环境是大家共同营造的，更需要大家共同维护。在处理寝室卫生的问题上，有的同学会想：我一个人扫地、拖地、收拾桌子……忙了半天，凭什么你们都不管就我自己收拾，你们为什么要享受我的劳动成果呢？为了公平起见，维持寝室卫生，应当制定打扫排班表，让每一个寝室成员轮流值日。不过，有时同学忘了值日也不要斤斤计较。“德不孤，必有邻。”为人大度、乐于助人的同学，会得到更多同学的喜爱。

待客或访友的礼数

因学校条件限制，很多人会在寝室接待亲友或拜访同学。所以，在此待客或访友，需要注意一些基本礼仪。在客人未到前，应当先向自己寝室内的同学打招呼。亲友进入寝室后，自己应主动向同学作介绍；如果是异性亲友来访，自己更要提前先打招呼，说明情况，让大家提前做好准备后，再把客人带进来。寝室里的其他同学，也要礼貌待人，这样既尊重了来客，也尊重了同学。此外要注意，不要随便留人住宿，特别是不太熟悉的客人，以免发生意外的问题。

做客要信守约定时间

串门访友是学生常见的社交现象。但寝室有公共属性，所以要遵守一定的礼仪。首先，应在有同学相邀，或在得到同学允许时，才可以去其他寝室串门。俗话说“不约不见”“约必守时”。去别人寝室做客的时间一旦确定，一定要准时到达，或者提前几分钟，不要迟到，也不要过早到。不遵守时间是失信、失礼的行为。进寝室后，应主动向其他同学打招呼，并且只能坐在邀请你的同学的铺位上，不能随处乱坐。不能乱用别人物品，不能乱翻别人的东西。讲话声要轻，串门时间要短，不能待得太久，以免影响其他同学的正常作息。这些都是对别人尊重的具体行为，是访客的基本礼仪。

寝室成员之间要相互体谅

有的同学会因为寝室成员考出好成绩而心生妒忌，也会因为寝室成员竞赛失败而幸灾乐祸。他们一定忘了，“世界上最宽阔的是海洋，比海洋更宽阔的是天空，比天空更宽阔的是人的胸怀”。大家生活在同一个寝室，难免会发生一些小矛盾。这时，自己要主动表现得友善一些，不要心怀恶意，要严以律己、宽以待人，多做自我批评。要认真反省自己是有意还是无意伤害了同学，自己的行为是否损害了同学的利益。如果自己有过错，要诚心诚意地向对方道歉，承认自己的行为破坏了彼此的关系，同时要表明言归于好的真挚愿望。这样做不但可以得到对方的谅解，而且可以增进友谊。发自肺腑的自我批评，绝不是耻辱，而是胸襟宽广、勇于改错的可贵品质，是值得尊重的行为。

主动融入小集体

有些人觉得和舍友格格不入，彼此兴趣爱好不同，很难玩到一起。其实不难理解，毕竟大家来自不同的地方，为人处世有很多差异是在所难免的。但是自己还是有很多机会可以亲近舍友的，例如舍友去自习，你可以主动提出和他一起去，你们可以一起交流学习的事情。舍友生病，你可以主动陪他一起去看医生，不知不觉关系又进了一层。对于集体活动，不要推脱，这是融入寝室极好的机会。周末和节假日，你可以主动邀请舍友一起出去游玩。舍友关系没那么复杂，只是很多时候我们都好面子，爱冲动，总把一些小事看得很重。我们要明白，这个世界上每个人都是独立的个体，每个人的思想都是不一样的。我们要学会尊重和包容，与舍友相处要做到求同存异，主动融入寝室这个小集体。

学会分享，创造和谐

与别人分享快乐，你会收获两份快乐；与别人分享痛苦，痛苦会减少一半。舍友之间，除了分享快乐与痛苦，常见的一种分享就是分吃食物。食物总是有一种特殊的力量，可以制造很多话题，增进感情。当宿舍有人把土特产带给舍友时，寝室马上就热闹起来了。边吃边聊这些土特产的原料、做法、典故等，可以让大家吃得开心，聊得高兴，感情也不知不觉加深了。除了食物，还可以和舍友分享生活小窍门。例如舍友衣服染上污渍，皮鞋总是擦不干净等，你都可以分享你的解决办法。作为学生，你还可以与舍友分享学习

经验，例如一些难题该怎么思考等。分享是一种很奇妙的体验，它能创造团结和谐的生活氛围，减少自私自利的消极思想。

要适当向舍友求助

心理学上有著名的富兰克林效应：曾经帮过你一次忙的人，会比那些你帮助过的人更愿意再帮你一次忙。通俗地说，就是要使某个人喜欢你，那么就请他帮你一个忙。有时候，良好的人脉关系都是求助出来的。舍友间相处也是一样的道理，不要害怕麻烦别人。例如你让舍友帮你买东西，拿快递，打包食物，那么以后舍友也会让你帮他买东西，拿快递，打包食物，这样一来二去就增进感情了。如果你从不麻烦别人，什么事情都自己动手，尽管表明你很独立，但是舍友也不好意思来麻烦你，大家也就没有相互帮助的机会了。此外要明白，你麻烦别人，别人帮助你；当别人麻烦你的时候，你也要欣然同意，不要面露难色。爽快地答应舍友的求助，会很容易拉近与他们的距离。

关心有度，不干预私事

关心舍友应该有必要的限度。如果过分热心于同学的私事，可能会侵犯他人的正当权利，造成难堪的后果。正确的做法是：不可以私拆、私藏别人的信件或快递；不可以私自翻看别人的日记，即使日记本被主人翻开随便丢在枕边或课桌上，也不应私自翻阅；不可以打探同学的情感隐私，个人隐私，有权保密，应受到尊重；不可以传播同学事假或病假的详细信息；当同学有亲友来访，谈一些私事时，其他同学不要插嘴、询问。

知识链接

寝室防盗要点

有些不法分子认为学生的防范意识较低，去寝室盗窃更容易得手。为了保证寝室的财物安全，我们就要做到：对形迹可疑的陌生人要提高警惕，留心观察。如果发现可疑人员在寝室周围走动，窥视张望，可以加以询问。发现可疑，可以报告学校保安处或拨打报警电话。要养成随手关窗、锁门的习惯。注意保管好自己的物品。尽量做到『物品入柜』，不随意将贵重物品置于桌上等显眼处。保管好寝室的钥匙。寝室钥匙关系到整个寝室的财物安全，切不可随意将钥匙交给他人或将钥匙放在门框上。如果钥匙丢失，应及时通知其他同学，必要时换锁。

校园餐厅礼

学校礼仪

吃有吃相 文明用餐

礼仪的培养，要从日常细微处做起。而吃饭，不仅是要填饱肚子而已，更是体现一种文化，是培养良好素质的开始。正如《礼记·礼运》所说：『夫礼之初，始诸饮食。』所以，吃相不仅要雅观，不能狼吞虎咽，更要懂得就餐礼仪，文明用餐。重视校园餐厅礼仪，做到吃有吃相，体现的不仅是一个人的教养，更是对他人的尊重。校园餐厅不是放飞自我的地方，要约束自己，遵守就餐礼仪，用实际行动创建学校文明新风尚。

遵守秩序，自觉排队

在校园的餐厅吃饭，遵守就餐秩序、自觉排队是起码的礼仪。排队的基本顺序是：先来后到、依次而行。排队时，一定要遵守并维护这一原则。排队的时候，要互相谦让，不要起哄、吼叫、加塞儿、硬往前面挤或推搡其他人。即使前面有自己熟

识的人，也不要去插队。排队要保持适当间隔，人与人之间最好保持 0.5 米左右的距离，至少不能前胸贴着后背，否则会让人很不舒服，甚至会影响他人。排队时不要嬉笑打闹。如果别人排好了队，不要从别人的队伍里横穿过去。在不得已的情况下，横穿队列请先说声“对不起”。即使自己非常着急，也不要敲击碗筷，制造不安的气氛。

进餐时不要剔牙

如果你在就餐时塞了牙，怎么办?《礼记·曲礼上》要求人们进餐时“毋刺齿”，就是说进餐时，不要当着大家的面张嘴剔牙，这是极不雅观的行为。如果牙缝有食物，实在塞得难受怎么办呢？最好去洗手间处理。如果条件不太方便，可以微微侧转身体，用另一只手掩住口再剔牙。用过的牙签及剔出的食物，要用餐巾纸包住，放入垃圾桶内。切记：不要把用过的牙签及剔出的食物，放在餐桌上。否则这是对其他同学的不敬，是严重违背礼仪的。

言谈得体，讲究卫生

校园餐厅是公众场所，是大家一起用餐的地方，必须注意个人行为举止。用餐时，不要对着他人的饭菜说话，头部应和餐具保持一定距离并侧脸说话。不说会引起他人爆笑的话题，不在餐厅讲不健康的笑话或者容易引发争论的事情，不说任何会影响他人食欲的话题。一边吃饭一边说话，口沫横飞，是既不得体也不卫生的行为。用餐前要洗手，用餐时不应有吐痰、挖鼻孔、擤鼻涕、打喷嚏等影响他人胃口的行为。如有需要，应自行去卫生间处理。在无烟餐厅吃饭，就不要抽烟。不要把放在桌上的餐盘挪来挪去，鸡骨头、鱼刺之类的残渣要放在餐盘的空白处，不要随意吐在桌上。餐后要用餐巾纸擦拭嘴巴，不要满嘴油渍就离开。如果餐厅有收盘处，应当主动把餐具收拾好交到指定位置。

知识链接

用餐礼仪歌

下课铃，响叮叮，
有序排队进餐厅。
用餐前，先洗手，
进餐卫生要牢记。
不推挤，不嬉戏，
文明你我人人喜。
粒粒米，来不易，
勤俭节约记心里。
不挑食，不偏食，
营养均衡健身体。
用餐毕，收餐具，
餐厅卫生靠自己。

要勤俭节约，爱惜粮食

“谁知盘中餐，粒粒皆辛苦”“一粥一饭，当思来之不易；半丝半缕，恒念物力维艰”……中华文化历来反对浪费，提倡节约，在校园餐厅用餐也不例外。我们要珍惜粮食，理性点餐，以吃饱为度，合理控制好一次取菜的量，提倡不够再补，节约粮食，量力而行。争取做到不讲排场，拒绝铺张。这也是一个人有修养的体现。如果馒头不小心掉在地上，应捡起，不要碍于面子而显得过于“大方”“潇洒”，一脚踢开或丢进垃圾桶，以显示自己多么“高贵”。吃不完时要打包带走，要有意识地实践光盘行动。这也是一个人有教养的体现。

遇老师就餐，应起立问好

为学莫重于尊师。除了在课上尊敬老师，在课下也不能例外。如果在餐厅就餐时，遇到了学校的领导、老师或学校后勤人员，

我们应主动起立，向他们问好，必要时还要主动让座，这是作为学生很起码的礼仪。老师看到学生的表现，心里肯定也是温暖的，你的彬彬有礼及问候就像冬天的暖阳、春天的雨水，让他们瞬间感到欣慰。不要视如陌路、不理不睬，这是违背学生礼仪的。

不要在餐厅内追逐打闹

作为一名有教养的学生，进入餐厅以后一定要文明就餐，不要和同学追逐、打闹、嬉戏。校园餐厅是公共场合，如果不守规矩，执意追逐、打闹，一方面会破坏餐厅的正常秩序，制造一种不和谐的用餐环境；另一方面，追逐打闹难免会无意碰撞到用餐者，尤其是端着饭准备找座的用餐者，很容易使饭菜撒落一地，造成难堪。更甚者，如果用餐者端的是滚烫的热饭，还有可能造成人员受伤，带来安全隐患。所以，进入餐厅，一定要遵守餐厅的规章制度，做一个文明守礼的好学生。

人多时不要在餐厅久留

校园餐厅是供同学们吃饭的场所，但有的同学用餐完毕，也不即时离开，而是一直闲聊或做一些与吃饭无关的事情，尤其是在餐厅人很多、有的同学端着餐盘找不到空位时，这些闲聊的同学也没有腾出空位的意思，继续聊得不亦乐乎。其时，对于这些闲聊的同学来说，是有失礼仪的。正确的做法是：用餐完毕即时离开，为后边用餐的同学腾出空位。

保持餐厅环境卫生

爱护公共环境是我们每个同学应尽的义务和责任，而就餐环境是其中重要的组成部分，保持一个良好的就餐环境也可以使大家心情愉悦。进餐厅不可随地吐痰、扔杂物，剩余的饭菜要倒在指定的地方。就餐时要保持桌面干净，尽量不要掉落食物残渣，就餐后尽量将少量遗留残渣菜汁用纸擦拭干净，不要在餐厅的墙上、餐桌上乱刻乱画，不要损坏餐厅的餐具和设施，不要随意挪动桌子及其他设施。用餐结束后，要把凳子整齐地摆到餐桌下面。

不要和工作人员发生争执

在校园餐厅用餐时，当发现饭菜质量或服务态度有问题时，可主动向工作人员提出建议，或及时找餐厅管理人员有礼貌地说明情况，或通过老师向餐厅反映问题，以帮助食堂改进工作，提高服务质量，切不可感情用事，失去理智，大发脾气，甚至与餐厅工作人员发生强烈的争执。如果一味坚持粗暴的态度，不但不利于问题的解决，还会恶化学生与食堂工作人员的关系，降低学生自身的素质。总之，在餐厅用餐时，遇到饭菜质量或服务态度有问题时，我们既要有礼有节地提出问题，改善用餐环境，也要尊重工作人员的辛勤劳动，这是礼仪的基本要求。

对待餐厅服务员要讲礼仪

我们没有理由凌驾于他人之上，包括对待餐厅服务员，也要彬彬有礼。比如，当上一桌客人走后，桌子尚未清理、叫服务员尽快清理时，要客气地招呼服务员一声："麻烦帮忙收一下，谢谢！"如果服务员在聊天，我们招呼数次没有反应时，可以提高音量或者打手势再试一次，实在不行可以走过去询问。如果多次招呼仍然无人理睬，可能是他们工作太忙、顾不上，也可能是餐厅管理不到位，这时自己可以耐心再等待一下，或将情况反映给餐厅负责人，以提高服务质量，要有理有据地冷静处理，不要对他们大喊大叫，甚至辱骂服务员，与他们直接发生强烈冲突，这是我们应该遵守的基本公共礼仪。

集体活动礼

顾全大局 遵守纪律

学校礼仪

每一个学生都离不开集体。在集体活动中讲究文明礼貌，是每一个学生都应遵守的基本道德规范。它是学生思想品德的外在体现。参加集体活动，要顾全大局，一切行动听从指挥，重视安全纪律，服从管理，团结协作。在集体生活中遵循集体活动礼仪，能有效培养学生的集体意识。你自己尊重集体，其他集体成员也会尊重你。

开学典礼的礼仪

新学期开始，学校通常都会举行隆重的开学典礼仪式。开学典礼是新学期开始的标志，全校师生员工都会参加。开学典礼旨在明确学生新学期的奋斗目标，激励全体师生振奋精神、

锐意进取，营造浓厚的开学气氛，为新学期创造一个良好的开端。因此，参加开学典礼的学生应遵守典礼礼仪。同学们应身着校服、佩戴校徽，按班级列队入场，在指定的位置就座。无故不要缺席。在主持人宣布开学典礼开始或介绍学校各级领导和来宾时，在领导及教师、学生代表发言时，应适时地报以热烈掌声。奏《国歌》时，要听从主持人的指挥。原地起立，呈立正姿势。在开学典礼的整个过程中，要注意认真听讲，不要交头接耳，不要讲话，不要做任何与开学典礼无关的事情。不要随地吐痰，不要乱扔杂物，保持会场的清洁卫生。如果有垃圾，应该先装在包内，离开时清理干净，带走。开学典礼结束时，应该等待主席台上的领导、来宾退席后再按顺序退场。

毕业典礼的礼仪

毕业典礼，是学校的一届在校生完成学业之后，由学校举行的一种正式的仪式。毕业典礼是隆重庄严的场合。毕业生应仪容整洁、情绪饱满，整体装扮大方得体，态度自信乐观。男生应着浅色衬衣、深色裤子；女生应着夏季正式场合服装，例如长裙或短裙，有领有袖的上衣。不得穿拖鞋，不得穿背心、短裤参加典礼。

为保证毕业典礼会场秩序，同学们要配合相关工作人员，自觉维护会场秩序。不吃零食。保持会场安静，将手机等电子设备调至静音或关机，不接打电话，不随意走动或离场，不大声喧哗。如果是毕业生，应在指导老师或同学的帮助下，穿好整洁的礼服入场。在毕业生代表上台接过校领导授予的毕业证书、荣誉证书时，在毕业生先进个人、先进集体代表登台领奖时，都要适时地鼓掌表示欢迎和祝贺；与校长或老师握手时，要双手奉握；合影时，学生要站在校领导右侧；拍照主要是上半身，同学要在胸前手持毕业证书或荣誉证书；个高的同学要稍稍屈膝；毕业合影结束后，同学们要回原来座位坐好，认真观礼。

同学们要以留恋、严肃、认真的态度开好毕业典礼，在结束时，要等主席台成员退席后，按照要求有秩序地退场。

校庆典礼的礼仪

校庆典礼是学校教育管理的一种特殊教育活动，是在指定时间组织在校师生、社会知名校友及有关人士参加的庆祝活动。校庆期间，学校会迎来各界领导、嘉宾、校友。同学们应该进一步提升主人翁意识；积极参与维护优良的校园环境和活动秩序；热情大方地参与接待来校的嘉宾、校友，让嘉宾、校友宾至如归。要创建更加优美的住宿环境，真诚欢迎到访的校友回宿舍看看。做好宿舍卫生，保持内务整洁，进一步美化宿舍。校友来宿舍参观，开心接待，积极交流。维护校园公共场所卫生和庆典氛围。注意食堂卫生，及时回收餐具，创建优质用餐环境。校庆期间应给校友提供足够的空间用餐，让他们重温母校温馨。展现同学们高标准的学习生活秩序。课堂上精神饱满，认真听讲，遵守课堂纪律，不迟到，不早退，不旷课。遵守图书馆的具体规定，文明自习，文明就座，营造馆内安静优雅的学习环境。在校园自主活动和参加校庆各类活动时，注意衣着整洁，言行得体。在典礼现场，当上级领导致辞、校长致辞、嘉宾致辞、受表彰师生上台领奖时都应热烈鼓掌。

升国旗的礼仪

国旗是一个国家的象征，升国旗仪式是对青少年展开爱国主义教育的一种重要方式。参加升国旗仪式要按班级统一着装，不允许背包、挎包。当主持人宣布奏国歌、升国旗仪式开始后，操场内全体人员都要起立、立正，面向国旗肃立致敬，行注目礼。升国旗时仪态是：身体直立，昂首挺胸，双手下垂靠拢身体两侧，保持立正姿势。行注目礼时一定要注意自己的眼神，眼睛要始终望着国旗，目光随着国旗冉冉升起。这个过程要持续到升旗仪式完毕。国歌奏响时，走动或经过现场的人员都应停步，面对国旗，自觉肃立，待升国旗完毕后，方可自由活动。升国旗过程中，所有的人不要东张西望、交头接耳、嬉闹谈笑、接打电话和吃东西等。迟到的同学在国歌奏响时必须原地肃立，待升国旗完毕后才可进入操场。期间有身体不舒服需要退场休息的同学，应从操场两侧离开。

唱国歌的礼仪

国歌是国家的象征和标志。我国宪法明确规定，中华人民共和国国歌是《义勇军进行曲》。我国国歌凝结着中国共产党领导人民争取民族独立、人民解放，实现国家富强、人民富裕的奋斗精神，是鼓舞人民奋勇前进的强劲旋律，是进行爱国主义教育的鲜活教材。奏唱国歌时，应当着装得体，精神饱满，肃立致敬，有仪式感和庄重感；自始至终跟唱，吐字清晰，节奏适当，不得改变曲调、配乐、歌词，不得中途停唱或者中途跟唱；不得交谈、击节、走动或者鼓掌，不得接打电话或者从事其他无关行为。国歌不得与其他歌曲紧接奏唱。

入团宣誓的礼仪

入团是指中国青年参加中国共产主义青年团组织。入团礼仪注重制度化。新团员入团都要参加入团仪式。团的基层委员会、总支部委员会或支部委员会要按照规定定期组织奉行入团仪式。入团礼仪注重程序性。举行入团仪式要做到基本程序规范到位，各个环节严谨顺畅，体现发展团员工作的严肃性和庄重性。入团礼仪注重感染力。通过举行入团仪式，使青年感受加入团组织的光荣感，增强对团组织的归属感，激发为共产主义事业而奋斗的使命感。在入团宣誓时，上级团组织的代表或本级团组织负责人带领新团员宣誓。宣誓人要面向团旗立正，右手握拳，举过右肩。领誓人逐句领读入团誓词，宣誓人跟读。当领誓人念到“宣誓人”时，宣誓人应分别报出自己的姓名。

成人宣誓的礼仪

在古代，男子满二十岁时行冠礼，女子则在十五岁时后行笄（jī）礼，标志着他们已经成人。这个传统从西周一直延续到现在，而今逐渐变为现代成人礼，即在青少年步入十八岁成人阶段举行的象征仪式。

十八岁成人礼是中学生从家庭、学校到社会的一座精神桥梁，举办成人宣誓礼活动有利于增强学生的成人意识，明确成人身上所要肩负的使命；有利于学生明晰作为成年公民既要肩负社会责任，又要承担家庭责任。举行宣誓仪式的时间可根据实际情况，一般安排在每年的 5 月或 10 月。

参加成人宣誓的同学可以不穿校服，着装要整齐、统一。女生可以穿裙装，男生可以穿白衬衣，也可内穿白衬衣，外穿合体的深色西装，打领带。参加成人宣誓的同学应态度严肃，保证仪式气氛庄重。领誓人应由学校主要领导担任，也可特邀德高望重的英模人物担任。宣誓时要态度严肃，精神饱满，随着领誓人齐声宣誓，声音洪亮而有力。

成人宣誓仪式誓词

我是中华人民共和国公民，在 18 岁成年之际，面对国旗，庄严宣誓：我立志成为有理想、有文化、有纪律的中华人民共和国公民。拥护中国共产党的领导，热爱祖国，遵守国家宪法和法律，履行公民权利和义务。认真学习，努力工作，关心集体，团结互助，正确行使公民权利，积极履行公民义务，自觉遵守社会公德。服务他人，奉献社会，崇尚科学，追求真知，完善人格，强健体魄，致力于成为父母的好子女、学校的好学生、用人单位的好员工。为中华民族的伟大复兴，奋斗终生。

知识链接

古代的笄礼

笄礼，是指汉民族女孩的成人礼，古代嘉礼的一种，俗称『上头』『上头礼』。笄，即簪子。女子的年龄达到十五岁，称为『及笄』。《仪礼·士婚礼》中说：『女子许嫁，笄而礼之，称字。』自周代起，规定贵族女子在订婚（许嫁）以后出嫁之前行笄礼。笄礼一般在十五岁举行；如果一直待嫁未许人，则年至二十也可行笄礼。笄礼是汉民族重要的人文遗产，它在历史上对于个体成员成长的激励和鼓舞作用非常之大。笄礼的程序大体和冠礼相同。受笄即在行笄礼时改变幼年的发式，将头发绾成一个髻，然后用一块黑布将发髻包住，随即以簪插定发髻。主行笄礼者为女性家长，由约请的女宾为少女加笄，表示女子成年可以结婚。贵族女子受笄后，一般要接受成人教育，明白『妇德、妇容、妇功、妇言』，掌握待人接物的本领与技巧。

知识链接

古代的冠礼

礼文化是华夏文化的核心，礼仪分为『吉礼、凶礼、军礼、宾礼、嘉礼』五种类型，冠礼属于嘉礼的一种。它是中国汉族男子的成年礼，起源于周代，已有几千年的历史。汉族的冠礼具有浓郁的中国味，在汉字文化圈中非常具有代表性。《礼记·内则》说：『二十而冠，始学礼』。冠礼表示男子成年了，从此作为氏族的一个成年人，可以参加各项活动。古时行冠礼，提前沐浴斋戒大都是不可或缺的环节。注重个人卫生固然是一个原因，但更重要的是借此表达对文化传统的敬意，塑造仪式的神圣性和庄重感。冠礼是一个新的成人第一次践行华夏礼仪，是理解华夏礼仪的起点。诞生于二十一世纪初的汉服运动和国学热等发掘了冠礼这一宝贵的民族文化遗产，让冠礼在沉沦多年后迎来其历史上又一次复兴。在当代举行冠礼，除冠者外，其他参礼人员最好穿汉服，没有汉服也可以着日常服装，但应注意服装的庄重和整洁。不要披头散发、穿脱鞋、穿短裤等。需要特别注意的是，不应穿会议装、中山装、旗袍等衣服。

参加体育比赛的礼仪

作为运动员参加学校体育比赛，进场时应衣冠整齐，步履轻松，举止自然大方。绕场时要向全场观众热情挥手致意，比赛时要听从赛场工作人员安排。在赛前赛后，应向裁判致敬。赛程中，应尊重和服从裁判的判决。即使有错判，也应在比赛暂停阶段或比赛结束后，由个人、老师或学校领导提出，不得

顶撞甚至攻击裁判员。运动员应本着努力拼搏、团结友爱的原则参加比赛。获胜时，不应得意炫耀或嘲讽对手；失败了也不要自暴自弃。同时，尊重观众，配合学校媒体的采访，做到友谊第一、比赛第二。

观看体育比赛的礼仪

观看学校体育比赛时，要注意自己的言行举止。可以为自己的班级或同学叫好、欢呼和呐喊，但不应该辱骂别人。如果出现了精彩的场面，应该鼓掌加油，以示赞赏和友好。在比赛中起哄、乱叫、喝倒彩、向场内扔东西等行为，是违背体育精神的，更是没有教养的表现。在比赛的紧要关头，尽量不要因一时激动而从座位上跳起来，挡住后面的观众。如果喜欢吃零食，记得不要把果皮纸屑随地乱扔。最好别吃能产生较大噪声的零食，因为噪声会影响身边其他观众的情绪。观看体育比赛时的穿着，可以随气候、场所和个人爱好而定。但要注意，即便再热，也不能只穿一件小背心，更不能光着膀子观看比赛。在比赛中如果觉得裁判有问题，要按照程序向有关人员提出。指责、谩骂甚至上前围攻裁判都是不应该的。

参加学校演出的礼仪

参加学校演出，就要以演员的标准严格要求自己，服从安排，发挥最佳水平。在上场前，注意力一定要集中，把自己的心放到表演中去，帮助其他同学完成化妆、道具摆放、服饰搭配等工作。上台时要向观众行礼。表演时说话音量要足够大。如果音量太小，语音不清晰，会影响观众的情绪，同时也失去了表演的意义。表演时要有意识地控制表情，让观众跟随演员的表演融入特定的氛围中。演出完毕，要向观众列队谢幕。如果有人献花，应与献花人握手致谢，并配合有关工作人员的拍照和摄像等要求。

观看学校演出的礼仪

观看学校演出时，应摘下帽子，以免挡住后面观众的视线。不得随便走动；也不要随意拍照摄像；应关闭手机或把手机调至静音；不要携带食物、饮料入场，尤其是带壳的食物和易拉罐饮料。观看演出时，坐姿要端正，不左右晃动，前蹬后仰，扭来扭去。不允许把脚踩在他人椅面上或蹬在他人椅背上，以免弄脏前排观众的衣服。不能坐在座位的扶手上、椅背上，或

垫高座位。未到演出结束，不得起立。要保持演出场所的安静，在演出过程中，不高声解说或评论，也不宜大声交谈。如果要交谈，可把时间安排在演出开始前、中场休息时或在演出结束后。谈话内容和语言应健康文雅，忌粗俗。观看演出时，要尊重演员的劳动，一幕结束或一曲终了，都要热烈鼓掌。观看演出时，不宜中途退场。如有急事，也必须在幕间或一个节目结束时退场，因为提前退场不仅会影响别人的观赏，而且对演员也极不尊重。演出全部结束后，应当起立鼓掌。

收听名人演讲或报告的礼仪

有的学校会邀请一些社会知名人士来校作演讲或作报告。如著名科学家、体育健将、影视明星等。这些人成就突出、事迹感人、名扬四海，是同学们仰慕和崇拜的偶像。他们的演讲或报告能让同学们开阔视野、增长见识、提升为人处世的水平，这时同学们应特别注意礼仪。要提前入场，安静入座。穿着要整洁大方，言谈举止要热情得体。当名人出场时，要用热烈的掌声表示对名人的问候和欢迎。在台下津津乐道名人的私生活，到处打听和传播名人的小道消息，或对名人做肉麻的吹捧等，都是对名人的不尊敬，是缺乏礼仪修养的表现。当名人的演讲或报告结束时，同学们可以和名人交谈，与他合影或请他签名留念。不要围观堵截，强行索要名人签名或争抢名人赠送的纪念品。

接待学校来宾的礼仪

如果有来宾召集访谈，应按约定的时间提前 15 分钟到达指定地点，衣着整洁、朴素大方；举止文明、行为得体；把握语言技巧，发言要有准备，不说不负责任的有损学校形象的话。在校园走路时遇见来宾应主动停下，微微鞠躬问好。如果遇到来宾提问，态度要彬彬有礼，认真回答。来宾进入办公室、教室、学生宿舍时，学生应主动起立、问好和让座，保持良好的精神状态，自信大方。会见来宾时不吸烟，不交头接耳，关闭手机或把手机调至静音；会见结束时，要起立鼓掌欢送来宾，等待他们离开后再处理自己的事情。

写给孩子的礼仪教养书

雷　子◎编著

3 社交礼仪

天津出版传媒集团
天津人民美術出版社

图书在版编目（CIP）数据

写给孩子的礼仪教养书. 3, 社交礼仪 / 雷子编著
. -- 天津 : 天津人民美术出版社, 2023.4
ISBN 978-7-5729-0998-6

Ⅰ. ①写… Ⅱ. ①雷… Ⅲ. ①礼仪－儿童读物 Ⅳ.
①K891.26-49

中国国家版本馆CIP数据核字(2023)第060477号

社交礼仪

第二册

前言

我国历来重视社交礼仪教育。社交礼仪蕴含着深厚的中华传统文化，体现了博大精深的人文历史，象征着一代又一代中国人团结友爱、携手并进的高大形象。《论语》中说："君子敬而无失，与人恭而有礼，四海之内，皆兄弟也。"重视对孩子的社交礼仪教育，加大对社交礼仪的普及教育与宣传力度，让孩子在社交活动中体现良好的精神风貌和高尚的道德标准，能够彰显中华民族传统礼仪文化的时代价值，营造人人讲文明、处处有礼貌的社会氛围。

不难想象，适宜的社交礼仪不仅约束着人们的态度和动机，规范着人们的行为方式，协调着人与人之间的关系，还维护着社会的正常秩序，在社会交往中发挥着巨大的作用。它以一种道德习俗的方式对全社会的每一个人发挥着维护社会正常秩序的教育作用。通过社交礼仪，孩子们可以沟通心灵，建立深厚友谊，取得支持与帮助；通过社交礼仪，孩子们可以互通信息，共享资源，一起得到学业的进步和休闲的乐趣。孩子们通过对社交礼仪的学习和应用，可以建立和谐的人际关系，从而在交往中互尊互敬，互谅互让，为自己的快乐成长营造积极健康的社会环境。青春期的学生心智不成熟，与人交往中难免会遇到矛盾与纠纷，这就需要在社交时互相理解，互相包容。有时在礼仪上多为对方着想，就可能会化解一场危机。

此外，重视社交礼仪能够让孩子养成良好的卫生习惯，做到入睡前洗脚，起床后洗脸，早晚饭后刷牙，勤洗头，勤洗澡。讲究社交礼仪的孩子在与别人说话时会用表示尊敬和礼貌的词语，如日常使用的“请”“谢谢”“对不起”“您”等，可以让孩子养成使用敬语的习惯。接受过社交礼仪教育的孩子，与人相处态度会诚恳、亲切，说话时声音大小适宜，语调平和沉稳。这些孩子交谈时会正视对方，认真倾听，不会东张西望，面带倦容，哈欠连天，更不会给人心不在焉、傲慢无理等不礼貌的印象。即使在电影院和图书馆里，遵循社交礼仪的孩子也不会大呼小叫，高声喧哗；观看演出，节目结束后他们会有秩序地离开，不会推搡身边的人。

无数例子证明，社交礼仪不会压抑孩子的天性，也不会束缚孩子的自由。让孩子在符合礼仪的环境中长大，让他们在社交中体会礼仪的重要，这是青少年一代走向未来的必由之路。

本书讲述社交礼仪规范，通过展现社会生活中常见的各个小场景，根据社会生活的特点，告诉孩子在不同的社交场景下应该如何遵守礼仪，做个有教养的好孩子。内容涉及交友礼、待客礼、做客礼、中餐礼和西餐礼等，让孩子全面、有效地接受社交礼仪教育。本书贴近生活实际，针对性强，是孩子学习社交礼仪的规范，也是现代社交礼仪教育的指南。

编者

目录

交友礼

知礼懂礼　和谐相处

待客礼

主雅客来勤

做客礼

来而有往

目录

中餐礼

做餐桌上的礼仪达人

西餐礼

细节体现教养

自助餐礼

快乐自助，有礼有序

筷子礼
阴阳和合，用筷有方

敬茶礼
清洁恭敬

电话礼

互敬互通

馈赠礼

礼轻义重

目录

涉外礼

有礼有节，有情有度

交友礼

知礼懂礼
和谐相处

社交礼仪

中国有句古话：『虽有兄弟，不如友生。』可见交友之重要。不管一个人的事业有多成功，名气有多大，职位有多高，如果忽视朋友间的交往礼仪，肯定不会有人愿意真心和他做朋友。为了让友谊之树常青，每一个人在与朋友相处时都要做到有分寸、有胸怀、有教养、有学识，同时要避隐私、避浅薄、避粗鄙、避忌讳。

尊敬，社交礼第一法则

一些人在和朋友交往时会陷入这样一个误区：朋友之间无须客气。他们认为，朋友彼此熟悉了解，亲密信赖，有福同享，有难同当，讲究礼仪显得关系生疏。其实，这种人没有意识到，朋友关系的存续是以相互尊敬为前提的，容不得半点强求、怠慢、干涉和控制。互相尊敬，是友情长久的基础。孔子说："晏平仲善于与人交往，相识时间久了，别人更加尊敬他。"晏平仲就是历史上大名鼎鼎的晏子，齐国名相，他之所以善于与朋友交往，就是因为其能把握礼的核心——尊敬，敬人者人恒敬之。很多朋友以相惜相敬开始，因怠慢不敬而分手。所以，朋友之间再熟悉、再亲密，也不能随便过头，为所欲为，甚至失去礼仪精神。无论朋友还是其他人，当心中有不尊敬的意识和行为时，亲密和谐将会消失，友好的关系将不复存在。

朋友之间交往要讲信用

《论语》中说："与朋友交而不信乎？"人无信不立，业无信不成，国无信不强。讲信用，是中华民族的传统美德，是为人处世极为重要的品质，更是一个社会赖以生存和发展的基石。一个人如果与朋友交往却言而无信，就像车子没有发动机一样，在社会上寸步难行。因为没信用的人说的话，别人会怀疑；没信用的人做的事，别人也会怀疑。友谊是靠朋友之间的互相信任，一步步累积起来的，不讲信用只能让朋友远离自己。

朋友交往要意气相投

孔子说：有朋友从远方来，不也是一件值得高兴的事情吗？朋，指同门，一同学习者，志向相同者；友，表示以手相助，延伸为相互配合、相互帮助、互敬互爱的人。所以，“朋友”二字，原指志同道合的学习者之间的相助相爱。因此我们交朋友时，以志同道合、兴趣相投为原则，因为这类人能和睦长久，也能找到共同的话题，彼此能欣赏对方的为人处世之道。有时候，关系密切的朋友，在很多事情上，甚至不需要过多的言语，就能明白彼此的深意。这就是“相视一笑，莫逆于心”的道理。

虽然交友以志同道合为原则，但每个人家庭环境不同，胸襟有大小，秉性有差异，所以在相处时，要以尊重为前提，以求同存异为准则，不做伤害彼此感情的事，避免贬抑彼此的谈话，多为对方着想，做一些让对方愉快的事情，宽恕对方的小过错。如此，朋友关系才能越来越亲密，成为一辈子的好朋友。

知识链接

高山流水结知音

据说春秋时期，楚国有一个叫俞伯牙的人，精通音律，琴艺高超。一天傍晚，他去一座小山上游玩。面对清风明月，他思绪万千，拿出随身带来的古琴，专心致志地弹了起来。突然，他觉察到有人在听他的弹奏。他一抬头，看见一个樵夫站在不远处。他演奏了表现高山的曲调，樵夫说：『雄伟庄重，好像高耸的泰山！』当他演奏表现流水的曲调时，樵夫说：『宽广浩荡，好像滚滚的流水！』他兴奋地说：『知音呀！』这个樵夫就是钟子期。后来，钟子期不幸逝世。俞伯牙得知消息后，在钟子期的坟墓前弹奏了自己最后一支曲子。然后他拉断了琴弦，发誓再也不弹琴了。后来，人们用『知音』比喻极亲密的朋友。

有益的朋友，有害的朋友

孔子说：“有益的朋友有三种，有害的朋友有三种。与为人正直的人交朋友，与诚信宽容的人交朋友，与知识广博的人交朋友，是有益的；与不良嗜好的人交朋友，与表面奉承而背后诽谤他人的人交朋友，与善于花言巧语的人交朋友，是有害的。”人生中，朋友交往很重要，但一定要知道“近朱者赤，近墨者黑”。如何了解一个值得交往的人呢？首先要看他是否为人正直、诚信宽容，这是交友的第一原则。真正有益的朋友，为人正直，诚信宽容，见闻广博，能在你最需要的时候，出现在你面前；能在你犯错误的时候，宽容原谅你；能在你迷茫的时候，开导醒悟你。他们往往重视道义，珍惜友情。而那些谄媚奉迎、诽谤他人、花言巧语、有不良嗜好的朋友是有害的，他们往往私利当先，把朋友交往当成名利手段，有利他则来，无利他则往，用你时朝前，不用你时遗忘，所以他们为达名利目的，可以谄媚屈膝，甚至不择手段。这是孔子总结的交友之道和标准，对我们现代人是很有启发的。尤其是那些虚伪、谄媚、搬弄是非的朋友，一定要当心。因为以阿谀奉承、花言巧语取悦于人，是不真实的言行，一定有他的目的。这种谄媚、巧语之言，起先可能给朋友一种假象或好印象，但是时间久了，就会露出真面目，会翻脸无情、摧毁友谊。

不嘲笑犯错的朋友

人非圣贤，孰能无过。人只要活在这个世界上，总会做出不正确的事情。当人意识到自己犯错的时候，非常需要朋友和亲人的帮助和安慰。特别是朋友，往往是首先倾诉的对象。真正的朋友不仅会开导我们，还会想方设法帮我们纠正错误。拥有这样的朋友，我们会觉得很开心。而有的朋友，当我们犯错时，不仅不会安慰我们，还会对我们嘲笑一番。他们不会在乎我们的感受，甚至把我们的错误当成笑话到处传播。这样的人会给朋友的情绪造成不良的影响，让朋友不愿意和他深交。因此，当朋友向我们倾诉这些事情时，一定不要嘲笑他们。

积极交流，少发抱怨

朋友相处时间长了，难免有一些不如己意的地方。如果不如意的事情积压多了，就会影响对朋友的态度，包括恭敬之心。所以，遇到日常琐事，不要斤斤计较，要学会宽容、理解，换个角度看问题。如果实在想不通，可以积极主动地交流看法，听取彼此的不同想法，因为立场不同，看问题的角度不同，所以对待事物的处理方法肯定有异。而自己认为对的事情并非全对，自己认为错的事情，也许是对方疏忽，也许是无意造成，也许本来就是一场误会。千万不要自己长期想不开，又不积极地去解决，还时时抱怨对方的不是。这不是真诚交友之道，这种状态下的朋友关系也不会长久维持。记住，经常抱怨别人只能使朋友关系恶化，并且也是违背礼仪的。

及时帮助有困难的朋友

友谊，不仅仅是在欢歌笑语中和睦相处，更是要在困难挫折中互相帮助，相濡以沫。俗话说“患难之交才是真朋友”。人在遇到困难时，总渴望得到别人的帮助，更不用说期待好朋友的帮忙和安慰了。如果对朋友遇到困难视而不见，势必让朋友感到失望和寒心，严重影响朋友间的交往。

所以，在朋友需要你帮助的时候，一定要及时到场并真诚地伸出手去帮朋友一把，使朋友渡过难关。如果朋友遇到挫折或灾祸，例如亲人去世、遭遇车祸、考试失利等，要第一时间打电话或当面慰问，并对其提供力所能及的帮助。这样做能让朋友感到友谊的温情，体验到朋友间的关怀。当朋友从你这里体验到了友谊的美好感觉，朋友与你的友谊将会日益加深。

知识链接

管鲍之交

春秋时期齐国有一对好朋友管仲和鲍叔牙。两人年轻时，管仲家里很穷，还要奉养母亲。鲍叔牙得知后，就主动出钱与管仲合伙做生意，赚钱之后他将大部分利润都分给了管仲。

后来，管仲和鲍叔牙一起去打仗。每次冲锋的时候，管仲都躲在后面，大家都认为管仲贪生怕死。鲍叔牙替管仲辩解说：“他不是怕死，而是要留着性命去照顾老母亲！”管仲听到之后，说：“生我的是父母，理解我的是鲍叔牙呀！”

不久，齐国发生内乱，鲍叔牙带着公子小白逃到了莒国，管仲逃到了鲁国。后来，公子小白返回齐国即位，他就是历史上有名的齐桓公。齐桓公即位之后，决定任命鲍叔牙为宰相。鲍叔牙却向齐桓公推荐管仲，表示自己各方面都不如管仲。管仲成为宰相后，在他的辅佐下，齐桓公最后成为春秋五霸之一。

现在，人们用“管鲍之交”来形容朋友之间交情深厚、彼此信任的关系。

维护朋友的隐私

每个人都有自己不愿意被外界打扰的私人空间，即使是朋友之间，也不能例外。所以，如果朋友不愿意让你知道一些事情，不愿意让你干涉他的某些行为，或者不愿意多谈一些话题，你一定不要去强迫朋友。记住，越是好朋友，越要懂得维护对方的隐私，这样友谊才会长久。有时候，朋友会把一些难言之隐告诉你，但他希望的是寻求你的帮助，而不是让你把他的隐私四处传播出去。不要辜负朋友的这份信任，否则，朋友关系很可能会破裂。

开玩笑要分清场合

很多人认为，朋友之间不用那么拘束，经常开开玩笑，既无伤大雅，也能让彼此生活轻松，有助于亲密的关系。这些话是有一定道理的。但是，朋友之间开玩笑，要分人和场合。有的朋友性格认真、做事严谨，过分开玩笑会让他们怀疑你的态度不诚、玩世不恭；有的朋友天生敏感，可能“说者无意，听者有心”，说不定哪句玩笑话就触及了对方的痛处，甚至对方会认为是在取笑他；有的正规场合，特别是有陌生人在场，你的玩笑可能让他感觉不受尊重……所以，朋友之间开玩笑，也要把握分寸，注意场合和说话的态度，不能以自我喜好为中心，而不顾及朋友的感受。否则，最后的结果就是让朋友对你敬而远之。

不背后议论朋友是非

曾国藩说：“择友为人生第一要义。一生之成败，皆关乎朋友之贤否，不可不慎也。”能交到贤人固然庆幸，但至少要分清一些不贤之人。比如，有的人当着朋友的面满嘴好话，一转身就议论朋友的是非。这种做法不仅严重违背礼仪，也是“不贤”之人。因为“说人是非者，必是是非之人”。人的思维、阅历、立场、性格、知识等存在差异，反映在同一个问题、同一件事情上，不同的人就会有不同的认识。所以，很多时候，朋友之间争论问题只是观点不同，有分歧应该坦诚地当面交换意见。但是有的人当面不明说，喜欢在背后说三道四，甚至上升到大是大非的高度，这不仅给朋友留下“两面人”的印象，让双方的友谊破裂，还会让人认为品质有问题。因为“君子绝交，不恶于言”。

重视残疾的朋友

有的朋友是残疾人。由于残疾人在生理、心理和行为方面有其特殊性，我们要从思想意识上理解他们，从语言行为上尊重他们，例如，和他们交往时注意使用敬辞，打招呼时眼睛要正视对方，不要故意模仿残疾人的说话和动作等。在帮助残疾朋友之前，应先征得他们的同意。如果未征得同意就贸然去帮助残疾朋友，往往会伤害他们的自尊心，使“帮助”适得其反。在与残疾朋友交谈

时，不要询问其致残的原因和残疾的状况，避免涉及他们的隐私和伤痛。在话题上，最好是淡化残疾色彩，把他们与健全人同等看待。

规劝朋友，适可而止

人人都有弱点、缺点和错误。既然是好朋友，就有规劝之道义。所以古语说“幸得一诤友，人生无大过”，又说“良药苦口利于病，良言刺耳利于行”。但是，如果好朋友不听从自己的良言，又该怎么办呢?《论语·颜渊》记载：子贡问交友之道。孔子说：“忠告而善道之，不可则止，无自辱焉。”就是说，朋友有了不对的地方，诚实地忠告他，好好地引导他，已经尽了朋友的责任；如果对方不听，也就算了，不要以为关系很铁，再三强硬地规劝，那就会自取其辱。另外，劝谏朋友之时，也要注意场合，尽量在私下规劝，不在大庭广众下劝谏，以免朋友觉得颜面有失；规劝的言辞也应至诚恳切、温和平顺，不可太犀利、太尖锐，也不要把话说满，要留有余地。否则，不但达不到规劝的目的，还可能失去要好的朋友。

待客礼

社交礼仪

主雅客来勤

孔子说："有朋自远方来，不亦乐乎！"有朋友上门来拜访，或谈心，或问学，或切磋，这是多么开心的事情啊！所以一定要热情接待，恭敬相迎。而作为家里的小主人，如果我们事先知道有客人来访，除了把屋子收拾干净，备好茶具、饮料、水果、饭菜等，还有哪些具体礼仪规范呢？

穿戴要整洁

迎宾时衣冠整洁、仪容端庄，是主人的基本礼仪，也表示主人的真诚与恭敬。所以《弟子规》上讲："冠必正，纽必结。"古代宾客相见时，特别讲究这一点。如果是尊贵的客人，主人还要穿上专门的礼服来迎接。另外，还有一些特殊情况，例如主宾相见时，万一发现自己的衣冠有不整齐之处怎么办呢？主人会假装没有认出客人，然后转身跑回家，关上大门，穿好衣衫后再跑出来迎接。这种事情当然是偶尔发生的，却表示主人对客人非常尊重。朋友们，转身回门重新整理衣装迎接客人，是不是很有趣呢？

门外迎接来宾

"呦呦鹿鸣，食野之苹。我有嘉宾，鼓瑟吹笙。"同学们，如果有客人来访，你们一定非常开心吧！可是，你们知道怎么迎接嘉宾吗？《礼记·乡饮酒礼》中说：迎宾时，主人需迎宾客在乡学门外，并向众宾客行礼。古代的乡学，一般都设在村口。就是说在客人快要到达时，主人应到村口外迎接客人。如果是远道来客，我们作为主人，还需要到客人下车的车站去亲自迎接。现代人一般住在社区，普通客人在小区大门口或所居楼房单元门口迎接，尊贵客人要到车站迎接。切记：客人到来时，不可以待在家里，除非你是尊长。让客人自己找上门，这是怠慢的表现，是违背礼仪的。

为来宾引路

主人迎到客人后，要向客人施礼问好。熟客要寒暄，生客要问清姓名字号，对年迈的客人，要双手搀扶着对方，以示关

心。然后引导客人往家走。《礼记·曲礼上》中说："凡与客入者，每门让于客。"就是说，主人在前边引路，但每进入一道门时，主人都要请客人先走，包括单元门、入户门等。同时，客人也要谦让，推辞让主人先走。然后，主人稍前于客人，方便引路。这样做是对客人的尊重，是作为主人的应有礼仪，也是主客互相谦让的表现。

介绍顺序有规矩

亲爱的朋友，如果室内有其他客人，你知道如何为他们介绍吗?《常礼举要》上说，如果室内有其他客人，应按如下顺序介绍：先将年幼者介绍给年长者、位低者介绍给位高者，再将年长者和位高者分别介绍给年幼者、位低者。如果是年龄相当的客人，则应该将先到者介绍给后到者，再把后到者介绍给先到者。朋友们，你记住这个介绍顺序了吗?

要有次序迎立

如果家里来客人了，小朋友应该如何接待呢?《童子礼》中说，有客人到，要有次序站立恭迎，并上前致礼问好。所以，当家中有父母邀请的客人来访时，待父母行礼后，我们也要主动上前行礼问好，态度要热情大方。客人如果问我们一些事情，例如"你今年多大了？上几年级了？在哪个学校上学？"等问题，要稳重大方地及时回答，不要扭扭捏捏或不理不睬，那样是无礼的。

请客人先入座

客人进门后，主人应将客人让到尊位入座。宾主对坐，要注意坐姿。《礼记》中说“坐必安”，意思是坐下时身体要安稳，不要来回晃动或跷起二郎腿，或者不停地抖动腿，这是对客人的不敬。需要特别注意的是：如果是平辈，主人请客人先坐，客人不敢先于主人坐下；客人要谦让，请主人先坐；主客谦让

后，双方共同坐下。如果接待的客人是尊长，主人是不能先于尊长坐下的，这是傲慢的行为，是严重违背礼仪的。

要为远客安排住宿

接待客人，不仅仪容要整洁，迎接要恭敬，茶果饮食要齐备，待客还要热情，并把家中环境打扫得焕然一新、清洁整齐，这才是迎宾待客之礼。同时，如果有远方的客人到来，还要准备客人居住的寝室。《常礼举要》上说，远方客人专门到来，要准备寝室。走时要望车远去，才能返回。此外，要为客人准备好拖鞋、牙刷、毛巾等生活用品，引导客人了解卫生间、盥洗室等位置，并介绍使用方法，让客人感到轻松、愉快，有一种宾至如归的感觉。主人家里如果没有客房，应事先预订宾馆，这是主人应尽的责任，也是知礼的表现。

敬茶待客有讲究

“淡酒邀明月，香茶迎故人。”茶是古人喜爱的饮品，也是今人待客的必备佳品。敬茶上水，是有讲究的。为客人沏茶之前，要先洗净双手，并洗净茶杯或茶碗。要特别注意茶杯、茶碗有无破损或裂纹，残破的茶杯、茶碗是不能用来待客的。还要注意其他茶具有无茶锈，一定要把茶具清洗干净。取茶叶时，要用茶具拿捏，不要用手直接抓取，这是对客人的尊敬。沏茶前，要征求客人的意见，依客人口味选择茶的品种。这些都是基本的待客之道。

敬茶先长后幼

亲爱的朋友，给客人敬茶是否也有顺序？这和介绍客人的顺序相同吗？《常礼举要》上说，敬茶果先长后幼，先敬生客，后敬熟客。另外，一定要让客人坐上座，主人坐在下座。举杯让茶，请客人先喝，这是对客人的尊重，也是主人的谦虚，不可乱坐位置，或者自己先喝。此外须知“茶七酒满”，就是说茶杯七分满、酒杯十分满。这是因为茶

水是烫的，如果太满了就容易烫着客人，茶杯倒满是对客人的不敬。

不在客人面前争吵

家中有客人，主人不能当着客人的面与家人争吵，甚至打骂家人，这样会让客人感到自己来得不是时候，非常尴尬；这也容易被客人认为是“指桑骂槐”，误以为真正的矛头是指向自

知识链接

陆纳请客的节俭之道

陆纳是三国时名将陆逊的后代。他为官清廉，生活俭朴，非常受人尊重。

有一年，陆纳要离开京师出任吴兴太守。他特意在家里准备了一桌酒席，向他的好友、大司马桓温等人辞行。大家入席后，看到桌子上只摆着一斗酒和一盘鹿肉。客人们面面相觑，感到十分惊讶。

陆纳见大家如此表情，诚恳地说：『我马上就要到远方任职，这次特意向桓大人辞行。这一斗薄酒和一盘鹿肉，难成敬意，只不过表示一下我的心意罢了。我平日生活还差于此，请诸位多多包涵！』

听了陆纳的一席话，桓温及在座的客人都对他这种节俭朴素、不尚奢华的高尚品德感到钦佩。

己。这样做不仅有损主人的形象，对自己不尊重，还对客人不尊重，是严重违背礼仪的。《常礼举要》上说，家庭之事，不可向外人说。说的正是这个道理。因此，有客人时不要与家人发生口角或争执。如果与家人产生矛盾，应待送走客人之后再解决。

不要冷落了客人

待客交谈时忌冷场。如果主人不说话或说话太少，客人就会感到尴尬和无聊，有不受欢迎的感觉。如果客人的某个话题使主人不开心，主人和客人发生争辩甚至争吵，更是违背礼仪。待客本是宾主尽欢的场景，如果冷场或不欢而散，“礼仪”二字就无从谈起了。

此外，需要特别提醒的是，现代人手机不离身，在同学、亲朋相聚时，不是看着对方愉快地交谈，而是一个个成为“低头族”，不停地玩游戏、查看微信。这些情况，无论主人还是客人，都是对对方的不尊重，应该特别注意。

待客要一视同仁

《弟子规》上说：“凡是人，皆须爱。天同覆，地同载。”对待客人更应如此，要对所有客人都保持恭敬仁爱之心，要照顾周到。可是，在招待很多客人时，往往会因为疏忽而冷落了个别客人，要特别避免这类情况。同时，一定要提前向大家真诚地说“今天客人多，如果照顾不周，请大家多多包涵”等致歉的话。切记：冷落任何一个客人，都是对全体客人的不敬。如果故意冷落某个客人，就等于向大家暗示：某个人不适合和我们在一起。这有挑拨离间的嫌疑，是违背待客之道的。当然，某个客人的行为非常无礼，甚至影响大家时，也可以含蓄地提醒或真诚忠告。

当客人面不把骨头扔给狗

《礼记·曲礼上》要求人进餐时“毋投与狗骨”，就是说和客人一起吃饭时，不要把肉骨头扔给狗吃。现代人尤其要注意这一点。因为，现在很多人喜欢养狗，特别宠爱狗，吃饭时会随意拿骨头扔给狗吃，这看似很平常的一个小动作，却暴露了礼仪的严重缺失。如果是请别人来家做客，难道客人和狗同样吃骨头吗？这是对客人极不尊重的。如果去别人家做客，把骨头扔给狗是嫌弃主人的饭做得不好吃吗？这是对主人用心款待的不敬。另外要注意，骨头、果皮等应当放入自己餐盘内，不要随意放在餐桌上。

客前不吆喝狗

主人正在接待客人，如果家中的狗突然闯了进来，主人这时能否吆喝狗，让其赶快离开呢？《礼记·曲礼上》中说“尊客

之前不叱狗”，意思是在尊敬的客人面前，主人不要吆喝狗或驱赶狗。否则会有指桑骂槐之嫌，让客人感觉自己是不受欢迎的，这是违背礼仪的事情。此外，有客人时，主人要把狗先拴起来，关在别处。因为很多人是害怕狗的，千万别让自己的爱狗惊吓了尊贵的客人。如果到别人家做客，更不能带狗、猫等宠物。

热情招待客人的孩子

现代家庭多数只有一个孩子，可以说独生子女被全家人爱着、宠着、护着。如果客人带小朋友来了，孩子们往往可能会因为好玩的玩具、好吃的食品而发生争执，这是违背礼仪的。《三字经》上说："融四岁，能让梨。弟于长，宜先知。"这就是礼的精神——谦让。我们应该主动拿出自己的好吃的、好玩的和小客人一起分享，这才是知书达理的表现。所以《童蒙须知》上说，凡饮食之物，不要争较多少、美恶。此外，要尊敬小客人，要对小客人友好，不要对小客人做不友好的事，说不友好的话，不要因为父母对小客人的热情照顾而嫉妒或生气，甚至因为一点小事就大吵大闹，这是违背待客之道的。记住：当家里来客人时，你是一位小主人哦！

感谢客人的礼物

"千里送鹅毛，礼轻情意重。"客人来访时，通常会带一些礼物。对此，我们在迎客或送客时要有所反应，要真诚地感谢客人的心意。主人应在客人告辞时，回送一些本地特产，或回送有象征意义的礼品，尽量不要让客人空手回去。这是对客人的尊重，是轻视财物、重视情谊的体现。《仪礼》中有士相见之礼，拜访的人必带礼物，主人会推辞不敢承受，但最后会收下礼物。主人会择期回礼，践行礼尚往来、彼此尊重之义。所以，千万不要受之无愧似的若无其事，没有任何感谢或表示，这是违背礼仪的。此外，分手时应热情而郑重地与客人说“路上慢走啊”“期待您再来”“常联系啊”等送客用语。

要依依送别客人

“李白乘舟将欲行，忽闻岸上踏歌声。桃花潭水深千尺，不及汪伦送我情。”李白的这首诗不仅被千古传诵，更让后人记住了汪伦的送别情，记住了汪伦与李白的深情厚谊，让人无限回味。所以说，迎宾是待客的序曲，送客是待客的结束曲、压轴戏。古人为什么非常重视送客的礼仪？因为有始有终才是真正的待客之道，也是为人之道。而送客礼仪，重在一份依依不舍

的情谊。无论接待哪位客人，当客人准备告辞时，我们都要真诚挽留。如果客人执意要走，主人应先等客人起身后，再起身相送。不能客人一说告辞，主人马上起身高兴欢送，这样有逐客之嫌，是违背礼仪的。

将客人送到门外

主人送客，如果对方是晚辈，那么主人送到门口道别就可以了。如果对方是尊长，那么主人则应该送到楼下或小区门外。远路的贵客还应该送到车站、码头、机场等地再道别。《弟子规》中说："过犹待，百步余。"意思是说，目送尊长离去后，大概离开百步，或者走出一定距离，已经转弯了，不再回头时，主人才能转身回去。如果客人走时是自己驾驶车辆，主人应该等汽车开动行驶一段距离，消失在自己的视线中，方可转身返回。"故人西辞黄鹤楼，烟花三月下扬州。孤帆远影碧空尽，唯见长江天际流。"此诗描绘的就是这种唯美意境和脉脉温情吧！

做客礼

来而有往

《礼记·曲礼上》说：『往而不来，非礼也；来而不往，亦非礼也。』所以，当有人来我们家做客后，我们也要安排时间回访。古代回访一般安排在客人来访的次日。现代社会人们生活节奏快，事情比较多，回访时间一般灵活掌握。另外，如果双方年龄、辈分悬殊，尊长者或者特别熟识者可以不回访。那么，自己如何回访或者怎样到别人家做客呢？怎么才能做一个受欢迎的客人呢？面对不同的朋友，我们回访前应该准备什么样的礼物呢？到朋友家后，我们又该注意哪些细节呢？

注意仪容整洁

迎宾时需要衣冠整洁、仪容端庄，而做客时同样需要仪容整齐干净，这是做客的基本礼仪，也是为人的通礼。《礼记·内则》中记载，男子未行冠礼、女子未行笄礼的人，鸡叫头遍，就要起床洗漱，梳理头发，穿戴整洁，佩戴香物，在家中梳妆打扮好后，再出门与人交往。《论语》上又说“出门如见大宾”，一定要恭敬严谨，认真对待。所以，在拜访亲朋尊长之前，一般要洗漱干净，使头发整齐、面容洁净、衣帽齐整得体才出门。而女性访客，还可以再精心化一点淡妆，这样既符合礼仪，还能使人精神百倍、美丽动人、气质提升。

预约拜访时间

如果家里来了不速之客，你是否会因为没有准备而手忙脚乱呢？或者因为有其他事情安排而无法照顾客人呢？看来，不速之客是不受人欢迎的。《论语》上说：“己所不欲，勿施于人。”不喜欢别人这样对自己，我们也不要这样对别人。所以，在访问别人或回访来客前，一定要提前预约时间，勿做不速之客，特别是不太亲密熟悉的人，不要贸然登门，否则会打乱别人的生活，这是违背礼仪的。何况现在电话、微信等通信条件便捷，不像古代社会通信不便。同时，预约拜访时，先报自己的姓名并向对方问好，再说明情况，询问对方什么时间到访比较合适。

另外，避免拜访时间过早或过晚，或者在用餐前后、午休时间等拜访，尽量不给对方增添麻烦。

信守约定时间

俗话说“不约不见”“约必守时”。拜访的时间一旦确定，一定要准时到达，或者提前几分钟，不要迟到，也不要过早到。

不遵守时间是失信、失礼的行为。如果双方路途较远，在不能确保路况的情况下，一定要提前上路，防止因堵车等因素而迟到。如果路上有特殊情况，要向对方说明情况并请求谅解。同时，到达的时间也不宜提前太多，这样可能会打乱对方的安排。这些都是对别人尊重的具体行为，是访客的基本礼仪。

知识链接

千里送鹅毛

唐朝贞观年间，西域有个回纥（hé）国。为了表示对大唐的友好，国王派遣使者缅伯高，带上一只罕见的白天鹅作为礼物，去拜见唐太宗。

路上，缅伯高战战兢兢，不敢怠慢。一天，他担心白天鹅口渴，就打开笼子，带它到河边喝水。谁知白天鹅却振翅飞上了天。情急之下，缅伯高拔下了几根羽毛，眼睁睁看着白天鹅飞得无影无踪。缅伯高惊呆了，怎么办呢？拿什么去见唐太宗呢？又怎么向国王交差呢？思来想去，他用一块洁白的绸缎将天鹅毛小心翼翼地包好，并题诗一首：『天鹅贡唐朝，山重路更遥。沔阳河失宝，回纥情难抛。上奉唐天子，请罪缅伯高。物轻人意重，千里送鹅毛！』

缅伯高到了长安后，唐太宗亲自接见了他。在惊异地看着几根天鹅毛和那首诗，又听了他的诉说后，唐太宗不但没有怪罪他，而且觉得他为人诚信，重重地赏了他。从此，『千里送鹅毛，礼轻情意重』的故事就传为佳话。

提前准备礼物

在拜访尊长或回访亲朋时，一般都要提前准备一份合适的礼物用以表达一份心意，特别是拜见尊长时，空手拜见是违背礼仪的。正如《礼记·曲礼上》中说："不以挚，不敢见尊者。""挚"是礼物，又是亲密、诚恳的意思。而古代通常用雉（野鸡）作为礼物。为什么用雉呢？古人认为雉"交接有时"，非常守信。另外，《白虎通》解释说，以雉为礼物，是取其不受引诱、不惧威慑、宁死不屈的特点。这都是隐喻交友的节操及相交之义。后世由于雉比较难寻，才用其他物品代替。准备礼物表达的是心意与情谊，而不是炫耀礼物价格的昂贵。

叩门有讲究

到达主人家所在的社区后，如果主人下楼或在门外迎接自己，就按主人的引导走。如果主人没有迎接，在到达门口时，如果门是关闭的，要先轻轻叩门，或者轻按门铃。叩门或按铃三次即可，然后向后退两步，静候主人来开门。《常礼举要》上说："先立外轻轻叩门，主人让入方入。"不要重重地拍门，或者连续不断急促地按门铃，这是违背礼仪的。如果门是虚开的，而且屋内谈话的声音很小，不要贸然进去，要提高声音说话，以引起主人的注意。《弟子规》上说："将入门，问孰存；将上堂，声必扬。"千万不要贸然进入，或站在门外倾听，这种行为有打探他人隐私的嫌疑，是对别人的不尊重。

要使门保持原状

《礼记·曲礼上》说："户开亦开，户阖亦阖。有后入者，阖而勿遂。"意思是拜访别人时，进门是什么样的，出门还要什么样。如果后面还有人来，要关门也不要关紧。特别是拜访异性朋友时，如果主人不安排关门，客人更不能关门。这是提醒我们，作为客人，既要尊重主人的意愿和安排，也要处处想到别人，不要因为自己后入室而打乱先入者的状态，也不要因为自己先入室而让后入者不方便。

访人谈话要谦逊

孔子说："三人行，必有我师焉。"我们在日常生活中要谦虚好学，做客、访友与主人谈话时更应谦虚恭敬。如果主人正在谈论某个话题，不要随意打断或插话，不要与主人发生争辩。

特别是主人是长者时，更应该注意，“主人不问，客不先举”，引导话题的应当是尊长。此外，“不辞让而对，非礼也”，尊长有所问时，晚辈应该先谦辞一下，待尊长再次发问后，就可以把自己所知道的慎重表达。这种低调谨慎的态度，是我们的优良传统，也合乎礼仪。还有，在听主人谈话时，要专心地注视对方，并仔细倾听，这是尊重主人的表现，正如《礼记·曲礼上》所说：“正尔容，听必恭。”如果心不在焉，目光游移不定，那是不尊重主人，也是懈怠不虚心的表现。

施礼入座有先后

古人相见时，要彼此作揖或鞠躬敬礼，如果拜见尊长，应有先后之别。如果是第一次相见，主人应先施礼。如果不是第一次，则客人应先施礼。所以《常礼举要》上说：“晋谒长官尊长，应先鞠躬敬礼，然后就座；及退，亦然。”也就是说与尊长相见，要先施礼。就座时，尊长请我们入座，我们要谦让推辞，请尊长先坐。主客双方谁的年龄大、辈分高、职位尊，谁先入座。如果年龄、辈分、职位相仿，那么主客可以同时入座。切记：主人还没有坐或礼让，自己就先坐下了，这是违背礼仪的。此外，现代人用握手礼代替作揖礼，与妇女行握手礼时，应待其先行伸手后，自己再握手，时间要短，不要用力；尊长与我们握手时，应双手捧握尊长的手，以示尊敬和亲切。

不翻主人的物品

亲爱的朋友，当你跟随爸爸妈妈去别人家做客时，是否进门后由于好奇，就到处“探察”，并拿出新鲜物品“鉴赏”一番呢？这种翻看主人物品的行为，既是对主人的不尊重，也是违背礼仪的，是没有教养的。切记：未经主人允许，我们不能乱翻主人家中的物品，尤其是不能打开主人的抽屉、柜门，翻看主人的笔记本、照片等私密性的物品。此外，未经主人带领，也不要随意到主人房间走动或察看，特别是卧室等私密性房间。

感谢主人的款待

中国人以好客闻名。为了招待好客人，准备好宴席及茶果，主人往往要精心挑选很长时间，甚至忙碌几天才能结束。所以，当主人端上一道道佳肴美味时，客人一定要先真诚地赞美与感谢后再吃。不能无动于衷，只顾自己吃喝，没有任何表示，好像理所当然一般。这是傲慢无礼的行为。而感恩之心既是做人之道，更是宾主尽欢、氛围融洽的礼仪精神。杜甫诗中说："夜雨剪春韭，新炊间黄粱。主称会面难，一举累十觞。十觞亦不醉，感子故意长。明日隔山岳，世事两茫茫。"描写的就是这样唯美、温馨、温情亦感恩的画面，可谓质朴而诚挚、平易而真切，浓浓的情谊跃然纸上，让人无限眷恋与珍重，回味无穷。

菜肴不全部吃完

在做客吃饭时应该把握一条原则：菜不好吃，也应该吃一点；菜好吃，也应该留一点。特别是做客时，主人做的菜肴再好吃，也不能吃得盘净碗光。把主人做的菜全部吃光，是贪吃的表现，也暗示主人做的菜少了，需要再加菜。万一主人准备的饭菜不多，就会陷入尴尬的境地。所以，懂礼的客人，即使没有吃饱，也一定要把菜肴稍微剩下一点，这是为了主人着想。同时，如果主人准备的菜肴很丰盛，就尽量多吃点，别浪费了佳肴。

知识链接

解缙做客妙对下联

明代文学家解缙去好朋友家做客。当他走到朋友家门口时，被门上的对联吸引住了，只见对联上写着：『闲人免进，盗者休来』。这下可把解缙尴尬住了，他想：我就是个闲人，今天到这里来，岂不是连门都不能进了？他低头一看，发现在门边竟然摆着笔墨，再仔细去看那副对联，发现对联下面还有很多空白处。解缙恍然大悟，原来这是朋友故意这么做的，想要人将这副残联续完整，才能进门。解缙低头沉思片刻，提笔写成『闲人免进贤人进，盗者休来道者来』。

续完对联，解缙满意地大步走进了屋子内。朋友感到很诧异，连忙问：『解大人啊，我的门前不是写了闲人免进吗？怎么您还是进来了？』解缙笑着对朋友说：『你再去看看门上的对联，我可不是以闲人的身份进来的，而是以贤者的身份进来的。』朋友听了他说的话一头雾水，等出门看到门上的对联时，顿时乐了，赞叹说：『老兄果然才高八斗啊！』从此，这样一副具有戏剧性的对联就成了千古佳句，一直流传到现在。

适时向主人告辞

亲朋好友相聚，或切磋学问，或谈古论今，或参悟人生，真是快乐无比而时间匆匆啊！可是，天下没有不散的筵席。无论情谊多么深厚，相聚也都有分别的时刻。所以，在合适的时

候，就要主动站起来，和主人开心地告别，并再次真诚地感谢主人的款待。切记：客走主人安，不要一直不说辞别，主人也许还有其他安排呢！并且主人劳累了很长时间，也该让主人休息一下了。主人送别时，要请对方留步，并热情而真诚地邀请对方有时间到自己家里做客。往来，来往，人与人之间的情谊，就是在礼尚往来中建立并加深的。

不单独夜访异性

古代社会男女授受不亲，所以《礼记》上说，男女有差别，要严格遵守礼法，彼此交往时应特别慎重。现代社会与古代社会相比有很大变化，特别是随着女性受教育程度的提高、社会的发展和职业需要等原因，男生与女生交往已经是很正常的社会现象。但有些礼仪还是要特别注意的，例如单独夜访异性朋友，可能会引起别人的猜疑和误解。无论是让异性朋友误解，还是让异性朋友的伴侣或家人误解，都是不应该的行为。因此，拜访异性朋友最好在白天，如果需要在晚上拜访，最好有他人做伴，并且拜访的时间不宜太晚、太长。

主人提醒要注意

去拜访德高望重的长者，或看望生病的朋友，或应朋友的邀请去朋友家玩，该办的事情已经办完，就要适时告退，并懂得主人的委婉提醒。例如《常礼举要》上说："主人欠伸，或看钟表，即须辞出。"意思是主人不断打哈欠，或者看时间的早晚，说明主人在提醒你了，这时你就要告辞了。再如拜访朋友时，又有其他客人拜访，而自己的事宜已经谈完，就要适时告退。所以，作为客人，一定要善于观察，体会主人的意图，明白主人的委婉提示。否则，会面时间过长既影响主人休息或做其他事情，也让主人对你产生不好的印象。

中餐礼

做餐桌上的礼仪达人

社交礼仪

如果你看过《红楼梦》，一定对里面的餐饮礼仪记忆犹新。小小一桌席，可以说凝聚了中华民族几千年的文化积淀。我们现在用餐时虽然用不着这些繁文缛节，但必要的礼仪还是不可缺少的。只要我们多一些尊重和细心，中华民族的餐桌礼仪，即中餐礼一定能流传下去，而我们的用餐心情也会更加快乐。

中餐三部曲：添茶—布菜—敬酒

传统的中餐待客有添茶、布菜、敬酒三部曲。

添茶的时候，如果自己坐得离茶壶近，就要主动为其他客人斟茶。斟茶次序按照年长、尊贵程度来排列。放下茶壶的时候，茶壶嘴不对人，这是中餐讲究的地方。如果别人给你斟茶，你要表示谢意。

布菜时，第一道菜应由主人为长辈或主宾夹送。以后每上一道新菜，布菜后都需等长辈、宾客先行动筷，表示对他们的尊敬。布菜时最好使用公筷或公勺，要把离长辈或宾客较远的菜肴送到他们面前。布菜时要注意不同客人的反应，如果客人明确表示不喜欢某道菜或者已经吃饱，就不要为客人夹送。

敬酒是一门学问，时机非常重要。一般敬酒是在宴会开始之前，由主人向宾客敬酒以表欢迎之意。然后，由主宾开始敬酒，这是为了表达对主人的感谢和回敬。坐着敬酒还是站起来敬酒，是根据情况而定的。如果来宾较少，可以坐着敬酒；如果来宾较多，应站起来敬酒；向领导或长辈等敬酒时，不管人数多少，都需要站起来。在敬酒时大家一般会相互碰杯。为了避免酒杯破碎，应该手心相对，杯口岔开，尽量用杯肚相碰。同时目光直视对方，以表示尊敬。向领导或长辈等敬酒，自己的酒杯需要低于对方的酒杯。

赴家宴要带上礼品

在赴别人的家宴时，为了表达对主人的感激之情，给主人家带上一些小礼品，已经成为一种必要的礼仪。例如男主人爱喝酒，您不妨买两瓶有特色的酒带去，一则可以助兴，二则可以增强宴会的气氛。送给女主人的礼物，可以是一束花、一盒糖或一本书。当然，土特产、小艺术品、纪念品、食品、水果等，同样都是不错的选择。如果主人家有老人或孩子，您也应该为他们带些合适的礼品。送给老人的礼品可以是拐杖、保健品等，送给孩子的礼品可以是皮球、益智玩具等。

衣着得体，准时赴约

衣着可以直接体现出一个人的素质、品位、涵养及社会地位等重要信息。参加正式宴会，要选择适合自己身材、肤色、身份等的服装。衣着要得体大方，注意整体美。各式休闲鞋、运动鞋不能与正式礼服相配。穿西服不要戴帽子，一定要搭配颜色相宜的皮鞋。西服的衣裤兜内，不要塞得鼓鼓囊囊。不要穿睡衣、短裤、背心、超短裤、紧身裤等，内衣不能露在外衣外面。女士可以穿裙子；穿旗袍时，开叉不可太高。

参加宴会，准时赴约非常重要。通常情况下，应提前 5 分钟至 10 分钟到达。如果到得较早，可能主人还在做各种准备，自己应该在周围转一转，到时间再进。迟到，既是一个人生活随便、作风马虎、缺乏责任心的表现，同时也是一种不礼貌、对其他人不尊重的行为。有时由于交通堵塞等原因，无奈迟到了，应向主人和其他客人表示歉意。

如不能赴宴，说明原因。如果有可能，应当约定下次宴会的时间，明确说明自己做东宴请对方，以表诚意。

待客餐具要完好

用破损餐具招待客人，就好比穿戴不整的人去迎接宾客，这是多么的随便、多么的不郑重啊。如果主人专门请客人用餐，破损的餐具还会使食物之美黯然失色，这不但是对美食的亵渎，也是对客人的怠慢。所以，即使不能用新的餐具，也要使餐具完整干净。人要仪容整洁，餐具也要仪容整洁，这都是对客人的尊重。

点菜有方，照顾周到

宴请别人时，点菜是非常重要的一个环节。点菜要照顾好每一位客人的口味。在点菜之前，主人或宴请者必须对饭局的所有对象有一个基本的了解，例如，一些客人由于宗教或身体原因有饮食禁忌，这些禁忌应该事先避免。对于有饮食偏好的

客人，如四川客人，点几个有辣味的菜是很有必要的。如果是招待重要的外地客人，要点一些有当地特色的名菜。如西北的朋友来广东，点菜者可以多点生猛海鲜类的菜肴。在选择菜肴的过程中，点菜者应与客人保持良性互动，即时听取客人的意见和建议，让客人有参与感。从礼仪的角度看，点菜时做到充分关心别人、照顾周到，才是高情商的体现。

不能抢坐中席

很多小朋友随父母参加宴会时，由于过于兴奋，又没有座次观念，就直接坐在尊位上。而主人又不好意思请孩子让出位置。作为家长，一定要让孩子坐在自己的位置，否则会被别人认为没有家教。不仅在宴会上要注意礼仪，去别人家做客，也要注意礼仪。《礼记·曲礼上》中说“为人子者，坐不中席”，就是说作为晚辈，入座时一定要选择适合自己的位子，不可抢占尊位或主人位，这是长幼尊卑不分的行为，是违背礼仪的。

按序就座，放下手机

中餐宴会，每张餐桌上的座位都有主次之分，就座时要按照相应的顺序。宴会的主人应坐在主位上，面对正门就座。其他座位的尊卑，要根据距离主人的远近而定。靠近主人的为尊位，远离主人的为卑位。从方向来看，以右为尊，以左为卑。

如果主人夫妇就座于同一桌，以男主人为第一主人，女主人为第二主人，主宾和主宾夫人应分别坐在男女主人右侧。如果遇到主宾身份高于主人的情况，为表示尊重，可以安排主宾在主人位置上就座，而主人则坐在主宾位置上或主宾左侧。在大家就座以后，一定要放下手机。一个人在宴会上低着头不停地玩手机，是违背礼仪的行为。

同桌客人要打招呼

参加宴会入座后，一般主人会为客人们相互介绍。如果主人没有来得及介绍或忘记介绍，自己的邻座又是陌生人，出于礼貌，要与其打招呼。如果对方主动打招呼，应及时而礼貌地回应，毕竟都是主人的客人，当然彼此也可以成为朋友。古人说“四海之内皆兄弟”，不能做到热情相见，也不要面若冰霜，甚至发生不快，这是对主人的不敬，也是违背礼仪的。

贵宾到来要立迎

如果经常参加宴会，你就会发现一个现象：当宴会开始，菜肴上桌时，在座的人就会起立迎食。尤其是当有贵客来的时候，主人必起立，其他宾客也会相应地起立，以示恭敬。关于这一点，《礼记·曲礼上》这样说：“食至起，上客起。”意思是说，见端饭菜的来，要起身迎接，主人有上宾来，也要起身恭

迎。此外，如果与主人不同桌就餐，主人来敬茶、敬酒时，也要立身敬迎，不可一动不动地坐在那里，这是傲慢的表现，是对主人的不敬。

让客人先落座

如果你是主人，在举办宴席活动时，你是否会在客人还没入座时，就提前坐下了？如果真是这样的话，你是真的失礼了。《礼记·曲礼上》中说："客践席，乃坐。"意思是说，等到客人就席，预备坐下时，主人才能坐下。做主人时，一定要以客人为尊，以客人为先；当然，如果主客年龄相仿，客人也不敢先坐，主人就要陪客人一同落座，再照顾他人都安坐，这样才符合礼仪之道。

客人不点头道菜

宴席上，主宾各就各位后，接着就是点菜。点菜时，主人接过菜单后，通常会请宾客点头道菜。但按照餐桌礼仪，客人不能真点，一定要谦让并请主人先点。主人点完第一道菜后，再请客人点菜时，客人就可以接着点菜了。主人点的第一道菜，俗称“盖帽”，后面所有人点菜的价位，都不宜超过这道菜。如果客人先点，价位高了，主人万一承受不起，或者身上没带那么多钱怎么办呢？所以，客人一定要体谅主人的经济境况及待客标准，不要乱点菜，否则就是违背礼仪的。另外，点菜时还要询问一下其他人有无禁忌，考虑别人的喜好等，这是对同桌人的尊重。

就宴要虚后食前

当我们参加宴会就餐时，座椅及坐姿有什么要求吗？《礼记·曲礼上》说：“虚坐尽后，食坐尽前。”这是古人在坐姿上的要求及表达的敬意。古人席地而坐，在没有就餐时，就要虚坐尽后，即席子前端要留出一块，不敢把席子坐满，以示谦虚；

就餐时，就要尽量坐在席子前端，以免不小心将食物掉在食案上，有失礼仪。魏晋南北朝时期，坐具发生变化，席子变成椅子、凳子，所以在非就餐场合，坐的时候，只坐椅子前端，后端空一半位置，以示恭敬谦虚。饮食时，座椅、座凳前移，尽量靠近餐桌，防止食物落在餐桌上，餐桌不洁，有失礼仪。

与人并坐不横臂

宴席上，有的人在入座时两肘或两臂横着放，根本不顾及别人的感受，这是一种失礼的行为。试想，你这样一坐，旁边

的人还怎么坐呢？而且，吃饭时还会妨碍别人，没准儿会给人留下蛮横的印象。《礼记·曲礼上》教导人们，“并坐不横肱”，就是要求与别人并坐一起吃饭时，不要横着胳膊，把两肘放在餐桌上。

客人不抢先发言

宴会发言需遵循一定的礼仪。客人不能抢先发言，发言要听从主人的安排。有些大型宴会由主持人安排发言顺序，客人不能打乱原有的顺序。客人发言，要尽量简短，应避免长篇大论及空洞的说教。宴会是大家相聚的场所，气氛应保持融洽，不要发表带有冲突性或对抗性的言论。尤其当客人是宴会的贵宾、餐桌的焦点所在时，按照礼仪顺序发表的得体言论，能使宴会的气氛更为欢快轻松，使在座众人的感情更为融洽密切。

餐食摆放有讲究

餐食摆放的规矩早在《礼记·曲礼上》中就有记载，例如，进餐时，带骨头的熟肉应放在人的左手边，切成片的肉应放在右手边。饭食放在人的左手边，羹汤放在人的右手边；烧烤的肉放在稍远的位置，醋和酱类放在稍近的位置。不饮酒时，杯子放在左手边；饮酒时再将杯子移到右手边。这些礼节都是从方便客人的角度加以考虑的。虽然现代社会没有这么多讲究了，但其精神是一致的，并需要借鉴传统礼仪，这就是为了更好地方便客人取食，是对客人的尊重。

请他人同举筷子

如果你经常参加宴席活动，可能会遇到这样的情景：饭菜一端上桌，有的人就不管不顾，好像桌上的饭菜都是为他（她）准备的一样，一点也不谦让，拿起筷子就大吃起来。这样的人往往是不受欢迎的。《常礼举要》上说："举箸匙，必请大家同举。"意为与大伙共餐时，要请大家共同举起筷子或勺子，不可只顾自己吃喝，而不顾及别人，这是对别人不尊重的表现。

不当主人面调味

《礼记·曲礼上》要求进餐时，不要当着主人的面再次给菜、羹调味，否则会有嫌主人做的饭菜味道不好的嫌疑。到别人家做客时，要特别注意这种礼仪，每个人的口味不同、厨艺不同，饭的味道自然不同。不要嫌弃主人做的饭菜不合口，再重新自己调味，或者干脆一口也不吃。这会让主人感觉准备不周，内心会尴尬不安。《常礼举要》上说“不挑剔食之美恶”，主人做什么，客人就吃什么，要对主人的热情款待表示感谢。而客随主便，也是做客的基本礼仪。同时，如果是请客人来家吃饭，我们要主动询问饭菜是否可口、咸甜是否适中，要尽量满足客人的口味，做得不好的地方要请客人多多包涵。

不随便离开座位

吃饭前，一定要洗净双手，并处理完如厕等杂事，这样我们就可以安心、放松地享受美食了。吃饭时，没有特殊情况，长时间离开餐桌是一种失礼行为。如果有特殊情况，一定要特别向主人说明，并请大家谅解。千万不要无故或在不告知主人的情况下擅自离开，这是对主人的不敬。如果你是主人，长时间离开餐桌对客人也是不尊重的，是严重违背礼仪的。

汤菜举筷必配匙

宴会上，你也许看到过这样的情景：有的人夹起带有汤汁的菜时，哩哩啦啦，汤汁滴得满桌子都是，甚至滴到了别人的菜盘里或衣服上，这是一种失礼行为。所以《童蒙须知》上说："凡饮食举匙，必置箸。举箸，必置匙。"就是说，带汤汁的饭菜，夹取时如果举匙，必用筷子配合，先用筷子夹入匙中再吃。举筷子时，必把匙子伸过去接着，或者用碗碟配合，以避免汤汁滴落到餐桌上。

宴席上勿唉声叹气

宴席上，当饭菜上齐后，有人突然长长地叹了一口气，大家会有什么感觉？是主人招待不周吗？还是对饭菜不满意？这会使主人很尴尬的。《礼记·曲礼上》要求人们在进餐时"当食不叹"，即不要在饭桌上叹气，那样会破坏宴会的气氛。不要因为自己脸色难看、心情不好而打破整个宴席的氛围，让大家觉得扫兴。这是对主人的不敬，也是对大家的不尊重。

赴宴时不可额外点菜

赴宴时，无论什么性质的宴会，通常上什么菜都是主人预先订好的，客人无须再额外点菜。不论我们想额外点些什么让

知识链接

饮酒有酒德

《诗经》中说『颠覆厥德，荒湛于酒』，其含义是饮酒者要有德行，不能像商纣王那样，沉湎酒色，行为放荡。古代饮酒的礼仪主要有四步：拜、祭、啐、爵。具体来说就是先做出拜的动作，表示敬意；接着把酒倒出一点在地上，祭谢大地生养之德；然后尝尝酒味，并加以赞扬；最后仰杯而尽。在现代社会，饮酒不在多少，贵在适量。要正确估量自己的饮酒能力，不作力不从心之饮。过量饮酒或嗜酒成癖，都将导致严重后果。强行劝别人饮酒、一定要把别人灌醉或者耍酒疯，这些行为都是没有酒德的表现。

自己和亲朋好友尽饱口福，或以此显示自己的尊贵或见多识广，这种行为都是不符合礼仪的。因为额外点菜，会超出主人的预算和准备，让主人陷入尴尬的困境。有时，额外点菜还会招致他人异样的目光，扰乱整个宴会的秩序。额外点菜的行为是对主人的不尊重，显得不怀好意。即使遇到其他客人让我们额外点菜的要求，从礼仪的角度看，我们也要委婉拒绝。

切忌对别人点的菜品头论足

擅长表达是一个人的优点，但是在宴会时对别人点的菜品头论足就不对了。俗话说："食不言，寝不语。"这不仅是养生，更是养性。有一种人特别热衷于在宴会时提意见。在饭桌上，他每尝一口菜都要给出点评，而且这些点评清一色地为负面言论。一会儿说这个菜咸了，一会儿说那个菜淡了，要不然就说某个菜如果做成辣味就完美了……总之，一桌子菜只要经他之口，就一定会被他挑出许多缺点。这种人不懂得照顾主人的感受，还容易给其他客人留下自以为是的印象，恐怕没有人乐意再和他共同赴宴。

不议论账单的数目

在饭店吃饭，每上一道菜，你就嘀咕这道菜得多少钱；主人买单后，你殷勤地索要账单过目；即使别人在家宴请你，吃

完饭你也不忘询问主人花了多少钱。这样做一方面会让主人怀疑你对他的款待心存不满，另一方面会让别人认为你没有礼貌、小肚鸡肠。议论账单数目，会让主人有被窥视和被胁迫之感。这种行为，非常容易引起主人和其他客人的反感，让本来融洽的宴请氛围变得尴尬。

宴会上要使用公筷

在宴会上，相互夹菜的饮食习惯拉近了人与人之间的距离，也给各种细菌提供了大量的传播机会。医学研究证明，在人的口鼻腔中有 2000 多亿个细菌。相互夹菜时，这些细菌通过筷子与食物接触，会导致不同菜品的细菌交叉污染，对就餐者的身体健康造成威胁。所以，使用公筷就是减少“病从口入”的有效方法。在宴会上使用公筷并不见外，而是对自己和他人的保护。特别是在疫情期间，使用公筷还能在一定程度上降低病毒传播的风险。使用公筷的另外一大好处是，宴会结束时大家可以放心把剩余的菜品打包，避免食物浪费。

入座后，不要立即动手取食

有的人在参加宴会时，只要一坐下来，立即拿起餐具夹取自己喜欢的食物，不和主人打招呼，也不看主人的举杯示意这种做法是不符合传统中餐礼仪的。应该在主人明确表示宴会开始时，客人才能动手取食。取食动作不要急躁，决不能大块往嘴里塞，狼吞虎咽，这样会给人留下贪婪的印象。取食应文明，不要抢在邻座前面，应等菜肴转到自己面前时，再动筷子。一次取食不宜过多，以免洒到桌面上。取食后要细嚼慢咽，这样才有利于消化。

不可只挑自己喜欢的吃

在宴会上只挑自己喜欢的吃，主人和其他客人会觉得这种人太过自我，对别人态度不恭敬，不把别人放在眼里。从心理学的视角分析，这种人的眼里只有自己，只关心自己的欲望有没有被满足，不懂得去考虑别人的感受，更不会感恩和回报。虽然看起来这种吃饭习惯只是一件非常小的事情，但其他人往往可以从这种习惯中看出一个人的人品。一个人在吃饭的时候表现得这么自私，只知道吃自己喜欢的东西，在生活中，他也很可能是一个自私自利的人。

不宜在宴会上接打电话

朋友，你在宴会上有没有这样的经历：当你正吃得高兴的时候，突然接到一个电话，而对方又喋喋不休，你又不好意思挂，心里是不是很烦？在宴会上，不管是接电话还是打电话，都是让人不愉快的失礼行为。尤其是接打电话时间过长，把主

人和其他客人晾在一边，这种情况更显得没有礼貌。如果你有事给参加宴会的人打电话，听到对方口里含着东西说话，或者只要听见一点点碗盘的声音，也得立刻表示歉意。

打喷嚏要背转身

从卫生角度而言，宴会时突然打喷嚏会使你的口水以超高速度飞溅到桌面或者大家身上，这个情景想象起来就让人觉得可怕且恶心。从礼仪角度来讲，对着桌面打喷嚏是没教养和自制力差的表现。这会给大家带来不愉快的气味和声音，同时让大家感觉到身心的不适。如果你打喷嚏的同时还流鼻涕、流眼泪，这简直是对大家的极大不敬，也是你对自己公众形象不负责任的表现。无论你身份、地位如何，这个喷嚏都必定会让你大丢脸面。打喷嚏时，一定要背转身，并用餐巾纸或手绢掩住口鼻。打完喷嚏，要向在座者道歉。打喷嚏后应该立刻去卫生间洗手，不要擦完鼻子就接着吃饭。

知识链接

宾客要回敬主人

参加宴会时，我们会注意到，宴会正式开始的时候，通常是主人先拿起酒杯致敬酒词，这种敬酒词类似于开场白。往而不来非礼也，来而不往非礼也。作为回应，宾客也要给主人回礼敬酒，感谢他的盛情款待。主人请客吃饭，不论是出于什么原因，他都花费了时间、精力和财力，宾客应对主人的付出，表示感谢。

宾客的祝酒词，尽量说得简短，只要言辞得体，哪怕一两句话都可以。宾客的酒杯可以稍低于主人酒杯，轻轻碰一下，不要用力过猛。即使宾客不会喝酒，在敬主人时也要抿上一口，以示尊重。

主人致辞时不可与人交谈

在宴会上，你的一举一动都必须注意，否则就很容易失礼。参加朋友或同学举办的宴会，主人讲话时，如果你和身边的朋友交谈，就会干扰现场秩序，引起众人侧目。如果这种行为引起主人注意，你等于是“撞枪”。参加婚宴、寿宴，主人致辞时，如果你与他人交谈，这会让别人认为你对主人不敬，不仅是违背礼仪，也会让人认为你素质比较差。要知道，无论主人或主宾向在座者致辞时，自己都应专注地聆听，坐姿端正、态度积极，不可打扰致辞人，这是参加宴会的基本素养。

切忌随意或强硬劝菜

在中式宴会上，劝菜是很平常、很自然的事。但随意或强硬劝菜，就是一种不礼貌的行为。每个人都知道自己的食量，随意或强硬地劝菜，会给客人带来尴尬。如果对方已经达到自己肠胃承受能力的极限，你还要劝菜等于是危害他的健康。有的菜肴，你认为好，别人不一定喜欢，强行劝菜，等于逼客人吃不喜欢吃的菜，这就不是好客而是欺客了。如果你劝菜的时候，将自己盘中的菜又夹给客人，更是让对方极为反感，是严重违背礼仪的。需要特别注意的是，如果宴会上有外宾，不要对其采取中国式的劝菜，因为风俗习惯不同，你的好意可能会令对方感到非常气愤。

不可随便转桌

新上的菜，长辈或主宾一口都没吃到，你就转桌自己先下筷子，别人会觉得你不懂得尊重人，不懂得礼节；别人正在举杯祝酒，你转桌吃菜，别人会觉得你目中无人；别人正在夹菜，你转桌是在给夹菜的人捣乱，给人的感觉是你成心让他夹不着或者夹不牢；众人正在就某事停箸讨论，你却旁若无人地转桌准备夹菜，明显是对吃菜的兴趣大过对大家交谈的兴趣。转桌不妥当，显得过于随便，这非但不便于制造轻松欢乐的气氛，反而给大家带来疑惑和尴尬。从礼仪的角度看，转桌要找没有人正在夹菜的时机；不要待主宾还未品尝第一道菜时转桌；转桌时，如果有必要，应先用语言或眼神、动作向大家提示一下。

等客人吃完再放筷子

宴饮即将结束时，你有没有察觉到，每次主人都会静静地等待客人慢慢吃，直到客人放下碗筷，主人才会停筷，以表示对客人的恭敬。《礼记·曲礼上》中说：“主人未辩，客不虚口。”意思是说，宴请将近结束时，主人不能先吃完，自己先放下碗筷，一定要等客人吃完后，才能放下碗筷停食。否则，有的客人吃得慢，看到主人已经停食，自己就不好意思再吃了。客人没有吃好，是主人照顾不周，怎么能称得上礼仪完备呢？

西餐礼

细节体现教养

随着社会的不断发展以及国际化大环境的影响，越来越多的中国人在就餐时会选择西餐。吃西餐不仅讲究环境的优雅以及饮食的精美，更有一些就餐的细节体现出特有的西方餐饮文明。特别是在纯正的西餐厅吃西餐，每个细节里面都包含着教养。吃西餐不仅是一种享受，更是一种艺术。得体大方的谈吐、举止和生活习惯，都是有教养的标识。一顿理想的西餐应该自始至终都处于符合礼仪、轻松愉快的气氛中。

西餐礼仪，从落座开始

到西餐厅，不要直接闯进去找座位，要找领班或者侍者，带领着你到就餐的位置。如果有特殊的座位要求，可以提前和领班说，领班或者侍者会帮助你拉出椅子。如果没有这项服务，自己可以轻轻地拉出椅子，不要弄出太大声响。落座后上身应保持挺直，不倚靠椅背。目视前方，不垂头以逃避对方视线。手腕（非手肘）自然置于餐桌边缘，椅子与桌子距离适中。整个过程要尽量不引起他人注意，之后正常用餐即可。用餐时，上臂和背部要靠到椅背，腹部和桌子保持约一个拳头的距离，不要采用两脚交叉的坐姿。

西餐菜序，流畅如曲

西餐习惯的点餐顺序是头盘、汤、热菜，然后是甜品或水果。头盘也称为开胃品，即用来为进餐者开胃的菜肴。有时它并不列入正式的菜序，而仅仅用来充当“前奏曲”。头盘要求十分精致，一般有新鲜时蔬和沙拉等。主要用生菜、番茄、黄瓜、芦笋等制作而成，起到开胃的作用。量不必太大，以免一开始吃多了，后面的主菜吃不下。然后是汤。汤的口感芬芳浓郁，具有极好的开胃作用。依据传统的讲法，汤才是西餐之中的“开路先锋”。只有开始喝汤，才算是正式开始吃西餐。汤大致可分为清汤、奶油汤、蔬菜汤、海鲜汤等。下面是主菜。主

菜通常有冷有热，但大都应当以热菜作为主角。一般是一份冷盘和两份热菜。在两份热菜中，往往一份是鱼菜，另一份是肉菜，有时其中一份会是海味菜。甜品是主菜后食用的，包括蛋糕、冰激凌、奶酪、水果等，起到一种补充的作用。

吃沙拉的礼仪和技巧

很多人在吃沙拉时，因不熟悉西餐的礼仪规则和技巧，经常状况百出。吃沙拉要注意哪些礼仪和技巧呢？

盛沙拉一般会用沙拉盘，一般讲究的餐厅，还会摆上刀和叉吃沙拉时，要先将大片的生菜叶用叉子切成小块，如果不好切可以刀叉同时用。一次只切一块，不要一下子将整碗整盘的沙拉都切成小块。

如果沙拉是一大盘端上来，则使用沙拉叉。如果和主菜放在一起则要使用主菜叉来吃。

如果沙拉是主菜和甜品之间的单独一道菜，通常要和奶酪和炸玉米片等一起食用。先取一两片面包放在你的沙拉盘上，再取两三片玉米片。奶酪和沙拉要用叉子食用而玉米片则用手拿着吃。

如果主菜沙拉配有沙拉酱，很难将整碗的沙拉都拌上沙拉酱，先将沙拉酱浇在一部分沙拉上，吃完这部分后再加酱。直到加到碗底的生菜叶部分，这样浇汁就容易多了。

餐具语言，无声胜有声

吃西餐时，掌握餐具的使用方法是必需的礼仪。使用餐具不要弄得叮当作响，应做到有礼有节，进餐无声胜有声。

正确使用餐刀的方法是右手持刀，拇指抵刀柄一侧，食指按于刀柄上，其余三指弯曲握住刀柄。不用餐刀时，应将其横放在盘子的右上方。

正确使用餐叉的方法是，餐叉不与餐刀并用时右手持叉取食，叉齿向上。当刀叉并用时，右手持刀，左手持叉，叉齿向下叉住肉；肉被割下后，先把刀放下，叉换右手，用叉子叉上肉送到嘴里。

餐匙又叫作调羹，主要有两种。一种是汤匙，其形状较大，通常被放在就餐者右侧餐刀的外端，与餐刀并列摆放；另一种是甜品匙，在一般情况下，它被放在吃甜品使用的刀叉的正上方，并且与之并列。正确使用汤匙的方法是用右手拇指与食指持汤匙柄，手持汤匙，使其侧起，不要使汤滴在汤盘外面。甜品匙是用来调饮料的，无论喝什么饮料，用毕应将其从杯中取出，放入托盘。

礼待美食，优雅自成

当您走进西餐厅时服务员首先送上来的就是菜单。菜单被视为餐馆的门面，老板会用极好的面料做菜单的封面。看菜单点菜是礼待美食的必不可少的程序。高级的西餐厅会有乐队演奏一些柔和的乐曲，一般的小西餐厅也会播放一些美妙的乐曲。音乐是优雅的就餐环境中重要的组成部分。

西餐讲究环境雅致，气氛和谐，除了音乐，还有鲜花摆放。如遇晚餐，桌上要有红色蜡烛，营造一种浪漫、迷人的气氛。一起吃西餐的人，一定是亲朋好友或者趣味相投的人。吃西餐主要为联络感情，通常人们很少在西餐桌上争论问题。进餐时，吃相要好看，吃态要高雅。此外要注意，西餐是以营养为核心，匆匆忙忙地吞咽饭菜是不利于营养的吸收的。

穿着要得体，慎穿休闲服

吃西餐时穿着不能过于随意。如果赴宴前收到了邀请函，一定要仔细阅读邀请函上的着装要求。按照传统西餐礼仪，男士要穿黑色或午夜蓝色燕尾服、与燕尾服面料相同的长裤、纯白色硬胸棉质衬衫、白色可拆卸硬翼领、白色领结、白色低领口马甲、黑色丝质短袜或长袜、黑色宫廷鞋；女士要穿着下摆及地的长裙（例如舞会裙），裙子通常是白色。需要注意的是，再昂贵的休闲服，也尽量不要随意穿着上西餐厅，这是违背礼仪的。

说话时不挥舞刀叉

餐刀和餐叉是人们常用的西餐餐具。吃西餐一般是左手拿叉，右手拿刀。就餐时的一大失礼行为是一边说话一边挥舞着刀叉。有的人在吃中餐时习惯一边拿着筷子夹取食物，一边和身边的人交谈，这种习惯在吃西餐时是非常错误的。如果你在吃西餐时需要说话，正确的做法应该是轻轻把刀叉放下，不要让刀叉撞击发出声音，也不要在把刀叉放到盘碗中时弄出很大的声响。吃西餐不是参加辩论比赛，不需要舞动着刀叉表达自己的意见。挥舞刀叉的行为不仅很不礼貌，还可能威胁其他宾客的人身安全。

掌握餐巾使用方法

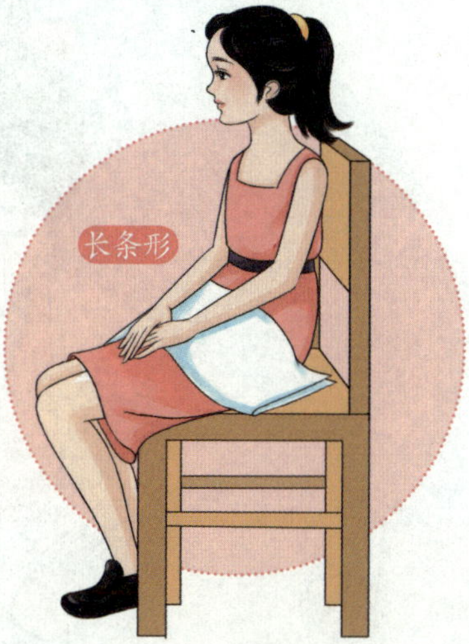

西餐的餐巾是很讲究的。如果参加的是正式宴请，一定要牢记：女主人把餐巾铺在腿上之后，才是宴会开始的标志；如果就餐过程中女主人把餐巾放在桌子上，这是宴会结束的标志。一般而言，就餐时，餐巾要铺在腿上，并且叠成长条形或者三角形，为着装保持整洁是餐巾的重要作用。如果你中途要离开一下，回来还接着吃，餐巾就要放在你座椅的椅面上。把餐巾直接放在桌上，等于告诉别人自己不吃了。此外，餐巾还可以用来擦嘴，但是不能用来擦刀叉和汗。

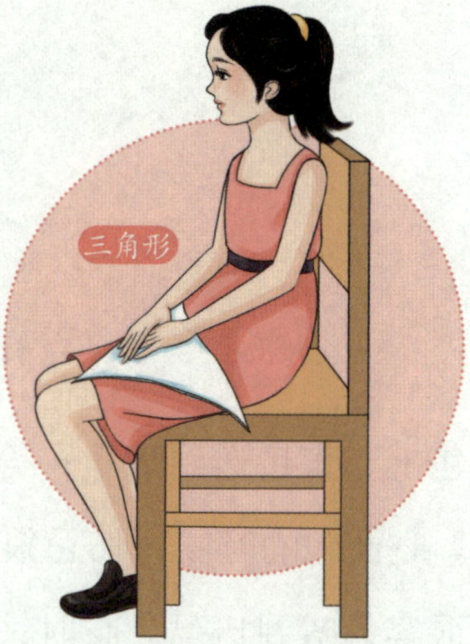

吃面包要有“吃相”

一般而言，西餐主菜之前会有面包可以品尝。“吃相”要得体大方。正确的吃法是：用手把面包撕开；每次撕下大概一口能吃掉的分量，然后蘸点橄榄油吃；或者用面包刀把黄油涂到

面包上，直接送到嘴里；等到嘴里的面包吃完，再继续撕第二口。吃面包的时候，切忌狼吞虎咽，这样的“吃相”很不雅观，也很容易噎到自己。吃时一定要细嚼慢咽，动作有条不紊。西餐开始时一定不要吃过多的面包，以免浪费了正餐上提供的美食。吃面包的时候，最好不要夹杂着其他食物一起吃；更不要一手拿面包，一手拿酒杯或水杯，这样的行为是违背礼仪的。如果单独提供给你的黄油是用锡纸包着的，需将锡纸移除，并将其折叠好放在面包盘的旁边。

知识链接

遵循饮酒礼仪

无论是否饮酒，都要了解西餐中的饮酒礼仪。

西餐中饮酒有具体的礼仪规定。一般而言，不同的酒要用不同的酒杯来盛。一般餐桌上都会有四个酒杯：大杯是用来盛水的，中杯用于盛红酒，小杯是来放白葡萄酒的，至于细长的杯子则是盛香槟用的。

不同的酒杯有不同的拿法：高脚杯需要用拇指、食指捏住酒杯，其余手指呈现撑住状态；而低脚杯则需要用手托住酒杯。斟酒的时候不要将杯子拿起来，而是把杯子放在桌上等侍者来倒酒。斟酒不宜斟满，一般是斟到酒杯的三分之二处。

配酒时间分为餐前、餐中和餐后。一般选择鸡尾酒、威士忌、伏特加酒等作为餐前开胃酒。就餐时的用酒则是固定搭配，红酒去油腻，适合配肉类；白葡萄酒去腥味适合配海鲜、鱼类等；香槟则配甜点。餐后通常选择白兰地、雪莉等浓烈的酒帮助消化。

喝酒的时候是啜饮，即一小口一小口地喝。同时喝的时候轻晃杯子，让酒和空气充分接触，这样能使酒味更加浓郁。而且不能全部喝光，杯中一定要留一些酒。同时要避免边吃东西边喝酒；不要透过酒杯去看人。女士不能将口红印在酒杯上。

喝汤时姿势优雅

吃西餐时，喝汤的姿势要优雅，否则会被人笑话。喝汤时，右手拿汤匙，左手按住盘缘，汤匙要横拿，略略倾斜使汤匙前端靠近嘴边，然后把汤倒入嘴里，这样就不会发出异响。通常是由内往外舀，不过，汤的分量尚多时，不需要由里侧舀向外侧。舀起后，汤匙底部先在盘缘轻擦一下，再送至嘴里。否则，汤汁极易滴落在桌面上或下巴上。第一匙汤不可太满，因为这一匙汤可以确认汤的热度。汤舀得太多不易凉，分两口吃又违反礼节。假如一口吞下因汤太烫而吐出，可就当众出丑了。即使汤的温度适中，舀的时候也以不超过汤匙八分满为原则，不然汤会很容易滴落到桌面上。要记住，用嘴把汤吹凉是极其失礼的行为，要绝对禁止。如果汤的热度太高，可用汤匙舀起一些汤，待稍凉时再喝。汤喝得剩下不多时，可以左手拿住盘子往外倾斜，再以汤匙舀起来喝。不过，不能全部喝完。因为如果喝完，一定会发出汤匙摩擦盘子的声音。当然，把整个盘子拿起来，将汤倒入嘴里的做法更是要不得。

自助餐礼

快乐自助
有礼有序

餐饮时讲礼仪，是中华民族世代相传的美德。随着时代的发展和社会的进步，自助餐已经成为很多人乐于采用的餐饮形式。自助餐礼不仅成为一个国家、一个民族文明程度的重要标志，也是普通民众素质高低的具体表现。自助餐气氛轻松，人们去吃自助餐时，没必要像赴西餐晚宴那样穿晚礼服或穿西服套装，只要形象自然就行。但其中也有一些礼仪细节需要注意，否则这些有失礼举动的人在众目睽睽之下成为大家侧目的焦点。对许多人来说，了解一些自助餐礼都是很有必要的。

自觉排队选取食物

在享用自助餐时，就餐者需要自己照顾自己。由于用餐者往往成群结队而来，大家都必须自觉地维护公共秩序，讲究先来后到，排队选用食物。不要乱挤、乱抢、乱插队，更不要推搡别人。在取菜之前，先要准备好一个食盘。轮到自己取菜时，应以公用的餐具将食物装入自己的食盘之内，然后应该迅速离去。不要在众多的食物面前犹豫再三，让身后之人久等。更不应该在取菜时挑挑拣拣，甚至直接下手或用自己的餐具取菜。

取菜应有顺序

吃自助餐，如果想要吃饱吃好，那么在具体取用菜肴时，就一定要首先了解合理的取菜顺序，然后循序渐进。在取菜时，最好先在全场转上一圈，了解一下情况，然后再去取菜。按照常识，取菜时的标准的先后顺序，依次应当是：冷菜、汤、热菜、点心、甜品和水果。如果不了解这一顺序，在取菜时完全各行其是，乱装乱吃一通，难免会使本末倒置，咸甜相克，令自己吃得既不畅快又不健康。举例而言，甜品、水果本应作为“压轴戏”，最后才吃。如果为了新鲜，刚进餐厅就先来大吃一通甜品、水果，那么立即就会饱了。等到后来才见到自己想吃的美味佳肴，很可能就会心有余而力不足，只好“望菜兴叹”了。

不浪费，取菜量力而行

去自助餐厅吃饭时，遇上了自己喜欢吃的食物，只要不会撑坏自己，完全可以放开肚量，尽管去吃。不限数量，保证供应，其实这正是自助餐大受欢迎的地方。因此，吃自助餐时，大可不必担心别人笑话自己，爱吃什么，只管去吃就是了。不过，应当注意的是，在根据本人的口味选取食物时，必须要量力而行。不要为了吃得过瘾而将食物狂取一通，结果是自己“眼大肚小”，力不从心，从而导致食物的浪费。严格地说，在享用自助餐时，多吃是允许的，而浪费食物则绝对不允许。应当践行“光盘行动”，坚决不浪费食物，取菜时量力而行，吃多少拿多少。

食物不打包，用餐完毕送回餐具

很多自助餐厅其实有一条不成文的规定，即只允许就餐者在餐厅享用食物，而绝对不许可就餐者在用餐完毕之后，把食物打包携带回家。我们在用餐时，一定要牢牢记住这一点：在用餐时不论吃多少食物都不碍事，但是千万不要用饭盒、皮包、塑料袋等把自己喜欢的饭菜装起来带出餐厅；更不能要求侍者替自己把食物打包。自助餐不是亲人欢聚的家庭宴会，食物打包的行为必定会使自己见笑于人。万一有少许食物剩了下来，不要私下里乱丢、乱倒、乱藏，而应将其放在餐厅指定的位置。

自助餐强调自助，不但要求就餐者取用菜肴时以自助为主，而且还要求其善始善终。在一般情况下，餐厅大都规定就餐者在用餐完毕之后、离开用餐座位之前，自行将餐具整理到一起，然后一并将其送回指定的位置。在庭院、花园里享用自助餐时，尤其应当这么做。不要将餐具随手乱丢，甚至任意毁损餐具。在餐厅里就座用餐，有时可以在离去时将餐具留在餐桌之上，而由侍者负责收拾。不过，在离去前对餐具稍加整理更符合礼仪。用餐时，不要弄得自己的餐桌上杯盘狼藉、不堪入目。

不为同伴代取食物

常吃自助餐的人都知道，老板会将热量高、饱腹感强的食物放到最醒目的地方，例如甜品、油炸食品、饺子、面条、面包等。有的人自认经验丰富，吃自助餐要“吃回本”，根据自己或网上“吃垮自助餐厅”的美食攻略，喜欢为同伴代取食物。从礼仪的角度看，和同伴一起享用自助餐时，如果对方不熟悉食物的营养搭配，自己可以简明扼要地予以介绍。在对方同意的前提下，自己还可以向其具体提出一些选取菜肴的建议。但是，千万不可以为对方直接代取食物。就餐者的口味和饮食习惯不可能完全相同，代取食物很可能好心办坏事，让对方很尴尬。此外，将自己不喜欢的食物或吃不了的食物“处理”给对方，这些行为都是很失礼的。

懂得照顾别人

吃自助餐时，除了自己的举止表现要符合礼仪，还应对他人多加照顾，例如在自己熟悉的餐厅可以为同伴介绍好吃又有营养的菜品。在用餐的过程中，男士不能吸烟，女士不能当众化妆、补妆。对于其他不相识的顾客，自己也应当以礼相待、加以谦让，不要表现得目中无人、蛮横无理。需要特别注意的是，参加单位组织的自助餐时，切勿只是埋头吃饭、不说话、不和他人交流，要懂得为周围的人创造亲密欢乐的氛围。一定要主动寻找机会，积极地和他人交际。当然，如果你感觉到别人不想与你说话，或者别人比较疲劳，你就要和对方保持适当的距离，不要硬凑上去。这也是在照顾别人的感受。

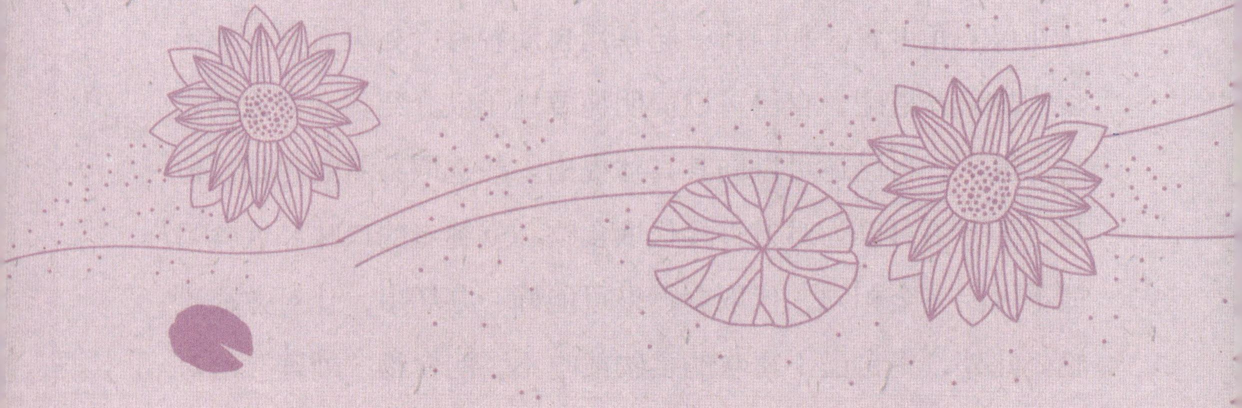

筷子礼

阴阳和合 用筷有方

社交礼仪

筷子在中国古代被称为『箸』，是我们再熟悉不过的餐具之一，既简单灵活，又方便实用，是各种餐饮场合的首选餐具。用筷子夹取菜肴，既省力又卫生。筷子不仅是一种餐具，还是一种文化，是东方文明的标志性代表。筷子成双成对，传递着友好、和美的情感价值。筷子上部呈方形，下部呈圆形，象征着天圆地方，蕴含着使用者对天地的感恩之心，更传达出天长地久的美好愿望。餐桌上筷子的使用及举止，高度体现一个人的修养。那么在饮食时，使用筷子有哪些礼仪呢？

正确摆放筷子

中国传统礼俗中，筷子的摆放极有讲究。例如筷子的摆放要两头齐，不能一长一短，否则就是对客人的不敬。不能将筷子一根是大头，另一根是小头摆放，这是阴阳颠倒。不能一横一竖交叉摆放在碗上，不能横放在碗或盘上，这样无法吃饭，是拒客的表现。不能在碗盘的两端各放一支筷子，这表示在吃散伙饭、分家饭、离婚饭。如果不小心把筷子碰掉地上，可以另外换一双。另外，放筷子要用筷子架或筷托，使用时拿取，不用时放在上面，既干净又文雅。不能把用过的筷子随便放在桌子或公盘上，这是对其他客人的不尊重，是违背礼仪的。

正确拿捏筷子

筷子的使用很讲究。正确的使用方法是：用右手执筷，拿捏筷子上端。拇指、食指在上，无名指、小指在下，中指在中。这就构成天、地、人三部分，也称三才之道。大拇指和食指捏住上筷，起固定作用；无名指、小指垫着下筷，起稳托作用；下筷不动，大拇指、食指和中指灵活运用上筷。上筷是天，是阳，是动的；下筷是地，是阴，是静的。而人要沟通阴阳、协调动静，使天地合一、阴阳合一、动静合一，以达到天、地、人三才和谐之美。筷子是直的、硬的，手指是弯曲的、柔软的，轻握筷子，灵活运用，既有阳刚之美，又有阴柔之德。筷子两端必须对齐，要齐齐美美。使用筷子时必须成双成对，要团团圆圆、和和睦睦。这就是中国人的处世智慧。

忌将筷子插入饭中

宴饮场合，我们有时会看到这样的情景：餐桌上两根筷子像两个士兵一样，被直直地插在饭碗里，这被人视为供筷。这种做法是不符合礼仪的。中国自古就有以食品祭祖的风俗。祭祖时，才将筷子竖插在祭品上，让亡灵有所依托，这是对先人的尊敬行为。但是，日常生活中，特别是待客，如果将筷子竖插在碗中或食品上，这就犯了严重的忌讳，也是对客人的极度不敬。正确的做法是，如果暂时不用筷子，要把筷子轻轻地放在筷托上或餐碟上。

知识链接

咏竹箸

明·程良规

殷勤问竹箸，
甘苦乐先尝。
滋味他人好，
尔空来去忙。

忌用筷子指人

在宴请活动中，有的人一边吃饭，一边将筷子来回舞动着与人交谈，尤其是说到激动处，更是拿着筷子在空中来回比划。这种行为是对在座者的不敬，尤其是用筷子指人，是严重违背礼仪的。正确的做法应当是交谈时要停止吃东西，而且要将筷子放下。此外，有人拿捏筷子时，有食指指人的习惯。这种拿捏法既不雅观，也有对人不敬的含义，应该尽量避免。

忌吸食筷子

亲爱的朋友，你在就餐时是否有过吸食筷子的行为呢？这是违背礼仪的。特别是在宴席活动上，把筷子一端含在嘴里，对着大家来回吸咬，这是非常不文雅的举动。如果再配上吸吮时发出的嗞嗞声响，更是令人生厌，这是对别人的严重不敬，也是缺少家教的行为。

忌举筷不定

举筷不定，又称“游筷”，就是看着满桌的美味佳肴，举着筷子在餐桌菜肴上四处游移，却不知道夹哪道菜好。这种做法是一种失礼行为。应该决定选好吃哪道菜后，再举筷子夹取，或者餐桌转盘转动停止时，哪道菜在自己面前，就夹取哪道菜。举筷不定的人，不仅违背礼仪，也显示做事犹豫不决、不果断利落，应该加以注意。此外，别人正在夹菜时，别转动餐桌转盘。为别人夹菜用公筷也是一种餐桌礼仪文明。无论外出聚餐，还是在家用餐，都应该用公筷夹菜，否则会让别人感到尴尬。

忌抛送筷子

在参加宴会时，我们经常看到这样的情景：有人在给客人发放筷子时，由于双方相距较远，为了省事，就随手将筷子抛过去。这样做符合礼仪吗？这是违背礼仪的。正确的做法是把筷子一双双理顺，然后轻轻地放在每个人面前；相距较远时，要走过去敬送或请人代为传递，切不可随手抛掷给别人，这是对人的不敬。

知识链接

『筷』字的由来

古人称筷子为『箸』。从明代开始，『箸』被改称为筷子。更改名称的原因可能和江南水乡的渔民、船工有关。他们忌讳说『住』。船『住』了，就是一天到晚停航，没生意。因为『箸』与『住』谐音，就犯了他们的忌讳，于是他们将『箸』改名为『快』，寓意着航行快速、生意兴隆。这场改名运动，从江南水乡慢慢扩展至全国。文人们依据筷子的材料主要是竹木，给『快』加了竹字头，就成了『筷』。

虽然在日常的称呼中已经用『筷』，但或许是因为这个名字有些俗气，难登大雅之堂，在书面文字中，很多人还是习惯用『箸』。例如清朝出版的《康熙字典》在收录餐具名称时，还是收录『箸』而不是『筷』。不过，随着时代的发展，今天的人们在写作和生活中已经基本用『筷』而很少用『箸』了。

敬茶礼

清洁恭敬

社交礼仪

中国茶文化博大精深，源远流长，早在三千多年前的周朝，茶已被奉为礼品与贡品。到了两晋南北朝时，客来敬茶已经成为人际交往的礼俗。因此，人们对茶无不体现敬重之意，而日常社交和生活中的相关敬茶礼仪，也反映了一个人的基本素质与修养。

环境要幽静

“竹下忘言对紫茶，全胜羽客醉流霞。尘心洗尽兴难尽，一树蝉声片影斜。”茶道是文化，是高雅之事。所以，在选择饮茶环境时，一定要幽静、整洁、优雅、舒服。切忌环境嘈杂脏乱，这是违背礼仪的。而饮茶之人，着装也应素雅舒适、大方得体：不要袒胸露背，不要奇装异服，不要浓妆艳抹，不要高声喧哗，不要抽烟；仪容要整洁，手要洁净，言行要文雅，要符合礼仪。这样才与整体环境相符，才能让自己的心静下来，才能体会饮茶及茶文化的妙趣。

茶满欺客

民间礼俗有“酒满敬人，茶满欺人”的说法，意思是说酒斟十分满是敬人；茶要斟七分满，斟十分满是欺负人。这是为什么呢？因为茶是淡雅婉约的，要留得三分人情在；酒是热情张扬的，要有满腔热血的沸腾。并且，这种“七分满”的浅茶，也是为了尊敬客人。因为茶是热的、烫的，如果满杯热茶，敬茶端茶时，茶水容易洒到身上，甚至烫着客人。有时人还会因被烫而导致茶杯落地打碎，破坏了优雅清静的环境。

忌用手取茶叶

茶道讲究的是清洁、恭敬、优雅。在为客人泡茶时，如果用手直接抓取茶叶是违背传统礼仪的。从卫生角度来讲，虽然茶叶经过开水浸泡，但是同样会影响客人的心情；从待客角度来讲，这样做太随意了，是不恭敬的行为。并且，饮茶也是一种文化，是一件很精致优雅的事情，这样做会让饮茶失去文化韵味，失去品茗的优美意境。因此，为客人沏茶时，应使用专门的茶夹或竹木勺，轻轻取茶，慢慢地放入茶器浸泡。忌用手直接抓取茶叶。而掉落的茶叶，也不能再放进茶壶或茶杯中。此外，茶具一定要完整洁净，这是基本的礼仪。

知识链接

尝茶

唐·刘禹锡

生怕芳丛鹰嘴芽，
老郎封寄谪仙家。
今宵更有湘江月，
照出霏霏满碗花。

奉茶要恭敬

给客人敬茶，特别是给尊长敬茶时，要双手奉上。奉上茶后要说“请用茶”，并将茶杯放置到客人的右手处，将茶杯的把手转向客人。不要用单手递茶杯，这是不恭敬的行为。如果客人按座位次序入座，就按入座顺序敬茶，先敬宾客，后敬家人，再给自己斟茶。如果客人入座时没有按次序，就先敬尊长或主宾，再敬其他宾客及家人。无论何种顺序，都是最后给自己斟茶。这是谦让的表现，也是敬茶的基本礼仪。同时，主人敬茶时，客人要微微欠身，双手接过茶托，并对主人或敬茶者说“谢谢”，不可安如泰山般受之无愧。如果是长者敬茶，客人还要恭敬地站起来接受并还礼致谢。

新茶待新客

当我们与客人一边聊天一边喝茶时，忽有新客来访。这时，我们不仅要立即起身表示欢迎，还要立即给客人沏新茶。否则就会有怠慢新客之嫌。新茶泡好后，要先给新客敬茶。此外，当茶叶反复浸泡几次，茶水由浓郁变得无色无味时，即“无茶色”时，要及时更换茶叶，重新沏茶敬茶。用“无茶色”的茶水招待客人，或客人空杯而主人不续茶，会让客人觉得主人态度冷淡，有逐客之嫌。这些行为都是违背礼仪的。

茶座有次序

中国是礼仪之邦，衣食住行都是很有讲究的。“坐，请坐，请上坐。茶，敬茶，敬香茶。”这是郑板桥有名的茶诗，深刻地反映了茶礼仪的美妙，包括入座的次序差别。饮茶与就餐环境虽然不同，但座次礼仪是基本相同的。入座时，请尊长坐上座，年幼者次之，主人坐下座。待宾时，主宾坐上座，副宾次之，主人再次之。饮茶时，由于客人要面对主人或泡茶者围桌而坐，且茶桌形状不一，所以入座时可能不像餐桌座次主次分明。此时，主人可以先敬宾客或尊长，然后顺时针旋转敬茶。无论茶桌什么形状，都应遵循先宾后主、先尊后幼的礼仪原则。

泡茶有讲究

泡茶所用的水必须烧开，这样既干净卫生，又能让茶味更加醇厚香甜。用不开的水给客人泡茶，是有失礼仪的。用水杯泡茶时，要轻拿茶杯柄。没有柄的茶杯，手要轻握在水杯底部，不能把手指或手掌扣在杯口上，这是对客人不敬。茶壶和茶杯的盖子，要轻轻地向上摆放，不能直接扣在桌面上。用茶杯泡茶，可以分为两个步骤：首先将水冲到三分满，投入茶叶，待其舒展开后，再冲入七分满，慢慢浸泡。如果用公杯给客人分茶，要保持同一道茶或同质量的茶水，依次分给不同的客人，这是茶道的公平性。茶座虽有次序，但对每位客人的恭敬心是不分上下的，这是公杯的美妙之处。

要浅尝慢品

“半壁山房待明月，一盏清茗酬知音。”当好友嘉宾到来时，沏一壶好茶，慢慢品茗，或谈古论今，或怡心抒情，这是多么

快意的事情啊！所以，斟完茶，不论客人还是家人，大家边细聊边浅尝，要小口、慢品，悠悠茶香，浓浓情谊，回味无穷。切不可作“牛饮”或“一口闷”，这样既不文雅，也不符合礼仪。当客人杯中茶水将尽时，要及时地为其续茶，不可使客人空杯。如果有精致的小点心，可放在客人右上方，供其慢慢享用。看着晶莹的茶水，品着茶香，回味甘甜，心旷神怡，“从来佳茗似佳人”，真是妙不可言。

要及时告辞

在许多地方有“敬三道茶”的礼俗。第一道茶，客人略微品尝后即可放下。第二道茶，茶味充分散发，客人可以慢品细谈。等到主人为客人泡过第三道茶后，客人就应该起身告辞了。如果主人执意真诚地挽留，客人可以再继续坐下慢饮细品。否则，做客时间长会耽误主人的其他安排，是违背礼仪的。另外，古代还有“端茶送客”的规矩。客人起身告辞时，主人要端起自己的茶杯以示欢送。后来，有的主人感到客人无趣或特别厌烦，又不好明说，就频频举杯作为示意下逐客令，家人看到马上会喊一声“送客”，客人就该知趣地离开了。所以，当主人不停地举杯，或者用“无色茶”、空杯茶待客时，客人就要懂得及时告辞了。

知识链接

茶圣陆羽鉴水

唐代人陆羽是著名茶学家，被后人尊为『茶圣』。他写的《茶经》是世界上最早、最系统、最全面介绍茶的第一本专著，被誉为茶叶百科全书。

陆羽正在扬子江河畔考察，刺史李季卿碰巧遇见了他，就邀请他同船而行。李季卿声称，传说用扬子江中心的南零水泡茶非常好，就派遣了随身小吏驾船前往取水。小吏取水回来不小心将打满的江水洒了一半，为了掩人耳目，他舀了一些岸边的江水。他将水递给陆羽。陆羽尝了一口，连连摇头，称这水不是扬子江中心的南零水。李季卿再一次派遣小吏前往扬子江中心取水。回来后，陆羽尝了一口，认为第二次取的水才是扬子江中心的南零水。取水小吏十分佩服陆羽，告诉了陆羽为何两次取水的味道不同。没多久，陆羽鉴水的高超技艺就传开了。

电话礼

互敬互通

社交礼仪

在人际交往中，电话已经成为人们情感和信息沟通的桥梁之一，例如交友、聊天等。电话在给人们带来便捷的同时，也带来不少烦恼。你是否遇到过这样的情况：当你深夜正沉浸在甜美的睡梦中时，突然电话铃响了；当你正忙得不可开交时，总有电话来打扰，让你不胜其烦。其实，打电话大有讲究。运用得体，它会使沟通顺利，有助于促进学习；运用不得体，它又会成为人们交往中的绊脚石。那么，打电话都有哪些值得我们学习的礼仪呢？

打电话先问好

日常见到尊长好友时要问好，打电话时，也同样要用礼貌用语。例如电话接通后，首先要说问候语“您好”，然后报清自己的姓名。很多人打电话时，认为彼此是熟人，既不问好，也不自报姓名，还让对方“猜猜看”，甚至说：“我啊！你怎么连我的声音都听不出来啊？”《弟子规》上说：“人问谁，对以名；吾与我，不分明。”何况，电话里的声音和平日不同，如果不经常电话沟通，对方真的不知道是谁，会感觉莫名其妙。这种行为既是对别人的不尊敬，也是违背礼仪的。如果对方是尊长，还要采用合适的称呼敬称对方，并说“打扰您了”等礼貌用语。然后再简洁明了地说清目的和要求，避免东拉西扯，没有一句正题或正事。

选择合适时间

给人打电话时，特别是与尊长或贵宾通电话时，除了礼貌用语，还要把握合适的时间。早上 8 点前不打电话，下午 6 点后不打电话；如果与对方不是特别熟悉或自己有急事，除工作时间外尽量不打电话，午休时不打电话，就餐时不打电话。如果对方是在职人员，自己的话题是私事，工作时间尽量不打电话，商务宴请时不打电话。此外，私人电话最好在家里打，中午休息时打，工作电话在单位打，私人电话不在单位打，这些都是基本的电话礼仪常识。

对方是否方便

给别人打通电话后，一定要问对方是否方便，当对方正在开会、上课或接待重要客人等不方便时，要表示理解，应另约时间再通话，及时向对方说“再见”。否则，你不问对方是否方便接电话，就自顾自地讲话，会给对方带来麻烦，这是对对方的不尊重。试想，如果对方正在办重要的事情，人家如何认真恭敬地对待你呢？这样于人于己都不方便。

保持良好心情

好心情会使声音悦耳，好声音会让人精神愉悦。所以，打电话时我们要保持良好的心情，这样即使对方看不见你，但是也会被你欢快的语调感染，这会给对方留下极佳的印象。由于面部表情会影响声音的变化，所以即使在电话中，我们也要抱着“对方看着我”的心态去应对。

姿势要恭敬

打电话过程中要怀有一颗恭敬心，不宜同时做其他事情，如吃零食、吸烟、喝酒、饮茶等。打电话时，你的精神状态，对方是能够感觉出来的。如果坐姿或站姿端正，发出的声音也会亲切悦耳，充满活力；如果姿势懒散，如趴在桌子上打电话等，对方明白你的声音就是懒散的、无精打采的。因此打电话时，即使对方看不见你，也要视对方就在眼前，要注意自己的姿势，这是自己内心是否真诚、是否恭敬的表现。

电话要及时接听

按照中国传统礼仪，不管在家中还是在办公室，如果有电话打过来，都要及时接听。这是对别人的重视，也会给对方留下好印象，否则就会有失礼仪。一般来说，电话铃响不宜超过3声，6声后就应道歉："对不起，让您久等了。"如果受话人不方便接听，代接人应妥为解释。如果不及时接电话，又不道歉，甚至有极不耐烦的语气，这些都是对人的怠慢行为。

打电话语气要谦和

与人交往时要温文尔雅，说话谦和，打电话也是如此。电话是非常直观的一种沟通方式，也是一种非常便捷的沟通方式，所以打电话时，一定要注意语气是否温和谦虚。不要盛气凌人，不要大声呼喊，这是对对方的尊重，否则也会打扰周围的人。因为对方不仅能听到你谈话的内容，也能感受到你的语速和语气，能觉察你的修养。谁喜欢被人粗暴对待呢？所以，打电话时语气要谦和、恭敬、有礼貌，让对方产生想与你沟通的愿望。

代接电话要转告

代接电话时，要使用敬称，这是对来电者及受话者的尊重。如果被找的人就在身旁，应告诉来电者“请稍候”，然后立即转交电话；倘若被找的人不在，应在接电话之初就直言相告，再表示自己可以“代为转告”。即使好意代为转告，也要注意方式，要征求来电者的意愿，看人家愿意不愿意让你代为转告，毕竟你不是当事人。而且，代接电话时无论事大事小，最好做个记录，并及时转告，这是起码的礼仪。

会客时不要打电话

家中有客人时你不停地接打电话，这是十分不礼貌的。客人就会有被冷落的感觉。这样做一方面会让对方认为你故作姿态，显示自己交际范围广、受人欢迎、事务繁忙，另一方面会让对方认为你不是真心相待，有被轻视的感觉，会让对方认为你用这种方式暗示“电话那头的人比客人重要”。因此，会客时如果有重要的电话需要接打，应该礼貌地向客人说明。接打电话时，应简短扼要，而且应该请客人稍候并避开客人。

漏接电话及时回拨

漏接亲人、朋友、领导、同事等的电话后要及时回拨，这是基本礼仪。很多人说，对方只要有急事，会再打过来的，这种态度是不对的。漏接电话而不及时回拨，说明自己对对方不上心，对来电者缺乏热情和敬重。当然，现代社会有很多陌生的骚扰电话、推销电话，应区别对待。同时，别人打电话没有找到自己，自己在得知消息后一定要及时回拨给对方，郑重道歉并询问对方有什么事情，是否还需要帮助，这是对人对事的恭敬之心。如果没有恭敬之心，怎么能称得上知礼呢？

打错电话要道歉

亲爱的朋友，你是否经历过这样的事情：自己拨通电话后，话筒里却传来陌生人的声音，经过再三询问后才发现自己拨错了电话。可是自己却没有向对方说任何道歉的话，就急匆匆地挂掉电话。这样符合礼仪吗？回答当然是：不符合。正确的做法应该是真诚地向对方表示歉意，因为自己的疏忽打扰别人了，要请别人谅解并让对方先挂电话。同时，如果别人不小心拨错你的电话，要态度温和地对待对方，切不可抱怨、责怪对方。

挂电话有讲究

你和别人打电话结束时，知道应该谁先挂电话吗？按照礼仪，电话交谈结束时，应等尊长先挂电话后自己再挂，这是对尊长的敬重。或打电话的一方提出，请尊长先挂电话，然后彼此客气地道别，说一声“再见”，等对方先挂后自己再轻轻挂断。如果对方也在等你挂电话，不妨停留片刻之后再挂电话。千万不要自己说完话就挂电话，这是违背礼仪的。

馈赠礼

礼轻义重

社交礼仪

礼，崇尚往来。我有礼往，你有礼来，彼此于是来往，互不求回报，情谊才会逐渐深厚。并且，人们在交往中还要经常互赠礼物，以此来表达自己对对方的尊重、感谢之情。馈赠礼物并不是仅仅把礼物送出去就可以了，什么时候送？送什么？怎么送？这些都需要遵循一定的礼仪。否则，对方可能拒收，而一番好意因馈赠的方法不对，反而变成坏事。

送礼要谦虚恭敬

无论我们赠送给别人什么礼物，我们的态度都要谦虚恭敬，要面带笑容，目视对方，切不可有傲慢之态，甚至有救济施舍之心，这是严重违背礼仪的。尤其是读书人，很多骨子里是清正高洁的，如果不是正当理由或合适的关系，是不会随便接受别人赠礼的，更何况是无礼的行为呢？所以，赠送礼物时一定要诚心诚意，千万不能有傲慢、施舍之态，也不要说“这是临时为您买的”“这是我家里用不完剩下的”等类似的话语，这样会让对方产生不被重视，甚至不被尊重的感觉，对方有可能拒绝你的好意。同时，赠送别人的礼物再好、再精心准备，也要谦称“礼物微薄，不成敬意”或“区区薄礼，万望笑纳”。

知识链接

诗经·木瓜

投我以木瓜，报之以琼琚。
匪报也，永以为好也！
投我以木桃，报之以琼瑶。
匪报也，永以为好也！
投我以木李，报之以琼玖。
匪报也，永以为好也！

赠礼须避开他人

平时你向别人赠送礼物时，如果对方家里正好有其他客人在，就要避开他人，请主人到别的房间说明赠送的意思，或者改日再来赠送。否则，会给受礼人爱人财物之嫌或造成其他影响。而且先来的客人如果空手而来，也会让人家觉得很尴尬。如果是初次见面，又携带薄礼，就不用避开先来的客人，说明送礼的正当理由，并将薄礼恭敬地送上即可。

受赠者要谦让

通常情况下，亲朋故旧诚心诚意赠送的礼品，只要合情合理且不是违法、违规的行为，是应该恭敬接受的。当然，在接受前应适当地推辞一下，这是中国人的谦让之道。同时，也能看到对方是否真心，如果对方不是诚心赠送，贸然接受岂不是很尴尬？别人送礼时，如果你正在做事，应立即中止，并起身站立，双手接受礼品，并向对方表示感谢。切不可欣然接受又毫无谢意，这是一种傲慢；或者对礼品说三道四、吹毛求疵，这是对送礼者的不敬。对方所赠的礼物，无论自己是否喜欢或价值高低，都要真诚感谢，因为情义是无价的。如果礼物是对方精心准备的，我们还要报以“受之有愧，不敢承受”，以表达自己的心意。另外，在合适的时间，我们还应该安排回拜并赠送对方礼品，这就是所谓的“礼尚往来”。当然，如果交情很深，辈分、年龄差别很大，也可以不回拜，这个根据双方情况而定。

赠礼要包裹起来

按照中国传统礼仪，赠送给别人的礼物通常要包裹起来，这里的包裹并不是指礼物原有的外包装，而是另外再加一层包

装。《仪礼·士相见礼》中说到，如果见面以雉或鹅为礼物时，在赠送前，要用绳将雉或鹅的双足系上，然后用绘有纹饰的布包裹起来。这样既美观，又含蓄文雅，还显得郑重。如果对方是公务人员，除了注意包裹，还要注意场合，否则有公开送礼、公开受礼之嫌。如果不包装就送人，会令对方产生被轻视之感，特别是送给国际友人的礼品，尤其要注意这个问题。

赠礼不让对方来取

《礼记·曲礼上》中说："赐人者不曰来取。"意思是说，赠予别人物品时，不可叫对方亲自来取。这是一种傲慢的行为，是对对方的不尊重。正确的做法是，你要亲自送去或请他人代送。否则就失礼了，让对方取礼物会让对方陷于尴尬的境地，不过来取会违背你的好意，如果来取，又感觉不合适，哪有亲自上门要礼物的道理呢？

赠礼宜知对方喜好

《礼记·曲礼上》中说："与人者不问其所欲。"意思是说送别人礼物时，不能明问对方喜欢什么样的礼物。中国人自古以来都以含蓄、谦让著称，别人送我们礼物时，我们一定要谦让、推辞，不能直接说自己喜欢什么，否则，就等于迫不及待地想要对方送自己礼物。赠送礼物时，我们需要细心观察对方喜好，或从旁人口中了解对方喜好，以避免禁忌，选择合适的礼物。当然，如果赠送的对象是西方人，是可以直接问的，只要真诚地问对方，对方一般会开心地告诉你，再按照他的喜好购买赠送即可。这就是东西方文化及礼仪的差别之处，但中国人在遵守自己礼仪的同时也应入乡随俗。

涉外礼

有礼有节
有情有度

社交礼仪

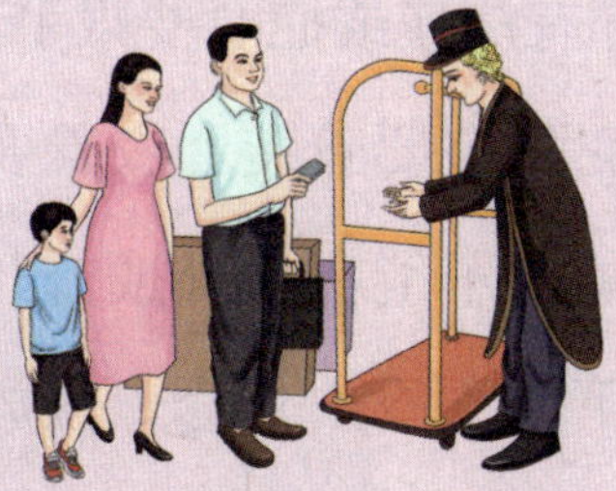

涉外礼，是涉外交际礼仪的简称，即中国人在对外交际中，用以维护自身形象、对国外交往对象表示尊敬与友好的约定俗成的习惯做法。由于受到政治制度、历史传统、风俗习惯、宗教信仰、时代潮流等因素的影响，涉外礼要求我们在参与国际交往时应当遵守一系列的惯例，强调交往中的规范性、对象性、技巧性。中国人在和外国的朋友交往时，既不能妄自尊大，也不能崇洋媚外。

面对外宾，要注重国家形象

与外国人交往，有时个人形象就意味着国家形象。因此，要讲究仪表整洁、衣装洁净。男生的头发、胡须不宜过长，应修剪整齐。指甲要经常修剪，一般与指尖等长，不留污垢，保持手部清洁，如果手部有疾症或疤痕要戴手套。

要按交际场所或交际需要着装。衣着要整洁笔挺，不能有褶皱，纽扣应整齐，裤扣不能在室外或公共场合整理。衬衣一般为白色硬领，袖与下摆不露出外套，应放入裤内。领带或领花应系好，佩戴端正，并准备洁净手绢与梳子。皮鞋应擦亮。不要在人前做剔牙、抠鼻、掏耳、搔痒、剪指甲等不雅的小动作，也不要在人前打哈欠、伸懒腰、擦鼻涕、不断咳嗽等。打喷嚏时，应用手帕或餐巾纸捂住口鼻，面向一旁，避免发出大声响。

面对外宾要恭敬有度

恭敬有度，是涉外礼的基本原则之一。它的含义是中国人在参与国际交往、同外国人打交道时，不仅待人要热情友好，更为重要的是，要把握好待人热情友好的具体分寸。否则就会事与愿违，过犹不及。如在与外国朋友交往中，有些中国人与朋友交往习惯“把好事做到底”，以为自己全心全意为对方做事会让双方关系更融洽。然而，事实上并非如此，因为人不能一

味地接受别人的付出，否则心里会感到不平衡。很多外国朋友注重人际交往的“度”，这种“度”有时指的就是个人自由。一旦对方热情的行为有碍其个人自由，那种行为即被视为“过度”之举。所以，尽管有的中国人满腔热情地为外国朋友提供各种帮助，但他们不仅不领情，反而流露出厌烦或不满的情绪。因此，面对外宾，自己的言行应当端庄得体，堂堂正正，做到举止大方，态度自然，精神饱满。说话时神情和蔼，面带微笑；站、坐、走都要符合常规。任何失礼或不合礼仪的言行都会被视为有失体面。

知识链接

不同外宾，不同礼仪

会见欧洲客人时，欧洲人喜欢拥抱的礼节，有时还伴以贴面和亲吻。但要注意，不可吻出声响。男士还有特别的脱帽礼和对女士的吻手礼。

会见东亚客人时，鞠躬是常见的传统礼节。对日本人、朝鲜人的鞠躬礼，每次必须同样还礼。见到的人的年纪越大、职位越高，鞠躬应该越深。

阿拉伯国家在社交场合中握手后又在双方脸颊上互吻，要同样回敬。

会见佛教国家的外宾时，要行双手合十礼。

与军人外宾见面，要等其行举手注目礼后，再行握手礼。

接待外宾时要平等对待

国际礼仪注重的是平等原则，所以交往双方，一定要保持人格平等。接待外宾时要想做到不卑不亢，就应把握以下几点：

第一，绝对不要有从对方身上得到金钱或其他物质利益的企图，自尊自重。

第二，应时刻意识到在外国人眼里，自己是国家、民族、单位组织的代表，要有为祖国和民族增光添彩的精神准备。

第三，坚持实事求是的态度，不说过头话。面对自己一时难以应付的情况时，尽量不要急于采取行动，应当积极向同事、领导或其他同胞求助。

与外宾交往要守约遵时

守约遵时，是国际交往中极为重要的礼节。参加各种活动，应按约定的时间到达。过早抵达，会使主人因准备未毕而难堪；迟迟不到，则让主人和其他客人等候过久。因故迟到，要向主人和其他客人表示歉意。万一因故不能应邀赴约，要有礼貌地尽早通知主人，并以适当方式表示歉意。与外国朋友会面不能失约，也不能超时。失约和超时是很不礼貌的行为，会打乱别人的工作和生活节奏，引起对方的不快。

不要随意拍照和录音

在涉外活动拍照时，不能触犯特定国家、地区、民族的禁忌。凡在边境口岸、机场、博物馆、住宅私室、新产品与新科技展览会、珍贵文物展览馆等处，严忌随意拍照。在被允许的情况下，对古画及其他古文物拍照时，严忌使用闪光灯。凡在有“禁止拍照”提示的地方，应自觉不要拍照。通常情况下，不要给不相识的人（特别是女子）拍照。没有经过别人的同意，不能使用手机等工具私自把双方的谈话录音。

知识链接

沟通距离不是越近越好

有一位心理学家做过这样一个实验。

在一个刚刚开门的大阅览室里，当里面只有一位读者时，心理学家就进去拿椅子坐在他（她）的旁边。实验一共做了八十次。结果证明，在只有两位读者的空旷的阅览室里，没有一个被试者能够忍受一个陌生人紧挨着自己坐下。

实验证明，人与人之间在沟通情境中，常因彼此间情感的亲疏不同，而不自觉地保持不同的距离。如果一方企图向对方接近，对方将自觉地后退。例如，有的人在朋友面前接电话时会下意识地背过身去，其实这个人说的每句话，朋友都能听见。这时，朋友就要考虑回避，否则他就是不受欢迎的人。显而易见，我们在人际交往中，尤其在与外国朋友交往中，要特别注意与他们保持适当的距离。

与外宾交谈不问年龄和收入

西方人很注意尊重别人的隐私，也很注意保护自己的隐私，所以与外国人交谈时不能按照中国人的习惯随便发问。在西方国家，特别是美国，人老了就意味着从社会竞争的舞台上退了下来，这对个人来说是既痛苦悲哀又无可奈何的事情。同时，因为西方国家的个人收入常常反映了一个人能力的强弱，是个人事业成败的标志，因此收入是一项很重要的个人隐私。我们在与外国朋友交往的时候，应当尊重人家的隐私，不要问人家的年龄、收入等情况。

文明乘坐外国航班

中国人在出境旅游时，常常会选择乘坐外国的航班。应做好下面这些事项。

第一，上下飞机时，要对空姐点头致意或者问好。

第二，上机后对号入座，不要抢座位。坐卧的姿势以不妨碍他人为好。如果感到闷热，可以打开座位上方的通风阀，也可以脱下外衣。切忌打赤膊，换衣服要去洗手间。

第三，在机上与人交谈时，要避开那些可能吓着别人的话题，例如劫机、空难等不幸事件。

第四，飞机上的物品不要随意取拿，设备也不要乱摸。如果有特别需要，就按座位旁边的按钮，去呼叫空姐，不要在机舱内大呼小叫。

第五，不要在飞机上吐痰、吸烟，更不要与人争吵、斗殴。享用免费食品时，要量力而行，不要浪费。

第六，遇到飞机误点或改降、迫降时不要紧张，更不能向空姐发火。

出境旅游宜知的礼仪

在国外旅游，我们每个中国公民都是中国与世界沟通的桥梁，是中国文明礼仪的展示者和传播者。我们要以文明言行约束自己，尊重当地自然景观、尊重当地传统文化、尊重当地风俗习惯。

走出国门，我们的形象就是中国形象，要自觉做到文明守礼，用自己的高素质表现为增进中外人民的了解和友谊添砖加瓦。要记得，“不拘小节”的行为可能不仅仅让自己遭人讪笑，更会令我们国家的形象受损。在旅途中，尊重当地法律法规和宗教礼仪，是出境游客的一门“必修课”。做个“守规矩”的中国游客，做到自我道德约束，既有助于养成包容的品格，也将赢得当地人民的好感。

写给孩子的
礼仪教养书

雷　子◎编著

4 公共礼仪

天津出版传媒集团
天津人民美術出版社

图书在版编目（CIP）数据

写给孩子的礼仪教养书. 4，公共礼仪 / 雷子编著
. -- 天津 : 天津人民美术出版社，2023.4
ISBN 978-7-5729-0998-6

Ⅰ. ①写… Ⅱ. ①雷… Ⅲ. ①礼仪—儿童读物 Ⅳ.
①K891.26-49

中国国家版本馆CIP数据核字(2023)第060448号

写给孩子的礼仪教养书（1–4）
XIEGEI HAIZI DE LIYI JIAOYANG SHU（1–4）

出 版 人：杨惠东
责任编辑：刁子勇
助理编辑：孙 悦
技术编辑：何国起 姚德旺
出版发行：天津人民美術出版社
社 址：天津市和平区马场道150号
邮 编：300050
电 话：(022) 58352900
网 址：http://www.tjrm.cn
经 销：全国新華書店
印 刷：大厂回族自治县德诚印务有限公司
开 本：710毫米×1000毫米 1/16
版 次：2023年4月第1版 第1次印刷
印 张：31
定 价：168.00元（全四册）

公共礼仪

第四册

前言

人们置身于公共场合时，所应遵守的礼仪规范就是公共礼仪。孩子在公共场所遵循礼仪不仅表现了教养，而且能够体现公德。正确的公共礼仪可以使孩子之间、孩子与成年人之间的交往更加和谐，使人们的生活环境更加美好。

公共礼仪通常以一种道德习俗的方式对全社会的每一个人发挥着维护社会正常秩序的教育作用。孩子通过对公共礼仪的学习和应用，可以建立和谐的人际关系，从而在交往中讲文明，懂礼貌，和睦相处，有助于形成良好的社会风尚。一个孩子能够在公共场合约束自己，保持良好的行为习惯，就不会做一些破坏公共秩序的事。此外，认真学习公共礼仪还会培养孩子的专注能力，从而提高他们的学习效率。

公共礼仪标志着一个人、一个国家的文明程度。公共礼仪教育对孩子来说是必不可少的。

专业研究人员发现，良好的公共礼仪教育可以促进孩子独立、提高自信心以及尊重他人。一个有教养的人在公共场合会受到欢迎，在为人处世方面也会表现得出色，并且得体的公共礼仪可以给他带来很多发展的机会。很多资料显示，那些懂得公共礼仪的孩子，不仅身心会更加健康，而且长大以后在事业上会更加成功。

让孩子从小养成在公共场合遵守礼仪的好习惯，对其未来的成长大有裨益。然而这种好习惯不可能一蹴而就，它在很多时候是通过父母的言传身教，对孩子不断熏陶、渗透、强化而得到的。父母是孩子的第一任老师，要以身作则，为孩子树立一个好榜样。因为青少年时期是孩子接受思想品德教育的启蒙时期，公共礼仪教育又是思想品德教育的重要部分。青少年的思想和行为可塑性大，容易养成各种习惯。如果父母注意从小教育孩子遵循公共礼仪，孩子将终身受益；如果父母忽视孩子在小时候的公共礼仪教育，孩子长大后很可能会成为一个不受欢迎的人。处于青春期的孩子自控能力较差，在公共场合与人相处时会容易发生冲突，甚至一些孩子还会采取极端行为。恪守公共礼仪有利于促使冲突各方保持冷静，缓解已经激化的矛盾，让社会在整体上减少不稳定因素。

本书讲述公共礼仪规范，通过展现公共场合常见的各个小场景，根据公共场合的特点，告诉孩子在不同的公共场合中应该如何遵守礼仪，做个有教养的好孩子。内容涉及行路礼、公共交通礼、游览礼、网购礼和实体店购物礼等，让孩子全面、有效地接受公共礼仪教育。本书贴近生活实际，针对性强，是孩子学习公共礼仪的规范，也是现代公共礼仪教育的指南。

编者

目录

出行礼

行路不难，举步有礼

公共交通礼

崇德尚礼，文明出行

游览礼

举止文明皆风景

目录

网购礼
小细节，大文明

实体店购物礼
做有礼貌的『上帝』

生活垃圾处理礼

礼仪重在细节

入住酒店礼

提前预订，注意细节

如厕礼

文明如厕，礼让为先

目录

养宠物礼

文明养宠，共建美好家园

观影礼

文明观看，从小事做起

观看演出礼

细节体现修养

演讲礼

一举一动皆可成『礼』

目录

图书馆礼

小细节，大文明

撑伞礼

雨伞、阳伞都有学问

公共礼仪

出行礼

行路不难 举步有礼

出行，不管独行，还是多人同行，不管行走于偏僻之地，还是奔走于闹市街头，都要注意讲究公德礼仪，遵守交通规范，严格约束自己的个人行为，做一个真正懂礼仪、守礼仪的人，切不可将礼仪与社会公德置于脑后，肆意妄为。

徒步出行有规矩

步行是人们不可或缺的出行方式，如上学、放学、上街购物等。步行出行也应当自觉遵守交通规则，服从交警和交通信号灯的指挥，如行走时注意靠右行走，礼让他人。通过斑马线时看交通信号灯，应在确认安全的情况下快速通行，切勿故意逗留在斑马线上，阻碍交通。不乱闯红灯，不占盲道，不在马路上任意穿行、乱跑乱跳、追逐打闹。过马路时一定要走人行横道、过街天桥或地下通道，要主动给年长者、孕妇、残疾人以及需要帮助的人让路。

知识链接

孔子师项橐

春秋时期，孔子为了宣传他的学说，在学生的陪伴下，驾车周游列国。

有一天，他们遇见一个孩子在乡间小道中堆碎石、瓦片玩，挡住了他们的去路。孔子说：『你不该在路中间玩耍，挡住我们的车！』孩子指着地上说：『老人家，您看这是什么？』孔子一看，是用碎石瓦片摆的一座城。孩子又说：『您说，应是城给车让路，还是车给城让路呢？』孔子被问住了。孔子觉得这孩子非常机智，回答也有礼得体，便问道：『你叫什么名字？几岁了？』孩子说：『我叫项橐，今年七岁！』孔子笑着对学生们说：『项橐七岁，机智有礼，他能够做我的老师！』

问路指路要有礼

向他人问路时，要有礼貌地跟人打招呼，要根据年龄、性别的不同，以谦恭的称谓称呼对方。在听完对方的回答之后，不管对方的回答是否令你满意，都应该真诚地向对方道谢。为别人指路时，应耐心、认真、热情周到地向对方讲清楚。不要歧视外地人。自己不清楚或不确定时应向对方说明情况并表示歉意，不可胡乱指路。同时，小朋友切记：在给陌生人指路时，要注意保护好自身安全。

不随地吐痰

随地吐痰是一种不文明行为。行路时，若嗓子不舒服想吐痰，应将痰吐在纸巾里包好，然后投入垃圾箱。如果把痰直接吐入垃圾箱，会给清理垃圾的人带来麻烦，也不卫生。吐痰，看似一件小事，却关系一个人的基本礼仪，关系一个国家公民的整体素养。试想，在干净整洁的马路上或公共场所，随地吐痰，既不卫生，也有碍观瞻，破坏环境之美，这是每个人都应该注意的修养。

不尾随围观别人

行路时，如果发现街头有冲突，在保证自己安全的情况下，应予以劝阻，切莫围观、起哄、煽风点火，使双方矛盾进一步激化，或者以观看别人的争斗为趣事。对于好奇的路人，或感到其行为怪异、着装奇特等行为，也不宜尾随其后观察，这样既影响交通秩序，也违背出行礼仪。

过马路要专心，拒做“低头族”

近年来，智能手机走进社会的每个角落，在大街上随处可见戴着耳麦、拿着手机的“低头族”在行走。走路玩手机引发的车祸、意外事故呈上升趋势，有些人甚至付出了生命的代价。

所以，在过马路时，一定要专心行路，不要低头看手机，也不要一边打电话一边过马路，或者一边浏览网页一边过马路，这些都危及生命安全，也是严重违背礼仪的行为。

不能翻越马路护栏

翻越马路护栏是一种不文明行为。这种行为既违反了相关交通法律法规，同时也有损城市形象，更是对自己生命的一种漠视。有些人过马路时，为了不绕路，直接翻越护栏，这样的行为省了力气，却赌了性命。对司机来讲，突然看见有人翻越护栏横穿马路，既要躲闪开这个人，还要照顾到周围车辆，很容易造成交通事故。所以，看到马路护栏这样的交通禁行设施，一定要按规定绕行，不能翻越，这是一个人基本的礼仪素养。

骑自行车要知道的礼仪

骑自行车也要懂得基本礼仪。骑车之前，要检查刹车和车灯是否正常，骑与自己身体相适的自行车。如有自行车道标志，要在规定的车道上靠右行驶，主动避让行人和机动车。过人行横道时，要推车走过，不争不抢，不在行人之间穿插，不在大

知识链接

雨天骑车不要撑伞

一边骑车一边撑伞的行为是十分危险的，是对自己、他人都不负责任的一种行为。因为骑车时打伞，首先需要一只手脱离车把手，这样大大降低了对车辆的控制。其次，雨伞会在一定程度上遮蔽视线，导致无法正确判断路况，容易产生危险。撑伞产生的阻力，在刮风下雨时尤为明显，一旦遇到突发情况，骑行人员往往无法及时采取应对措施，容易导致事故发生。因此，雨天骑行穿雨衣，就可以避免上述问题。

街上练“飞车”，骑行时不要“耍酷”，如不双手扶自行车把，一只手插在裤兜骑行，这些行为都是违背礼仪的行为。骑车时，不要轻易急刹车，尤其是不要轻易急刹自行车的前轮，这样很危险。遇到人多路窄的情况，要下来推车前行。夜晚骑车一定要开车灯。此外，不要将自行车乱停乱放，要在指定的场所停车，按顺序整齐摆放。

乘坐轿车的礼仪

乘坐轿车时不要随便和司机说话，也不要搞恶作剧，避免司机走神，造成危险。乘车出行时，一定不要将身体任何部位伸出车窗外，以免与同向或反向车辆剐蹭，或者与树木等路边物体碰撞。尤其是在夜间行驶时，驾驶人由于视线不良，注意不到乘车人探出的身体部位，容易造成人身伤亡事故。上车后，请主动系好安全带，包括坐在后座的乘客。下车时，注意后面是否有摩托车或汽车过来，确定安全后再打开车门。

进出升降电梯的礼仪

进出电梯时，要遵循先出后进、自觉排队、不争抢的礼仪原则。一般情况下，出电梯时要让老人、孕妇、残疾人、小朋友等先出，这也是中华传统美德。外边等候电梯的人不要挡住出口，要留出空间让电梯内的人全部出来之后，方可有序进入。

出电梯的人可以用“借过”“请让一让”“谢谢”等礼貌用语，以示提醒。等候上电梯的人可以帮忙按住电梯按钮，防止电梯门关闭，以方便电梯里的人出来，让等候在电梯外的人进去。先进去的人应站在电梯门的两侧，给后进的人腾出空间。如果是拎着物品进电梯，要尽量把物品放在电梯的角落，以防蹭到他人。如果电梯里的人还没有出净，电梯外的人就强入电梯，应尽量提醒或忍让，不要为此小事在公共场所吵闹。如果看到后来者快步走向电梯口，请及时按住“开门”按钮，等他人进来。这些都是一个人有教养的体现。

升降电梯运行礼仪

进入电梯后，应面朝电梯门的方向站立，目光不要凝视旁边的人，应自然平视电梯门，避免造成面对面的尴尬。电梯内部属于公共空间，不是私人空间，应当尽量保持安静，不要高声喧哗，四处张望，乱丢垃圾，对镜整装，接打电话，播放短片等，这些都是不文雅的行为。如果必须讲话，应做到低声细语。

不要扒门或强行挤入电梯

生活中我们经常会看到这样的现象：有的人到电梯门口时电梯已经开始关门了，他就强行扒门进入，或者是电梯里的人已经比较满了，为了早一点儿进电梯，他就强行挤入。古人云：

“勿以恶小而为之，勿以善小而不为。”扒电梯或强行挤入电梯，看着是件小事，但一旦这样做了，即使你衣着再光鲜，身份再高贵，也会给人留下没有教养的印象。而且这种行为还可能引起电梯超载或撞到别人，甚至会给电梯带来故障。这时候正确的做法是：耐心等待下一趟电梯的到来，这是一种基本礼仪。

上下扶梯的礼仪

在商场超市或者一些大饭店里，我们上下自动扶梯的时候，正确的做法是大家均匀地站在扶梯的右侧，按顺序乘梯。不要站在两条警戒线交叉的位置，不要在自动扶梯上走动，不上下乱跑，也不在电梯上玩耍。赶时间的乘客，要走扶梯左侧，或者从楼梯专门通行。其实，不论扶梯、楼梯，都有相应的使用礼仪。准备搭乘时，要按顺序依次搭乘，请勿相互推挤，特别是有老年人、儿童及视力较弱者共同乘用时更应注意。入梯阶时，要注意双脚离开梯阶边缘，站在梯阶踏板黄色安全警戒线内。

疫情期间乘坐电梯有讲究

中华传统礼仪讲究“修身律己，知礼守礼”。疫情防控期间，人们的出行方式也在悄悄发生改变，如出门佩戴口罩等，这一方面是出于自我保护，另一方面也是尊重他人的教养体现。搭乘电梯时尽量佩戴口罩。因为电梯厢是个封闭空间，如果电梯内有感染者，非常容易感染他人，包括电梯厢内也有可能被传染。所以，乘坐电梯时一定要戴口罩，这样可以阻拦人们直接吸入飞沫里的病毒，减少感染的概率。另外，如果乘坐扶梯电梯，一定要及时洗手，这样就算手上遗留了病毒，也可以阻断病毒通过手进入体内。

公共交通礼

崇德尚礼 文明出行

公共礼仪

公交、地铁、飞机、轮船都是公共交通工具，尤其是公交车，是城市居民最常用的交通工具之一，也是展现市民文明素质的一面窗口。注重和学习乘车、乘飞机、乘船礼仪，不仅会给每一位乘客带来方便，还可以营造和谐愉快的乘车氛围，提高个人的公共道德素养。

排队上下公交车

公交车是城市的名片，体现所在城市的人的精神面貌。公交车的乘客要遵守规定，不能拥挤下车和上车。在上下车的时候，要自觉排队等候，按顺序先下后上，这是基本的上下车礼仪常识。不自觉地排队就会出现拥堵的现象。没有秩序地上车下车，就会影响公交车的正常运营，也违背基本礼仪精神。

做一个文明的乘车人

乘车时要提前准备好公交卡或零钱。注意仪表整洁，举止文明。不穿拖鞋、背心或光膀子上车。上车后要主动刷卡或买票，然后主动向车厢中部走，切忌堵在车门口影响其他乘客上下车。乘车时不要随意脱掉鞋子，这样的行为既不雅观，也避免脚臭味影响到他人。要主动给老、幼、病、残、孕和抱小孩儿的乘客让座。公交车上难免摩擦碰撞，尤其是在乘车高峰期，这时，乘客之间要相互包容、互相体谅。要礼貌地向驾驶员和售票员咨询问题，得到答复后要表示感谢。要保持公共交通工具的清洁卫生，不要在车上吃瓜子等零食。即将到站时要提前换到车门边，需要别人让路时，要说“请让一下”等敬语。必要时可积极主动配合乘务人员维持公共秩序。

知识链接

做一个文明的乘车人

从前门还是中门上车，不同的公交车有不同的乘车方法，要提前看好车上的乘车标志，或者看别人怎样乘车。乘车时不要携带汽油、酒精、鞭炮、刀具等易燃易爆危险品上车。乘车途中注意听售票员或广播报站，不要下错站。下车后，要远离公交车，不要在公交车前或车后猛跑，防止被碰伤。

不带宠物乘坐公共交通工具

全国各地的公交乘车规则，都有明确规定：乘客携带家禽、宠物时，可以拒绝其乘车。这是因为公共交通工具内部是一个封闭空间，宠物身上又容易携带病菌，会危害乘客的健康。而部分乘客会惧怕宠物，影响正常的交通秩序，引起不必要的混乱。另外，有些宠物制造的噪声非常大，也没有公共环境意识，如果在公交车上大小便，就非常不卫生，污染车内环境。所以，乘坐公共交通时，不要携带宠物，这是基本的礼仪修养（盲人携带导盲犬除外）。如果有特殊运送宠物的需求，可通过专门的汽运或航空运输。

文明让座，爱心传递

在公交、地铁、车站、轮渡、场馆等公共场所或公共设施

内，主动为老、弱、病、残、孕或带小孩儿等有需要的乘客让座，这是在弘扬传统美德，培育优良秩序，更是在提高整个社会的公众文明素质。做到“送一个微笑、让一个座位、道一声谢谢”，既可以营造尊老爱幼、助残帮弱的良好社会风尚，也体现一个人的礼仪素养，因为礼仪的基本表现就是礼让。

乘车时身体不要探出窗外

乘车时将头、身体等伸出窗外，是不遵守交通规定的行为。

所以很多公交车会在车窗上粘贴“禁止头、手伸出窗外”等警示语，提醒乘客，以保证行车安全，防止造成剐蹭擦伤，发生交通意外。可是有些人，特别是儿童会忽略这个问题，会将身体探出窗外，这是严重违背礼仪的。

车内碰到别人要道歉

在公交车、地铁等人员拥挤的公共交通工具上，因为不小心踩到别人，或者无意碰到别人而引发的纠纷屡见不鲜。其实，这些都是有失礼仪的行为。

正确的做法是：按顺序上车后，尽可能选择人群宽松的地方。在车内走动的时候，请注意脚下，不要踢到或踩到他人。车内拥挤的时候，如果别人不小心碰到了你，请不要斤斤计较。如果您碰到了他人，请及时说声“对不起”。

要爱护公共交通设施

作为一名学生，一定要爱护公共交通设施，如道路交通标志、标线、监控设备和道路中央隔离护栏等。不要随意跨越、拆卸、毁坏中央隔离护栏；不要移动、拆除、损坏爆闪灯；不要在灯杆上乱写乱画。乘车时，不要在车厢内踩踏座椅、躺卧、追逐打闹、滑滑板（轮滑）、骑独轮车等。

乘坐火车的礼仪

检票时，依次排队，不要拥挤、推搡。上车后不要见座就坐，甚至抢座。如果没有持有坐票，就座前应礼貌地征求邻座的同意后再坐。

使用行李架时，不要独占太多空间，不要粗暴地把自己的行李放在别人的行李上；移动别人的行李时应征得对方同意；往行李架上放行李时，不要穿鞋直接踩踏座位。

坐定后，待时机成熟后再与邻座乘客交谈。在交谈时，不要打听对方隐私。

在卧铺车厢，不要盯着看他人做睡前准备；自己就寝时，应背对其他乘客。

当乘务员来打扫卫生和服务时，应主动予以配合并表示谢意。当看到不法行为时，要协助乘警、乘务员予以制止。

知识链接

由于火车是定点发车，且停靠站时间比较短，为了不错过火车，通常要提前检票进站，以免耽误乘车。在火车上要听从家长和乘务员的安排，如果遇到不懂的问题，可以有礼貌地向乘务员提问。

乘坐地铁要懂礼仪

地铁作为一种快捷的现代交通工具，给人们的出行带来极大的方便。因此，我们在享受地铁带来的便利的同时，也应遵守乘坐地铁的礼仪及规定。

要刷卡或凭票乘车。在站台上，要遵守“按线候车”的规则，切勿越过黄色安全线。遵守规定，不带禁物。注意自己的言行举止，不要在站内奔跑或大声喧哗。要排队上车，人多时不要推撞他人，以免造成意外。如果遇到孕妇、残疾人、老人、带小孩儿的乘客，应该主动让他们排到自己的前边。屏蔽门开、关过程中，禁止强行上下列车，禁止扒车门。

乘车时，禁止手扶、挤靠车门；有空座应及时就座，如无座位，可以手握栏杆或拉手，不要倚靠车门，以免影响车门的开启或发生意外；上车后，请尽量不要堵在门口，阻碍上下车的乘客；不要在车厢内追逐打闹，这样容易在列车行驶过程中摔伤，也容易引起其他不明真相乘客的恐慌，甚至踩踏事故；列车到站，车门还未开启时，请站稳扶好。出站时要排队有序出站。

知识链接

要爱护地铁站内、车内设施，不要翻越或毁坏隔离围墙、护栏、护网和闸门等；不要擅自进入驾驶室、轨道、隧道、通风亭（井）、消防控制区或者其他有警示标志的区域；不要干扰、拦截地铁正常运行；禁止在非紧急状态下动用紧急装置或安全装置；禁止损坏、擅自移动安全标志；禁止跳下站台，以防发生意外。

乘坐飞机的礼仪

一滴水，能映出一个五彩斑斓的世界；一个微小的举止，能彰显一个人的品行。乘坐飞机也不例外。飞机具有乘坐舒适、服务水平高等特点，因此对乘客的礼仪要求也相应较高。人们在乘坐飞机时要处处以礼律己、以礼待人。

过安检时要配合海关检查人员，不要违规携带任何可能威胁到飞机安全的物品，不要冲撞、辱骂检查人员。按时登机，进入机舱后要保持安静，尽快放好随身行李，保持通道畅通，并对号入座。坐下来后，要注意系好安全带，等待飞机起飞。登机后主动关闭手机、手提电脑、电子游戏等电子设备。当乘务员送来报纸、饮料、食物或是得到他们的帮助时，要表示感谢。不乱动飞机上的安全用品及设施。进餐时，主动将座椅椅背调至正常位置，以免影响后排乘客进餐。飞机未停稳时不要抢先打开行李舱取行李，以免行李摔落伤人。上下飞机时，要以礼相待，互相谦让，依次而行，切忌拥挤抢道。

知识链接

为乘机人送行时，不宜说『一路顺风』，因为飞机需逆风起飞。可以说『一路平安』『旅途愉快』等祝福语，飞机上救生衣是飞机遇险在海上迫降时供乘客逃生使用的，切勿随意打开或带下飞机。

不可冒昧与邻座搭讪

对于一些“忙人”来说，乘机期间是难得的休息时间。如果你冒昧与邻座的“忙人”搭讪，很可能会让对方反感。冒昧与长者搭讪，是对对方的不敬；冒昧与女性搭讪，是对对方的骚扰。冒昧打扰邻座，一方面会让对方被迫离开“自己的世界”，浪费对方的时间和精力；另一方面容易被认为是无聊和别有用心。如果你给别人留下了“脸皮厚”“自来熟”的形象，那会多么尴尬！

乘坐轮船需知的礼仪

轮船是水上交通工具。在乘坐轮船旅行时，我们既要遵守乘坐轮船的有关规则，又要了解相关礼仪规范，开启顺利的旅程。

乘坐轮船要上下有序，依次而行，不要拥挤、争抢，以免造成挤伤、落水等事故。在正常情况下，上船或下船时，都要争取与身前身后之人保持一定的间隔，并且全神贯注，小心翼翼。船舶靠近、驶离码头，不要将头、手伸出窗外。禁止在船上打闹、追逐，以防落水。不要拥挤在船的一侧，以防船体倾斜发生事故。特别是小船，不要摇晃，要下蹲，分散坐好。要爱护环境，不向船外扔杂物。不要随意触碰船上的应急设备、紧急按钮等，不擅自下水游泳。当轮船所在的水域状况不甚明了时，千万不要擅自下水；在轮船因故障等原因暂时靠岸，而禁止乘客登陆时，切勿违反规定。否则，就很有可能会使自己在靠岸处离队失踪。这么做既是为了讲究有序乘船，也是为了确保安全。

知识链接

禁止在船头、驾驶室和船顶棚上放物坐人，也不要进入机舱等场所乱动船上设备，影响船舶航行和人身安全。遇到紧急情况，不要自作主张跳船，以防人员碰伤和落水。船舶驶过风景区时，不要集中在一侧观景，以防船舶倾翻沉没。遇有大风（五级及以上）、暴雨、大雪、大雾（能见距离50米以内）等恶劣天气，要避免乘船，也不要催促船员开船。航行中遇大风大浪或者其他险情，要听从船上工作人员指挥，沉着应对，避免发生伤亡事故。

晚上乘船时慎用手电筒

晚上乘船时乱用手电筒，透过窗户向外照甚至在船舷上到处照，是非常没有教养的做法。手电筒发出的亮光会刺激别人的眼睛，还容易影响别人休息和引起他人的误解。使用手电筒的人被认为是在偷窥或者故意捣乱。晚上手电筒发出的灯光容易使其他船只认为是专业信号，因而对此做出的回应难免要干扰到本船和对方船只的正常工作。

疫情期间如何乘坐公共交通工具

医学专家表示，在疫情期间，市民乘坐公共交通工具前需备好口罩、消毒湿纸巾或者免洗洗手液等物品；乘坐公交车、地铁等公共交通工具时，应全程佩戴口罩，减少与他人接触；打喷嚏、咳嗽时用纸巾或者肘臂遮挡。其间，注意双手卫生，减少不必要的触摸，避免用未清洁的手接触口、眼、鼻等。

不在公共交通工具上饮食。在室外公交站台等候时，如果人员稀少可不佩戴口罩，保持安全距离；乘车高峰期在室内公交（地铁）站台时，应全程佩戴口罩。

出租车、网约车载客期间，乘客和司机应全程佩戴口罩，在自然气温、行驶速度等条件允许的情况下，勤开窗通风；骑行共享单车前，建议用消毒湿纸巾擦拭车把和坐垫部分，可不佩戴口罩。乘车出行尽量使用线上购票、扫码支付等非接触购票和非接触支付方式。

乘坐公共交通工具结束后，摘下口罩，用洗手液或者含酒精的免洗洗手液做手部消毒，将外穿衣物置于通风处。

游览礼

公共礼仪

举止文明
皆风景

观光旅游不仅是舒心畅意的游玩，而且也是一个展示个人美好修养的过程。只有自然美景与文明礼仪相呼应，才能构成真正的美。为了同时收获美景与美德，我们在观光旅游时，不要忘记在心底培育一颗『游览之礼』的种子，从日常的点滴做起，善待景观、爱护文物、尊重民俗、恪守公德。

爱护小草生命

逛公园的时候你有没有注意到这样一种现象：在一片绿草如茵的草地上明明竖着“小草也有生命，请您足下留情”警示牌，但总有些人无视警示，为了抄近路，不惜从草地上直接踩过去，甚至有人在上面打滚、躺卧，久而久之，草坪上就会出现一条条光秃秃的黄泥巴路。偶尔有人阻止踩踏草坪的人，他们还满不在乎地说：“别人都这样走，不差我一个。”

芳草萋萋，踏之何忍。草坪是公园的公共财产，是用来被人观赏的，如果随意踩踏，就容易引起草坪磨损，破坏这独特的公共环境，是不道德的行为，也是对创造这一切美景的人的不尊重。因此，请勿随意踩踏草坪，爱护小草，人人有责。

此外，也不能随意采摘花朵和果实。景区的花朵和果实也是公共财产，采摘花朵和果实不符合公共场所文明礼仪的要求。随意采摘，容易破坏景区独特的景观，同时给景区的植物维护工作增加困难。

爬山和野营时的礼仪

没有大人相伴，孩子们不能野营和爬山。爬山和野营时，不要去危险的路段，不攀爬高危的栏杆，不在险峻的路上打闹，不吃不认识的野生植物。山路上与人相遇时应互问“你好”。在山上遇到厕所要尽可能早去。山中小屋的食品等物资都是人工从山下搬上来的，买后一定要注意珍惜。不要弄脏山泉水。走山路要以上山为先，山路比较窄时，下山的人应站在一边给上山的人让路。不要玩山上的路标，否则后面的人迷路了会很危险。

禁止在景区随意扔垃圾

很多人喜欢旅游，尤其喜欢环境优美的远郊旅游，因为那里远离城市的喧嚣。作为一名游客，旅游时带些食品、饮料等，是很正常的事情。但是，游客要有起码的文明素养，那就是游览之后既要留下“文明”，又要带走“垃圾”。这样的旅游才是文明的，受人欢迎的。可是在实际旅游时，我们不乏看到这样的现象：有的游客在景区随意乱丢各种生活垃圾，如空饮料瓶、水果皮、剩饭残渣、纸屑等，试想，如此旅游，你的行为文明吗？景区会欢迎你吗？丢垃圾看似小事，但它却能折射一个人的文明素养。如果大家都随意乱丢垃圾，那么美景也会因此“黯然失色”。相反，如果每个游客都能自觉收拾垃圾，把垃圾放到该放的垃圾桶，那给景区留下的不仅仅是一种文明，更是一种个人的美德与修养。

尊重导游劳动，感谢导游讲解

作为一个超负荷工作的群体，导游是美丽的使者，通过自身的形象美、心灵美展现行业的朝气和活力；导游是安全的使者，每次带团都在考验他们的责任感、应变能力、细节把握能力等，从而确保游客的人身安全；导游是文化的使者，需要不断加强学习、储备知识，努力提升自己，才能讲出让游客满意的故事；导游是文明的使者，导游与游客的互动就是在传递文明，一次出游就是接受一次文明的洗礼，从而推动全社会文明素质的提升。所以，我们要发自内心地尊重导游的辛勤付出，认真地听他们讲解相关知识，才是践行礼仪，感恩每一位劳动者的良好素养。

当然，也有一些导游会发生“欺客宰客”“购物抽成”“素质低下”等现象。我们应该区别对待，不能带着标签看所有导游，甚至对他们出言不逊、当众羞辱。

知识链接

去游乐园玩要时，要遵守游乐园的规定，认真听管理人员的话。乘坐游乐设施时不打闹、不恶作剧。在人多的地方不乱跑。玩摩天轮等高空游乐设施时要系好安全带，身体不要探出座位，不要让兜里的东西或头上的帽子等物品掉下来。游船时一定要和大人同乘游船，不要在游船上乱蹦乱跳。对一起玩的朋友要热情，迷路时要求助工作人员。

参观景点勿“涂鸦”

景点并不是某一个人的私有财产，游览风景名胜时却不曾想看见了大煞风景的涂鸦，这叫别人怎么尽兴？景点涂鸦专指在公共空间乱涂乱画。“××× 到此一游”“×××，我爱你”……在旅游景点的这种涂鸦如果出现在文物古迹上，会造成无法弥补的损害，性质极其恶劣。这种行为是严重违背礼仪的。作为一名游客，要常怀敬畏之心，不做任性游客。涂鸦会加大景区工作人员的劳动难度，会让后来的游客再也看不到赏心悦目的风景。管住手、不涂鸦是旅游者的基本素养，也是对国民进行公共道德教育刻不容缓的事情。

去动物园禁止乱投喂

动物园是游客假日旅游的热门景点。随着游客量的增加，

投喂动物等不文明游园行为也随之出现。其实游客认为的“友善”行为对动物并不是爱，反而是祸，是会对动物造成很大伤害的一种行为。动物园的每种动物都有自己的食谱，动物园工作人员会根据不同种类动物的产地、特征、食性以及当地条件研究并确定每种动物所需的食物构成、喂食频率，并在饲养过程中跟踪监控、适时调整，实施动态管理，保证营养均衡和身体健康。如果我们随意投喂动物，不仅会造成动物营养失衡，还会给动物带来安全问题，如让动物误食塑料袋、动物因争抢食物而打架，严重的会造成致命性伤害等。此外，长期投喂，还可能造成动物有乞食等不正常行为的发生，游客就无法看到动物本身所应该展现的行为，降低了游客的体验度，公众对动物的认知度也打了折扣。因此，当我们去动物园旅游时，要了解动物、关心动物，不要以随意投喂动物的方式表达爱意。

知识链接

我们对动物拍照时，不要使用闪光灯，以防动物受到惊吓出现意外情况。也不要在园区内大声喧哗或者不断敲打动物展区的防护玻璃，以免动物受到惊吓。此外，逛动物园时要照顾好老人和小孩儿，做到文明礼让；切忌让小孩儿攀爬动物笼舍及建筑物，防止被动物抓伤、咬伤，保证游园安全。

不在景区的长椅上躺卧

去景区旅游，你是否会看到这样的现象：有些旅客脱掉鞋子或者干脆不脱鞋，用衣服当枕头，大模大样地躺在公园长椅上酣睡……这种把公共设施当成自家沙发的行为是不文雅的。首先，这种行为一方面有碍观瞻，你不雅的姿态会让人感到不快；其次，占据了有限的休息场所，给其他需要休息的游客带来不便；最后，你的姿态给公园风景抹上了不和谐的一笔，破坏了景观的优美，也损害了自身形象和城市形象。

不可攀爬景区设施

游览、观光时，一定要避免攀爬雕塑、栏杆等景区设施。看到某景点有造型独特的动物雕塑，就攀爬上去拍照；为了抄近道或者显示自己童心未泯，就攀爬栏杆；想表现自己的大胆，吸引众人眼球，或者因为好奇就攀爬受保护的文物，以便“一睹真容”“一亲芳泽”。诸如此类的攀爬行为，都是没有教养的行为。攀爬禁攀设施，一方面容易使自己和他人陷入危险之中，另一方面对所攀爬的设施或者文物造成安全隐患，此外还干扰正常的游览秩序。

不要妨碍他人拍照

旅游时，我们经常能看到观光的人拿着相机到处取景。如果拍摄者妨碍了他人拍照，会是一件令对方很不愉快的事。眼看别人正在拍摄景观，有人偏要向他对准的地方走去；别人好不容易摆好了姿势，却被其他游客的身影挡住；别人刚好举起相机，有人却横冲直撞地撞了拍摄者的身体。无论是哪个人拍照，受到如此打扰都会感到郁闷。正确的做法是不要争抢拍照，如果路过，要绕开拍摄者。如果需要别人帮忙拍照，事后要道谢。总之，要做一个讲礼仪、讲道德的人。

在快餐店用完餐要及时离开

观光旅游免不了要吃饭，而快餐店上餐速度快、味道可品、靠近景区，是许多观光旅游者的首选，尤其是年轻的观光一族。但是在许多快餐店，不难见到吃完饭还逗留的人。有些人甚至不消费只为占座休息。或许有的人觉得自己既然付了钱，在这里多休息一会儿也没什么，其实这样是有失礼仪的，正确的做法是用餐后及时离开。在快餐店用餐完不及时离开，会影响餐厅“快捷”的形象，特别是人流高峰期，会使后来的用餐者不得不等待或离开。

知识链接

对人尊敬是礼仪的核心，包括在餐厅时要尊重服务员。服务员在等待你点菜时，请不要拨打电话。需要服务员时，要微笑点头示意，或轻挥手势。不要大声呼叫服务员，不要用手点戳拉拽，不要吹哨或打响指。菜品出现问题时，要小声告知服务员。不要大声抱怨指责，这都是基本的礼仪。

不在有人游泳的水域跳水

度假旅游，有时候会游泳。在游泳池，如果旁边有人游泳，则不宜跳水，因为这是有失礼仪的行为，甚至还有可能引出不必要的麻烦。这种只顾自己开心、不管他人感受的行为，第一，会打扰到正在游泳的人，影响对方的心情，甚至使其受到惊吓；第二，在有人游泳的水域跳水可能会造成意外伤害。一旦发生了人身伤害事故，绝不是“礼仪修养”的问题的。因此，不要在有人游泳的水域

跳水。想跳水时，应在允许跳水的区域跳。

知识链接

在游泳馆要戴游泳帽。不要在游泳池内打闹。游泳时不要涂防晒露，否则会污染泳池。小便时要上厕所。去海边旅游，要在指定的游泳区域内游泳。海浪大时不要到海里游泳、玩耍。不要离岸边太远，否则会被海浪冲走。游泳时不要抓住同伴的脚或骑在同伴的背上玩耍。如遇到溺水者，一定要叫周围的大人，不要自己去救。

尊重当地民族风俗习惯

中国有56个民族，各个民族在生活、饮食、服饰等方面风俗习惯都是不一样的，它们是不同民族或不同地区历史传统、道德标准和宗教信仰的体现。因此，我们在观光旅游过程中，尤其到了民风浓重的地方，切不可我行我素，过于随便，一定要入乡随俗，尊重当地的风俗习惯和一些宗教戒规，这是旅游者应该遵守的基本礼仪。这样不仅可以避免很多不必要的麻烦，与少数民族同胞和谐相处，还可以让我们以美好、愉悦的心情完成旅行。

蒙古族旅游区风俗禁忌

蒙古族在漫长的历史进程中，形成了许多风俗习惯，同样也伴随着诸多的禁忌。我们去蒙古大草原旅游时一定要入乡随俗。例如一年一度的“那达慕”是蒙古族历史悠久的传统盛会。献哈达是蒙古族的一项高贵礼节，游客在接受哈达时，正确的做法应该躬身、低头，让献者将哈达挂在脖子上，并表示谢意，而不能加以拒绝。此外，在蒙古草原上要尊敬带火的东西，比较常见的就是蒙古包里的火炉了。禁止把衣物放在火上烤，不得跨越火炉或脚蹬火炉，也不能用刀从火里捅出食物，不得用刀子挑火或将刀子插入火中。如果在草原上遇见畜群，不管汽车还是行人都要绕道走，不要从畜群中间穿过。忌讳在河流中洗手、洗脚、洗衣服。忌讳用手摸小孩儿的头部。出入蒙古包时，绝不许踩蹬门槛。如果一个蒙古包前挂了一根绳子，就表示家里有生病的人，不能接待客人了。进蒙古包时，切忌挽着袖子，或把衣襟掖在腰带上；也不可提着马鞭子进去，要将鞭子放在蒙古包门的右方，并且要立着放。进入后，忌坐佛龛前面，否则就会被认为不懂礼俗、不尊重民族习惯而受主人冷待。只要避开这些禁忌，游客在蒙古草原上是非常自由的。

回族旅游区风俗禁忌

去回民聚集区的景点旅游，我们应注意哪些风俗禁忌呢？在饮食方面，回族吃以牛、羊、驼等为主的反刍类食草动物的肉。除禁食猪肉外，回族还禁食狗、驴、骡等不反刍动物的肉，包括一切不反刍的凶猛禽兽。禁食自己死亡的牲畜、动物以及非伊斯兰教徒宰的牲畜，禁止抽烟、喝酒等。在饮料方面，凡不洁净、不流动的水，均不饮用。忌讳在饮水源旁洗澡、洗衣服、倒污水。

苗族旅游区风俗禁忌

去贵州旅游，免不了要和苗族人接触，那么去苗族人比较多的地方，应注意哪些禁忌呢？在苗族会集的地方旅游，如果去苗族人家做客，切记不要夹鸡头吃。客人通常也不能夹鸡肝、鸡杂和鸡腿吃，鸡肝、鸡杂要敬老年妇女，鸡腿则是留给小孩子吃的。吴姓忌吃狗肉，龙姓忌吃羊肉。早起至早餐时间内，忌说“龙”“蛇”“虎”“豹”和“鬼”等词语。忌跨越小孩儿头顶，他们觉得那样预示着孩子长不高。不能坐苗家祖先神位的地方，不准夜里吹口哨等。

傣族旅游区风俗禁忌

去傣族旅游区应注意哪些风俗禁忌呢？傣族至今还保存着本民族的原始信仰，在放水、撒秧、栽秧、收获时都要举行祭祀。例如六月里举行“祭龙”（干莫），意为驱逐害虫，迎接栽秧，祈祷丰收。举行“祭龙”仪式期间，本村人不能走出村寨，游客及外村人不能进入本村。傣族在祭寨神时，游客不宜入寨。

游客夜宿傣家，不能吹口哨，不能随意移动火塘上的铁三脚架，不能从火塘的三脚架上跨过，不能用凳子做枕头。上傣家竹楼须脱鞋。在傣家竹楼留宿，头的方向不能对着主人家房门，而要把脚对着主人房门。游客不能进入产妇家和病人家。如果看到大门口有用竹子所编形如“米”字的标志，则表示此人家有产妇，谢绝入门。不能进入丧家，参观丧葬仪式一定要经丧家同意。丧家门口挂着一个装水的竹桶，水里放有酸叶子。客人参加丧仪后出门时，要用竹桶里的水洒在头上，以示驱邪。

游客进傣族佛寺或寺庙的大殿必须脱鞋。不能踩和尚的影子，更不能触摸和尚的头。路遇老和尚、小和尚时，要双手合十，点头致意。

藏族旅游区风俗禁忌

去藏族的佛塔、转经亭等景点旅游，必须顺时针方向即从左到右绕行；进寺院大殿前要脱帽；不可以随手翻动玛尼堆上的石块；不可以下午去朝佛；不可用手指去指佛像、唐卡、经书和壁画。藏族人禁吃驴肉、马肉、狗肉。接收礼物时，要双手奉接；赠送礼物时，要鞠躬，双手高举过头。敬酒时，须先用无名指蘸一些酒弹向天空，连续三次，以示对天、地和先祖的崇敬。然后再轻抿一小口，主人再斟满酒，再轻抿一小口，如此三次，第四次一饮而尽。这是藏族传统习俗，否则主人认为客人不懂规矩，是看不起他。忌给客人献破旧的哈达。忌杀生，尤其是不要在宗教人士面前杀生，包括一切有生命之物。

壮族旅游区风俗禁忌

壮族是一个好客的民族。过去到壮族村寨任何一家做客的人，都被认为是全寨的客人，往往几家轮流宴请。去壮族旅游区要十分爱护青蛙，忌吃青蛙肉，因为有些地方的壮族有专门的“敬蛙节”。农历正月初一，不杀生，不吃荤。吃饭时忌用嘴把饭吹凉。登上壮族人家的竹楼，一般都要脱鞋。忌在老人面前跷二郎腿、说污言秽语，忌坐门槛，忌讳生孩子尚未满月的妇女，到别人家里串门，壮族人结婚忌讳怀孕妇女参加。

参观博物馆要文明庄重

博物馆是征集、典藏、陈列和研究代表自然和人类文化遗产实物的场所，它是一个环境相对特殊的场所，馆内展出的都是具有很高纪念价值的文物和艺术品，因此博物馆对馆内环境的要求比较高，对参观者也有着一定的要求。比如禁止随地吐痰、乱扔果皮纸屑，禁止在展馆内吸烟。参观博物馆要保持安静，着装要整洁大方，如果参观者衣衫不齐整，就会和博物馆的环境产生很不协调的冲突。尤其是在炎热的夏天，不少游客都喜欢到清凉宁静的博物馆里来参观，但有些人穿着吊带、背心、短裤、拖鞋，这对博物馆里的其他参观者、工作人员和展品都是一种不尊重、不礼貌，会破坏整个参观氛围。此外，不要一边吃零食一边参观，不要在一件展品前长时间驻足，以免影响他人参观。

知识链接

参观博物馆时要尊重讲解员的劳动。在听讲解时，要注意为讲解员留下一定的活动空间，既不要过紧簇拥，也不要过于分散。如果有讲解员正在介绍作品、物品时，参观者应耐心听取讲解员的讲解。如果在参观过程中，对某一问题比较感兴趣或想进一步了解情况，应选择恰当时机礼貌地提出，有不明白之处可以请教，但切忌不停地发问，以免影响其他游客参观。

爱护博物馆内的展品

博物馆展出的艺术品，绝大多数都十分珍贵，具有较高的历史价值或艺术价值，有的甚至是国宝。但少数参观者总是对之爱不释手，一定要亲手触摸一下展品，这种做法不仅是有失礼仪的表现，而且对展出的艺术品会有破坏作用。很多博物馆都有“禁止触摸展品”的规定，对于那些价值极高的文物，博物馆也采取了一些措施，如设置玻璃罩、隔离线等。但也不是每件展品都有防护措施。因此，我们参观博物馆时一定要注意爱护展品，不随便触摸展品。

此外，参观博物馆时，里边有些文物，尤其是古代的字画、纺织品、彩陶、漆器等，在强光照射下会褪色，所以禁止使用闪光灯拍照。包括部分展品是现代艺术品或借用外馆的交流展品，通常都有版权问题，也是不允许拍照的。

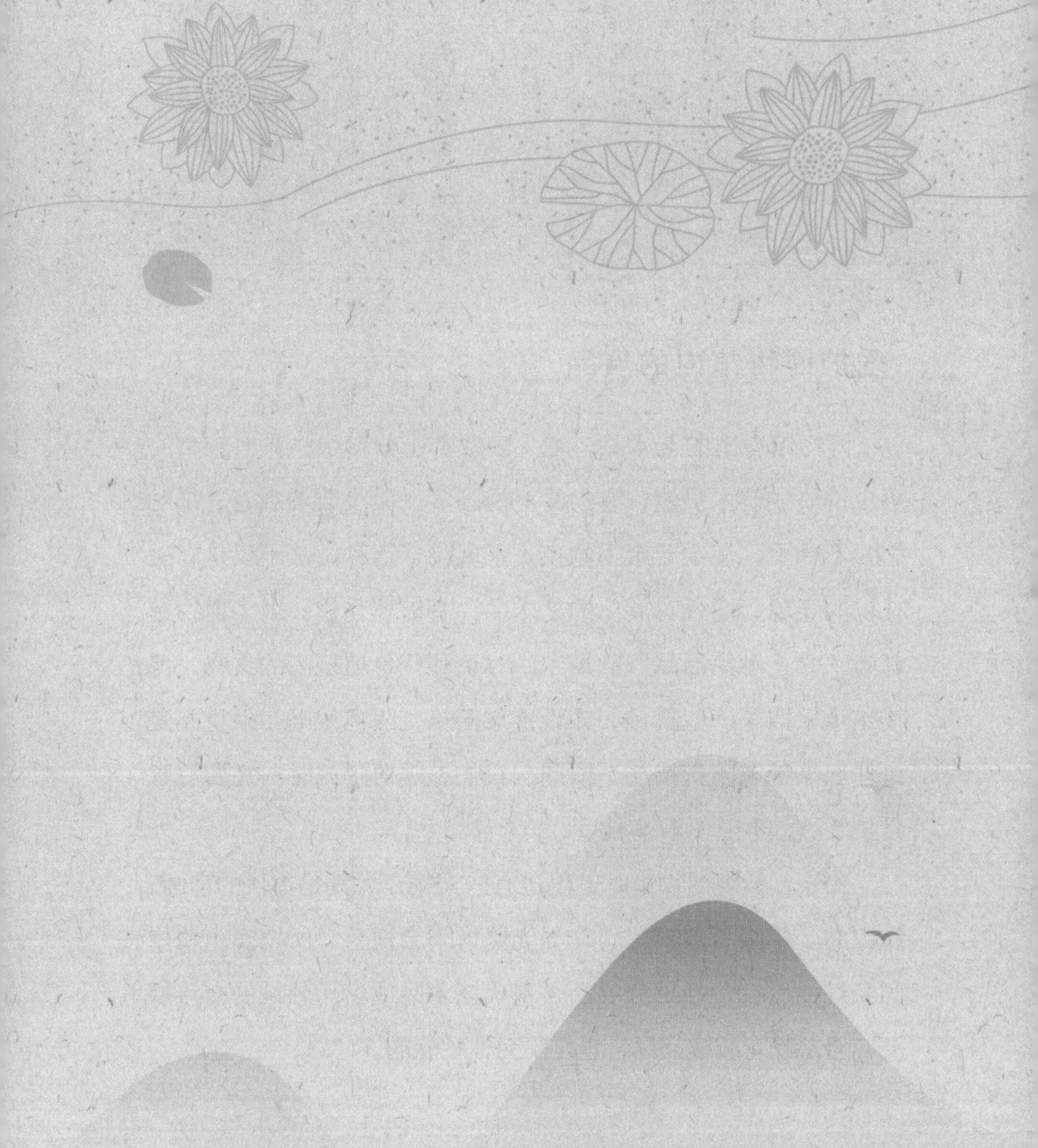

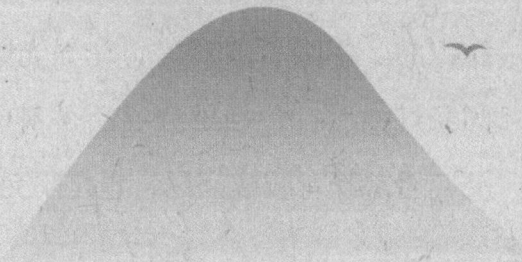

网购礼

小细节 大文明

公共礼仪

现在，网购的人越来越多，小到日常用品，大到家具、汽车，人们都可以在网上购买。网购已经成为人们日常生活重要的购物方式。讲礼仪是中华民族世代相传的美德。网购同其他商品交易一样，也是应该恪守社会公德、讲究网购礼仪。

选择正规平台店铺

网上购物，当然要选择让人信得过的正规平台店铺。要想在网购时买到正品，第一种方法是选择耳熟能详的、正规的规模大的购物平台。这样做的好处是大平台购物流程设计完善，能够让人买得放心。第二种方法是选择有信誉的店铺，主要是平台自营店铺和官方旗舰店铺。这两类店铺的商品质量是值得信赖的。第三种方法是选择代理商代营店。有些品牌会授权给第三方经营，也就是我们平时说的代理商。这样的代理商也很少存在卖假货的情况，因为违约后的赔款不是一笔小数目。第四种方法是找靠谱代购。对于那些没有入驻国内商场和旗舰店的品牌，网络上的代购店铺是一个不错的选择。一定要选择那些评分高、等级高的店铺，买之前多翻翻买家评论。切记：网上有假冒商品，如果贪图小便宜，或者故意选择假冒商品，是违背诚信的行为，与礼仪精神不合。

咨询客服措辞要得体

购买商品前需要和客服沟通商品情况。顾客咨询客服要去除自大的心态，不能因为自己是买方而显得不可一世，也不能因为客服的回答让自己不满意而讽刺和挖苦对方。询问时要有礼貌，态度要平和，措辞要得体，应当用准确简洁的语言向客服说明自己的问题或者麻烦。不能表现得不耐烦。要时时确认客服是否知道自己表达的意思，不能只顾自己说个不停，要随时注意客服的反馈。要知道，尊重他人是一个人基本的行为准则，同等的尊重才能换来别人的尊重。

确认邮寄地址准确

网购后一定要填写详细有效的邮寄地址。这不仅给自己接收物品提供方便，而且也是对店家的一种尊重。如果地址填写错误，会给快递员带来许多不必要的麻烦。通常的做法是登录购物网站，在导航栏里选择“账户设置”，在下拉列表中选择个人资料，点击“收货地址”，如实填写即可。或者根据网站相应的下拉列表，选出省、市、区等信息。

智能取件方便快捷

智能快递柜的存在，在很大程度上改善了“物满为患”这一问题。收件人可合理安排取件时间，让快递不再堆积如山。

网购可以让快递送到家，但是收件人有事出去就无法及时当面签收；快递送到学校，收件人也可能正在上课无法抽身。智能快递能够解决快递配送“最后一公里”的问题，取件变得方便快捷的原因就是智能快递柜的诞生。智能快递柜大多设置在住宅小区内或是办公楼下，其形式类似超市的密码储物柜。快递员征求取件人同意后，可以将快递放入快递柜，并向取件人发送取件码，事后取件人可以凭取件码采取自助的方式取出快递。

现场查验明确责任

网购一旦买到假货，消费者的权益就很难得到有效保障。为了及时维权，收件人现场查验快递就成为必不可少的一道环节。现场查验快递要当着快递服务人员的面拆封，首先要看外包装是否破损，其次要检验货物的配件是否齐全。发现有问题的产品，消费者可保留好相关票据，及时拨打 12331 或 12315 投诉。根据相关法律的规定，消费者除要求赔偿损失外，还可以向生产者或者销售者要求支付一定数额的赔偿金。

收到快递要礼貌道谢

快递员作为与消费者联系紧密的网购环节，其重要性不言而喻。身处劳动密集程度较高的行业，他们的工作强度之大可想而知。他们是商品的传递者，负责及时安全地把商品交给我们。作为有礼貌的收件人，大家收到快递时，对快递员微笑，道声感谢。感谢他们的辛苦付出，这不仅体现了我们做人的修养，更是在向全社会传递正能量。

确认收货并客观评价

网购商品收到后，应及时检查，然后确认收货，在使用后给予客观的评价，让其他购买者可以有一个参考，与人方便，与己方便。

如果购买的商品确实触动了我们的某种情感需求，让我们迫不及待地想要分享自己快乐的经历，那么我们理所当然要给出“好评”。在遭遇了十分不快的痛苦购物体验后要宣泄不良情绪，我们无疑会给出“差评”。这种客观评价，不但可以积累自己的经验，同时也能在网上获得他人的认可、肯定。在有些网站上，“好评”额外积累的积分，可以抽奖或者参加兑换活动。

网购不要盲目跟风

网购要审慎理性，不要盲目跟风、冲动消费。尤其是网络直播下单，更需要谨慎，不要受催促的消费环境影响，避免激情消费。消费者下单前，一定要仔细阅读商品详情、无理由退货范围、红包、消费积分和优惠券使用规则、退货退款方式及运费政策等，以免日后发生损失或纠纷。“双 11”“双 12”期间的零点秒杀、全网最低价等促销宣传难免让消费者动心，但有些商家会借机虚标原价或抬高商品原价后再打折。消费者要擦亮眼睛，可提前记录价格做比对，以免被所谓的低折扣迷惑。

退货要带上销售凭证

网购之后，有时难免因为种种原因而退货。退货时，要注意附带原购物平台出具的销售凭证或发票。很多商家，在退货的规定中都明确要求顾客提供相关凭证。所以，如果您在退货时不能出具购物凭证，又坚持要退货，显然是在难为负责退货的工作人员。因此，不管是网购还是在实体店，购物时要留心保存购物凭证，以防在退货时遇到麻烦。

退货时最好带上原包装

在实际生活中，许多人在购物后总是觉得商品外包装没啥用，很快就扔掉了。可是在退货时，很多商品都需要顾客提供原包装，如礼品盒、电器包装盒、鞋盒、衣服的包装袋子等。因为一些商品可以因质量问题向厂家退货，而附带的包装盒在退货过程中是可以继续使用的，如果没有原包装，商家也很难向厂家退货。因此，退货时提供原包装也是一种基本的礼仪。我们在购物后正确的做法是把商品外包装保留一段时间，直到确认商品没有问题，不用退换货时再扔掉，以防万一。

食品不能随意退

在销售的商品中，食品一般是不能随意退货的。尤其是那些有严格保质期或包装被拆过没办法再复原的食品，更是不能退货的。了解了这种常识，如果你购买了某种食品，不是因为质量问题或超过保质期，就无法正常退货。因此，我们不要怀着侥幸心理去退货，否则不仅徒增烦恼还劳而无功。明知不能退货的商品，却要求商家强行退货，或者以差评为要挟的，是严重违背礼仪的行为。

知识链接

保存凭证很关键

不管是在网上购物还是在实体店购物，保存购物凭证，是消费者维权时直接、有效的证据。消费者在网络购物时，应注意保留促销活动细则、商品宣传图片、商品订单页面、聊天记录、物流记录等网购交易信息。一旦遇到购物纠纷，消费者可以拨打投诉举报热线，也可以向网店的第三方交易平台所在地的相关监管部门投诉或举报。

实体店购物礼

做有礼貌的『上帝』

公共礼仪

去商场、超市购物是我们生活中经常做的一件事，既满足了日常所需，也是忙碌生活的一种调剂。但作为特殊的公共空间，购物环境舒心与否还需要我们每一个人的努力。在购物过程中，遵循相关购物礼仪，不仅方便他人、方便自己，同时也有利于构建和谐便捷的购物环境。

提前梳理购物清单

购物时，当我们看到琳琅满目的商品，往往很兴奋，就任意地挑选并把大量商品放入购物车，直到买单付款那一刻，才醒悟过来，甚至心痛如绞，感慨自己的钱包又缩水了。那么，怎么做才能让自己购物时心安理得不后悔呢？秘诀是提前梳理一份适合自己的购物清单。购物前，列一个清单，明确知道自己想要买的东西，就可以理性消费，减少无端的浪费，这也是一种礼仪体现，因为礼仪精神之一就是生活有序。

知识链接

购物清单好处多

购物小清单，生活大智慧。一张小小的购物清单，它有多方面的好处：

一、防止遗漏商品。俗话说：好记性不如烂笔头。购物清单清晰明了，避免丢东拉西。

二、提高购物效率。漫无目的地闲逛超市会分散人的注意力，办事效率也不高。提前做好购物清单，缺啥买啥，直奔对应货架，挑选应购商品，买完就走，省力省时。

三、实现消费理性。购物清单能克制欲望，防止冲动消费，让我们的生活合理有序。

礼貌回应导购员的问候

当我们去大型的商场或者超市购物时，难免会遇到导购员，当导购人员热情地说“欢迎光临”“欢迎惠顾”时，我们也应该报以微笑回礼，或是回应“阿姨好”“叔叔好”，不能假装没听见或冷漠对待。工作不分贵贱，每种工作都值得尊重。每个自食其力的人都值得被尊重。需要工作人员帮忙时要使用请示语，比如，“阿姨您好，请帮我取一下这件物品好吗？”如果导购在帮其他顾客服务的时候要耐心等待，不要着急呼喊。

保持安静，不大声喧哗

我们经常看到：在一些生意兴隆的商场、超市，很多人在大声喧哗。各种高声交谈的声音汇聚成一片嗡嗡的噪声，让人不胜其烦。即便有的人不愿高声说话，但是在嘈杂的环境中，也不得不提高声音让同伴听见自己在说什么。

从礼仪的角度看，商场、超市是公共场合。公共场合不允许大声喧哗，需要大家保持安静。大声喧哗会影响到别人，会让他人感觉到喧哗者没有素质，引起他人的反感。在公共场合不大声喧哗，是对他人的尊重，也是对自己的尊重。大声喧哗会构成一定程度的噪音污染，会侵犯别人的心理空间，更重要的是会破坏自身的形象，降低社会的公德水平。

尽量少用一次性塑料袋

日常购物，我们要文明购物，倡导节约，购物袋取用适量，不浪费，尽量少用一次性塑料袋，坚持低碳消费。一次性塑料袋之所以受顾客和企业欢迎，其中一个原因是便宜。但是有实验证明，即使是可降解塑料袋，也需要达到各种复杂的条件才能被降解。塑料袋如果掩埋地下，大约 200 年才能腐烂，会对土壤的酸碱度产生不良影响，使土壤环境恶化，严重影响农作物的生长。因此，日常生活中，要慎用或少用一次性塑料袋，推广使用环保布袋和可循环使用的购物纸袋，这不仅能体现一个人的教养，也是环保的需要。

商品包装勿私拆

私拆商品包装是一种没有教养的行为。有些顾客拆开包装反复挑拣，挑完后又不将产品包装好，随手乱扔包装袋和拆除包装后的商品，不清洁也不美观。有些被拆了包装的商品，商家不能退回原厂，只能打折处理掉。这样的行为既影响商品销售，给商家带来不必要的经济损失，也让其他消费者气愤，是违背礼仪的行为。

知识链接

让人满意的购物环境既需要商家提供优质服务，也需要顾客的配合和支持。只有买卖双方相互理解尊重，才能联手打造一个和谐的购物环境。当商家为营造良好的购物环境而努力时，消费者也应该多一些自律、多一些自觉，做到文明购物。只有这样，购物才会成为大家的共同享受。

散装食品不乱尝

很多商场超市在销售豆制品、熟食、糕点、干果、蜜饯、酱菜、凉拌菜等散装食品时，把食品存放在密闭容器中，同时

有防尘材料遮盖，但是依然无法阻止一些不文明顾客私自品尝食品的“热情”。有顾客表示，有些食品不品尝不知其味，不知其味就无法购买。作为一个文明顾客，要遵守商场超市的规章制度，养成良好的卫生习惯。散装食物柜台如果没有品尝区或售货员同意，就不要私自品尝。同时挑选散装食物时，尽量不要直接用手抓，请使用特定的小铲子、小夹子等工具。

试衣时不要弄脏衣服

购置新衣难免要去试衣间试衣。试衣服前如果刚吃完食物，双手不擦就试衣，难免使衣服粘上油污；试衣时如果不注意分寸，穿套头衣服就容易使衣服沾染上护肤品等；刚出了一身大汗，不要马上进店试衣，以避免试衣服时浸染汗液。

试衣时弄脏衣服，既是对衣服的不爱护，又是对售货员的不尊重甚至刁难。如果售货员看到衣服被顾客污染，恐怕很难心平气和。不要因为衣服不是自己的就不珍惜，以至于给别人留下一个自私、品质低劣的印象。

知识链接

试衣服时一定要尽量减少占用试衣间的时间。准备进入试衣间前要先敲敲门，试探一下里边是否有人。如果试衣服的人多，就要有序排队，不要粗鲁敲门催促或大声抱怨。轮到自己试衣时应主动请营业人员清点数量，每次拿进试衣间的衣服不要过多。

购买蔬菜不要过于挑拣

有些蔬菜不能很容易直观地看出新鲜程度。我们可以用看、捏、掂的方法挑选新鲜的蔬菜。先看外观是不是干净完整，有没有破损，尽量选择没有破损的蔬菜。如果手感很沉，说明水分足，非常新鲜。但是，把商家的蔬菜拣了又拣、剥了又剥，最后蔬菜被剥拣得不能再卖了。这样做就有点过分了。超市的蔬菜，大多已通过初级收拾。如果过分挑拣会造成不必要的浪费，也会给后面买菜的人带来不便。

不买的商品要放回原处

一名顾客在超市挑选电磁炉时，不慎把购物车里的梨压坏了一个。她随手把整袋梨放在家电柜台上，转身走了。当有人问她为什么不将梨放到收银台处的弃物篮里时，她坦言："梨是我弄烂的，要是放过去，超市要我赔钱怎么办？"和这个顾客做出的不良行为类似，洗衣液上放着一袋葡萄干、豆油货架上出现一双拖鞋、尿不湿上有一盒冻肉……不少市民逛超市时，都曾在货架上发现过这样的"超市弃儿"。

这种由部分顾客乱拿乱放引起的"错架"现象，不仅加大了工作人员的劳动强度，也给超市带来不必要的损失。顾客在选购商品时应注意：首先要做到心中有数，买什么就拿什么，尽量减少临时放弃购买的情况；当选取商品（尤其是生鲜类商品）后又决定不要时，应尽量把商品放回原来的货架。

购物车、篮要整齐摆放

一般去超市购物的人都会先推一辆购物车或者拿一个购物篮。购物结束后，车、篮随处丢放成了一些人的习惯做法。

将购物车、篮随意停放在超市的过道上，或者是结账时将货品取出后把购物车、篮留在原地，都需要有专人收集整理。这样的做法不仅不文明，还存在一定的安全隐患。拿着手机的“低头族”和跑来跑去的调皮小孩儿很容易撞到四处乱放的购物车或购物篮。在人流高峰时段，购物结束后应帮助超市工作人员把购物车、篮整齐地摆放到存放处，便于下一位顾客使用。为了安全和自身形象，那些带着孩子的顾客，尽量不要让孩子坐在购物车里，也不要将身子压在购物车上向前滑行。

手有污渍，避免触摸商品

平时大家的双手会接触很多的东西，在接触脏东西时双手难免会染上污渍。带着一双有污渍的手去商场超市购物，就要格外注意自己的行为。手有污渍，就不能随意触摸商品，尤其是食品。脏手和食品的“亲密接触”不仅不文明，容易招来商家工作人员的劝阻，这种行为更会导致病菌或者病毒沾染到食物上，从而引发食品安全事故。在一些管理严格的商场、超市，被顾客手上污渍弄脏的食品会按规定被扔进垃圾桶，从而让商家蒙受不应有的经济损失。

易碎物品，轻拿轻放

穿衣镜、花瓶、碗碟、酒瓶等玻璃和陶瓷制品，手机、电脑、笔记本、单反相机等电子机械类产品是商场超市中常见的易碎物品。对于易碎物品，顾客要轻拿轻放，以免不小心碰坏物品产生纠纷。万一因为无意损坏易碎品和商场超市的工作人员发生争执，应根据《消费者权益保护法》的相关规定，按照成本价格赔偿，这是做人的基本礼仪，也是自己应该承担的法律责任。当然这里的成本价格并非进价，而是货物到商家的价格，也就是包含运输、仓储等费用的价格。

按需购买，切勿跟风

很多商场超市在节假日时，会利用消费者贪图便宜的心理，推出大规模的打折促销活动。例如，某些顾客特别愿意在打折促销活动中购买大量食物。从理性消费的角度看，购买食物前应做好计划，尤其是保质期短的食物。根据当天就餐人数、每个人的食物喜好等因素做好统筹，按需购买，既保证新鲜又避免浪费。对于可短期储存的食物，应根据食物特性和标明的储存条件存放，并在一定期限内吃完，避免食物不新鲜或者变质。

“静以修身，俭以养德”，珍惜资源要从每个人做起。理性的消费者要按需购买商品、按需储存商品、不跟风、不盲从，坚决摒弃“囤货”的不良生活习惯。

礼貌对待服务人员

尊重服务人员的工作，遇到纠纷心平气和地解决。商场、超市的服务人员劳动时间长、劳动强度大，难免有工作疏漏的地方。顾客不能因为他们的服务不到位，就对人家指责谩骂甚至拳打脚踢。这样做不仅无法解决问题，还显示出顾客素质的低下。

当发生矛盾冲突的时候，顾客应该保持头脑冷静，心平气和地协商解决办法。要知道服务人员比顾客更不想闹大事端。

排队结账要守序

有序结账排队是每一个购物者文明素养的体现。有的商场超市在收银台处的地面上纵向设置多条“一米线”提示标识，引导消费者按照一米的安全距离有序排队。作为文明顾客，在需要排队结账的地方，不能加塞插队，对于老、弱、病、残及妇女和儿童，应有礼让精神。如果实在有急事，需要先行付款，应向周围人解释原因，并征得同意。在离开柜台时，对营业员所提供的服务应表示谢意。

知识链接

公共场所请不要吸烟

二手烟是危害极广泛、极严重的室内空气污染，是全球重大死亡原因之一。有研究指出，二手烟有四千多种有害化学物质及数十种致癌物质，会导致哮喘、肺炎、肺癌等疾病，非常不利于人体健康。

吸烟者要多为他人着想，在商场超市应遵守公共场所禁烟条例，做到公共场所『不吸烟、不递烟、不送烟』，营造无烟、舒适的购物环境。除了传统纸烟，消费者在商场超市抽电子烟也应考虑其他人的感受。实验证明，二手电子烟中的尼古丁会影响胎儿的健康，也会对少年儿童的大脑发育造成终身不可逆的损害。

公共礼仪

生活垃圾处理礼

礼仪重在细节

点滴之中见文明，细微之处显素质。

处理生活垃圾看似一件小事，却能彰显一个人、一个城市的文明程度。随着人们的环保意识越来越强，做好垃圾分类成为我们每个人的必修课。我们如果能够合理地对垃圾实行分类回收，不仅能减少垃圾排放，还能通过垃圾分类使之重新变成资源，同时也能体现我们的自身修养。

厨余垃圾要及时清理

厨余垃圾泛指饮食加工、烹饪制作过程中留下的剩饭、剩菜、果皮、蛋壳、茶渣、骨头，还包括用过的一次性餐厨具、食品包装材料等。据统计，平均每个人每天都能制造出一千克左右的厨余垃圾，如果每天不及时清理庞大的厨余垃圾，就很可能成为威胁人体健康的病菌源头。厨余垃圾中水分含量高，非常容易发酵。如果厨余垃圾不放到专门的垃圾桶，而是随处乱放，会对周围的空气造成污染。厨余垃圾中一般容易出现沙门氏菌、金黄色葡萄球菌、结核杆菌等多种强感染性致病菌，如果没有及时清理，厨余垃圾腐败后会散发臭味甚至“毒气”，污染公共环境。考虑到卫生因素，厨余垃圾最好每天清理，如果每个家庭、每个人从源头控制垃圾分类，才能更好地解决垃圾处理问题。

有害垃圾特殊处理

有害垃圾包括废电池、废日光灯管、废水银温度计、过期药品等，这些垃圾需要特殊安全处理。

分类投放有害垃圾时，应注意轻放。其中：废灯管等易破损的有害垃圾应该放入包装袋（或包裹）后投放；废弃药品应该放入包装袋（或包裹）后投放；杀虫剂等压力罐装容器，应排空内容物后投放；在公共场所产生有害垃圾且未发现对应收

集容器时，应携带至有害垃圾投放点妥善投放，不可投放至其他垃圾桶，以免影响他人的身体健康。

废旧物品妥善安置

现在大家的生活水平提高了，每家每户都会有些废旧物品。废旧物品，是指废旧金属、纸品、塑料、玻璃和其他可回收再利用的废旧物品。如果家里有用不着的废旧物品，如不穿的鞋子、衣物，不要的旧桌椅、旧沙发等，既占空间，又浪费资源，我们可以将其分类清理、改造。如不要的旧衣服可以让家长做成拖鞋，将不穿的衣服送给灾区或福利院，旧家具、旧家电可以卖给收旧家具、旧家电的。

垃圾不要放在门口

很多人觉得自家门口就是自家的区域，放点垃圾没什么。其实不然，门外属于公共区域，而公共区域的环境需要大家共同维护。很多小区住户都有这样的居家行为：把家里的垃圾放在门外。低层住户为避免家里产生异味而选择把垃圾放在门外；中高层住户由于楼层较高，扔垃圾不方便，总是喜欢把垃圾堆到一定程度才会一起拿下去扔。从礼仪的角度看，把垃圾放在门口的行为非常不文明。楼道等公共区域是业主共有的，如果每家每户都占用一点，其后果不仅仅是影响美观，还存在一定的安全隐患。有些人把垃圾堆在门口后又不及时扔掉，夏天那些厨余垃圾或易腐蚀垃圾，很容易招惹来蚊虫、苍蝇；散落出来的汤水，让本来洁净的楼道变得肮脏不堪。住户要提高自身素质，保持楼道整洁，及时扔掉垃圾。

入住酒店礼

公共礼仪

提前预订　注意细节

一家人远行观光旅游，一般会选择入住宾馆、酒店。然而入住酒店不同于在家，它只是你临时租用的一个住处，不可以随心所欲。所以有一些必要的规定和礼仪需要注意，这样才会体现你的素养。那么，我们该注意哪些细节才能彰显出自己的素质呢？

外出旅行提前预订酒店

外出旅行要提前预订酒店，这样既方便自己，又有利于酒店的管理。尤其是在旅游旺季出门，这一项工作更是必不可少。预订酒店的方式是多种多样的，常用的方式是电话预定。在确定了要入住的酒店后，先拨打预订电话，对客服人员说清楚你的预算要求和需要满足的条件，包括入住的人数和房间的类型。特别是要报清楚申请住房人的姓名和到达酒店的大概时间。万一比预定时间晚到达酒店了，应尽快及时打电话联系，这既是一种礼仪修养，也避免出现自己预定的酒店被取消的尴尬情况。

进入酒店大堂先登记

到达目的地之后，有备而来的你就可以直奔预约好的酒店。进入大堂后，首先应该到前台登记。如果你带了大量的行李，酒店服务人员会帮助你搬运行李，你可以礼貌地谢过之后就去登记入住。

如果前面有正在登记的顾客，那么你应该静静地按顺序等候。等待时要与其他客人保持一定的距离，不要贴得太近。虽然不必排成一队，也不能乱站乱挤或采取任性无理的态度。

登记时要出示身份证或其他证件。登记结束并拿到房间钥匙之后，你就可以去订好的房间了。

不在酒店大声喧哗

大厅和走廊是酒店生活中的主要公共场合，因此一定要记住，不要在大厅和走廊大声喧哗。很多人去酒店就是为了休息，如果大声吵闹会影响他们休息。有些无法忍受喧哗的客人会打电话去总机投诉，酒店值班经理会处理投诉的事情。如果对方太过分，值班经理会考虑帮客人换房或者给予其他补偿。

要保持好酒店卫生

虽然打扫客房是服务员的工作，但是也不能因为有人代劳就不注重保持清洁卫生。废弃物要扔到垃圾筐里，东西尽量摆放得整齐有序。

在房间用餐完毕，要用餐巾纸将碗碟擦干净，放在客房外的过道上方便服务人员收拾。在洗手间，不要把水弄得整个盥洗台到处都是。淋浴的时候，浴帘的下部要放到浴缸里面，不要把地面弄湿了。用完之后，把自己落在浴盆里的头发收捡干净。

损坏物品要主动赔偿

如果不小心弄坏了酒店的物品，不要隐瞒抵赖，要勇于承担责任并加以赔付。要主动配合酒店工作人员的调查。酒店方面在接到客房部所述客人损坏财物的报告后，会派人检查被损物品，与客人核实情况。客人应有礼貌地说明损坏物品的原因，查阅被损物品的赔偿价格，然后遵照酒店的相关规定积极做出赔偿。

住酒店不可大肆浪费

入住酒店，应注意节俭。有些人在住酒店期间，一点都不注意自身的教养，大肆浪费。住店期间，他们极尽所能地浪费水资源和电资源：即使暂时不在房间也开着灯，即使洗漱完毕也不及时关水龙头。他们在住店期间狂打房间内的免费电话，找人聊天；除了房间里配备的免费用品，他们会额外再向服务员索要免费的小物品并迅速用光……这种占小便宜的行为，给人以素质低下的印象。不珍惜物品、大肆浪费，是一种违背礼仪的行为。

禁用酒店的毛巾擦皮鞋

用酒店的毛巾擦鞋是非常恶劣的行为。因为没有人希望自己擦脸用的毛巾曾被别人擦过鞋。擦完皮鞋后，必定会有尘土、鞋油等污垢沾染到毛巾上，给别人的健康带来隐患。即使事后将毛巾洗干净，这种行为也是缺乏修养、品质低下的表现。如果有这种行为，即使你平常表现得彬彬有礼，也一定是缺乏礼仪教养的人。

结账完毕，致谢道别

在准备离开之前，你可以先给前台打个电话通告一声。如果行李很多，就可以请他们安排一个人来帮你提行李。如果你想要些纪念品，可以到酒店的商店里看看。在前台结账时，应配合酒店检查是否有账未入、租借物品未归还、有留言及转交物品未取走等事项，结账完毕离店时，要向酒店人员致谢道别，这不仅能给人留下一个完美的印象，也是对别人付出的真诚表示感谢，是一个人有良好修养的体现。

如厕礼

文明如厕
礼让为先

公共礼仪

公共厕所是一座城市文明程度的标尺，更是城市品质和城市形象的重要载体。文明如厕，干净了自己，也方便了别人。如厕，看似一件平凡的小事，却与教养息息相关。它不仅体现了如厕者的个人修养，而且反映了整个社会的文明程度。

有序入厕，礼让为先

公厕属于公共设施，人们如厕时要遵守秩序，不争不抢，礼让为先。进入公共卫生间时，如果遇到人多的情况，应在卫生间门外排队等候。如果遇到内急无法控制，想提前使用厕所时，应该耐心向排在队伍前面的人解释。出入厕所蹲位时不要用力过猛，将厕所门拉得大开或撞得直响，应该轻轻推门，轻轻关门，以免厕所门撞到别人。

保持洁净，手纸入篓

为了保持厕所洁净，女士用坐式马桶，应该在马桶上坐好；使用蹲式便池，应该在靠前的位置蹲下。切不可以半蹲的姿势，这样很容易弄脏厕所；男士上厕所，小便时身体应向前站好。如果使用的是蹲式便池，身体应略微退后站立。如果男士大便时使用的是坐式马桶，使用完后记得冲水。如果弄脏了马桶，一定要用卫生纸擦拭干净。使用完的厕纸要入篓，不要随意丢弃，更不能扔进马桶中，以免堵塞马桶。要尊重保洁人员的劳动成果，不给他们添麻烦。

随手冲厕，彰显文明

“点滴之事显文明，细微之处见公德”，文明如厕反映一个人的文化素养。别忘了“来也匆匆，去也冲冲”，随手冲厕彰显个人及社会文明。除了一些自动冲洗的厕所或者智能马桶有用后自动排水的功能，如厕者应该自觉做到大小便后及时冲水。冲干净后再离开，为后来者留下一个干净的如厕环境。冲洗厕所后，应把衣饰整理好。男士不要一边系着腰间的皮带（对于女士来说，就是一边整理衣裙）一边走出蹲位，这样很不雅观。

爱护厕所内的公共设施

文明如厕的习惯，体现在一系列的细节中。正确掌握了如厕礼仪，就要熟悉卫生间的每一项功能，知道每一处设施的作用，保持卫生间的整洁等。不要损坏厕所内的公共设施和清洁工具，更不能盗窃厕所内的公共设施和清洁工具，否则会给其他人正常使用厕所造成不便。有一点要特别注意，不要随手拿走洗手间里备用的手纸或乱拉乱用手纸。如果有人不小心损坏了厕所里面的公共设施，应照价赔偿。

避免在公厕中吐痰

公厕，首先要注意公共场所的礼仪。洗漱池是公厕的配套设施，有的人在公厕洗漱池里擤鼻涕、吐痰，夏天时还用洗漱池冲脚，这些都是不文明行为。每个人都应该成为文明如厕的监督者。强化主动监督意识，及时劝阻和监督不文明行为，消除不文明现象，共同推动整个社会文明程度不断提升，共同维护文明如厕良好氛围。便后洗手，请及时关闭水龙头。如果遇到水龙头、冲水阀等损坏造成水流不止的情况，应及时向厕所工作人员反映，避免水资源的浪费。

不要在厕所乱写乱画

在有些地区，个别素质低下的人习惯在公厕乱涂乱画的行为屡禁不止。作为文明的如厕者，不要在厕所的墙壁和门板等处乱涂乱画和书写污言秽语。在厕所墙壁和门板等处粘贴、手写商业小广告或者宣传画等，不仅严重影响了公厕的美观，还给公厕工作人员日常清洁带来了很大的麻烦，这些都是违背礼仪的行为。

尊重公厕管理员

公厕管理人员大都是年纪较大的大爷大妈，他们有时发现某些人如厕后没有冲水或某些不雅的行为，就尽职尽责地前去提醒，甚至提出批评，不料却遭到那些人的恶意辱骂。尊老敬老，是做人的基本素养，包括遵守公共场所的秩序，是每一个人的基本礼仪。所以，要提高文明如厕意识，践行“文明如厕，从我做起”的理念，千万不要因为公厕管理人员的正常工作而恶意辱骂他们，这是严重违背礼仪的。

养宠物礼

公共礼仪

文明养宠
共建美好家园

文明，不仅是个人素质、教养的体现，也是社会公德、社会良俗的体现，是一座城市文明素养的综合反映。现在养宠物的人越来越多，社区内、街道上、公园里遛狗的情景屡见不鲜，而宠物引起的纠纷事例也时有发生。宠物很可爱，养宠物也可以给人们带来愉悦和满足感，但应该遵守基本的礼仪和法律，避免对别人造成伤害。

要依法办理相关手续

在通常情况下，居民养宠物，应当携带宠物到所在地的城市市容环境卫生行政主管部门或者其委托的城市街道办事处申请注册登记。填写登记表时，应提供下列材料：

（一）居民户口簿、身份证明。

（二）依法设立的动物防疫机构出具的免疫证明。

（三）宠物照片两张。

相关部门对经审查符合条件的宠物予以注册登记，发给相应证件和宠物标识；条件不符合的，应当自收到材料之日起七个工作日内，予以不办理登记书面答复，并说明理由。这些管理措施都是为了对宠物做到有序管理。

定期为宠物注射疫苗和体检

一个合格的宠物主人，在为宠物注射疫苗前，一定要给宠物做临床体检，包括体温、呼吸、心跳次数、体表检查等。主人带宠物到医院注射疫苗时，医生如果不做检查就注射疫苗，有可能引起意外。有些宠物表面上看起来健康，实际上身体已有潜伏的疾病。注射疫苗后，它们马上就会发病，甚至会引起死亡。所以，在注射前体检中凡是体温较高或较虚弱的宠物，都暂时不要注射疫苗，要等到身体恢复健壮或疾病完全康复后再注射。

不要虐待宠物

近年来，很多地方出现了严重虐待动物的行为，例如网上出现的高跟鞋踩猫事件、打狗事件、火烧猫事件等，引发了社会严重的不满情绪。有的人甚至依靠虐待动物来获取利益，例如惊吓式的逗猫方式、固定宠物身体摆拍等，这种视频图片传播的背后是罪恶的利益链，以猎奇的方式吸引流量，然后再变现。我们要认识到，“凡是爱，皆须爱”，任何宠物，都是有生命的个体，我们都要尊重、珍惜、爱护它们。而养宠物，不仅仅是一种乐趣，更是一种责任，也是一个人的爱心体现，反映了做人的基本素质。

外出遛狗要牵绳

因为外出遛狗引发的纠纷，近几年不断有人提出“人权”与“狗权”的问题。狗的主人为了自己的爱好和方便，就让自己的狗伤害或惊吓到别人，这是很不应该的。要做到文明遛狗，外出遛狗时使用牵引带，尽量为它们戴上嘴套，防止它们“出口”伤人。虽然有的宠物从不咬人，但很多老人、小孩对狗有恐惧心理，看到狗朝自己跑来就会产生严重的畏惧情绪。所以，狗的主人外出遛狗时，一定要牵好绳锁，尽量让自己的宠物狗与老人和小孩保持一定的距离，这是对他人的尊重，也是公共场所应该遵守的礼仪。

及时清理宠物排泄物

宠物在公共场所随地大小便的现象屡见不鲜。宠物的粪便不仅有损城市形象，也影响了市民的正常生活。要想妥善解决公共场所的宠物排泄物问题，还需要养宠物者提高责任，遵守公共场所的基本礼仪。携带宠物外出时，应携带卫生纸、塑料袋、清理粪便的拾粪夹和拾粪器等，及时清理宠物排泄物。

避免宠物狗狂吠扰民

宠物狗被关的时间过长，要狂吠；宠物狗想和主人玩乐，要狂吠；宠物狗见到熟人很激动，要狂吠……但宠物狗狂吠，可能会影响周围邻居的正常休息。为了避免宠物狗狂吠，主人可以采取各种有的放矢的对应措施，合理安排宠物狗的运动时间。如果主人白天工作太忙，可以选择晚上八九点带宠物狗出去散步。没有时间陪宠物玩乐的主人，可以为宠物狗买一些小玩具来帮助它们消耗能量，或者短时间把它们寄养在宠物店。

主人也可以尝试为宠物狗提供舒适的睡眠或娱乐环境，让它们在温馨或快乐的环境中不再乱叫。

带狗乘坐电梯有讲究

“我们小区经常有狗乘坐电梯。电梯就那么点儿空间。有些大狗喘着粗气，身上还散发着异味，这种气味在电梯里很久才能散去。甚至有狗在电梯内小便，这样很不卫生……”类似的抱怨在媒体、网络或生活中不时可以听到。从文明养犬的角度看，犬主携犬只乘坐电梯应该充分考虑邻居的感受。在乘坐电梯时，犬主最好为大型犬只戴上嘴套，将小型犬只抱在怀中，并尽量杜绝犬只在电梯内大小便的不文明行为。

不要随便遗弃宠物

宠物也是一条生命，应该得到尊重。相对于人类和野生动物，宠物本身就依赖于主人而存在。当被遗弃之后，很多宠物因为食物短缺等因素而死亡，甚至会危害社会，成为某些疾病的传染源。遗弃是对宠物极大的伤害。如果万不得已，自己被迫要和宠物分开，那么一定要为它找到愿意照顾它的新主人，让它在新主人那里幸福地生活下去。切记：当你养宠物时，就要有对它负责一生的心理，不是特殊原因，不能有遗弃它的想法，这是做人的基本素质。

观影礼

公共礼仪

文明观看
从小事做起

去电影院看电影，是许多人放松、休闲的一种生活方式。然而，在享受视觉盛宴的同时，一些观众的不文明行为破坏了观影环境，影响他人观影的雅兴。文明观影，不仅是对他人的尊重，也是一种社会责任。让文明观影成为一种风尚，看电影的过程，才能变成一次美好的生活经历。

提前进场，尽早入座

电影院一般提前 15 分钟开始检票，最好在这个时间段进场，寻找座位，对号入座。请尽量不要在电影开始、熄灯了你才摸黑进入。迟到入场或中间有事离场，请迅速、安静地进出，切勿打扰到他人观影。需要灯光时，可将手机手电筒打开，但应尽量放低手机。

检票口
2—6
离电影开场还有
15分钟
请提前检票

如果你到达电影院发现其他观众已坐好，你的座位在中间，这时应有礼貌地请别人给自己让道。通过让座者面前时，要与其正面相对，切勿让自己的臀部正对着他人的脸，这是一个有失礼仪的动作。当他人给你让道后，应对他人表示感谢。如果迫不得已太晚入场，就不要再往前寻找座位，而是应该坐在靠后门口附近的座位上，以免影响他人观影。

要保持手机全程静音

观影时需要安静的环境，而突然响起手机铃声，是对其他观影者的严重干扰。有的观众在看电影时不仅铃声频频响起，还大声接打电话，当他人善意提醒时，不仅不听劝告，甚至还和他人发生冲突，这是违背礼仪、缺乏教养的行为。我们必须明白：不同于私人影厅，电影院是公共场所，应在观影前将手机调至静音或关机状态，不要让手机铃声影响别人欣赏影片。如果确实有急事需要接打电话，应该悄悄地走到影厅外处理。

端正坐姿，不影响他人

看电影时，很多人喜好把“二郎腿”翘得高高的，感觉这样的身姿很舒服自在，观影不是为了让自己身心放松一下吗？但这样的姿态是不雅的行为，毕竟影院是公共场所，并且，跷二郎腿时，腰椎、肩膀都会出现一定角度的倾斜。腰椎承受压力不均，时间长了容易造成腰肌劳损，引起腰痛。正确坐姿是端正身体，腰、背和颈在一条直线上，紧贴椅子。这样既美观大方，也不影响其他人紧急通行。如果长时间端坐，腰部肌肉出现疲劳状态，可以每隔一段时间“自我打断”一次，适当活动活动四肢。

注意饮食声音和节奏

很多电影院设置了小卖部，为观众提供雪糕、花生、爆米花等食物。有些人自己带了汉堡、鸭脖、鸡翅等观影零食。于是，在黑暗的电影院中，吃东西的“咔嚓”声不绝于耳。

从文明观影的角度出发，观众应尽量少吃零食，专心观影，尤其不应吃榴梿等味道较重或有刺激性气味的食物。吃东西也应注意不要发出过于响亮的声音，不要弄脏座位及周围地面。需要特别注意的是：不能把食物碎屑扔得到处都是；离场时，应将自己的食物垃圾归置好带走。这体现了观影者的基本礼仪修养。

不要随意离开座位

在观影过程中，如非必要，最好不要随意离开座位。因为站立起来会影响其他观众。实在有急事或者要离开座位去厕所应该弯腰、低头，侧着身体轻轻朝前走，从别人面前经过时，要向两边的人致歉。有的孩子因为害怕电影院黑漆漆的环境或惊吓情节，而产生拒看电影甚至在影院大哭大闹时，父母应该立刻带着孩子离开，不要影响他人正常观看。

知识链接

怎么处理『霸座』行为

在电影院，有人发现自己的座位被他人霸占，可以凭座号要求其让座。如果对方强行『霸座』，可联系工作人员负责解决，不要因为此事发生强烈冲突，进而影响他人。

观众购票入场观看电影，这意味着观众与电影院经营商建立服务合同法律关系。电影票上记载的座位号及『对号入座』提示，是合同约定的一部分。这样的合同约定既约束观众，同时也约束电影院经营商。当观众非因本人意志原因，导致无法按其所购电影票记载的座位号入座时，那么影院经营商对该观众构成违约，观众有权要求相应的赔偿。

不要录制电影画面

很多人在观影时，喜欢用手机录制电影画面。这种行为是影院公司最讨厌的行为之一，因为这涉及知识产权保护的权益问题。一部影片，制片公司要投入很大精力和财力，才能上市发行。所以，他们的劳动成果自然需要得到尊重和保护。当影片面世时，很多观众用手机私自录制电影画面，尤其用于传播时，就是明目张胆的侵权行为。我国在2017年颁布的《电影产业促进法》中明确指出：未经权利人许可，任何人不得对正在放映中的电影进行录音录像。发现录音录像者，电影院工作人员有权予以制止，并要求其删除；对拒不听从的，有权要求其离场。

不要在影院打呼噜

让其他电影院的观众感到极其无语的一种现象是，有的人看电影时睡觉，还很响亮地打着呼噜。对于那些习惯在影厅睡觉的人来说，电影院的座椅比他家里的床更催眠，电影开场瞬间就能开启睡眠模式。为了不影响别人观看电影，身边的人应该第一时间用手把打呼噜的人给捅醒。电影院是公共场所，需要静谧的环境。有打呼噜习惯的人，如果依然想睡觉，应尽快离开影院，以免再次打扰他人。

禁止嬉戏打闹

很多孩子都喜欢看电影，但是在他们的脑子里，没有观影礼仪的概念。有一些“熊孩子”在电影放映前嬉戏、争吵、跑来跑去地换位置，甚至在电影开场后仍然在荧幕前打闹。他们的行为严重违背礼仪，破坏了他人的观影体验。为了让他人正常观影，遇到这种情况首先要善意地提醒，有素质的家长应该不会放任不管。如果提醒了也没用，可以让电影院的工作人员帮忙处理。

不要随意脱鞋袜

有的观众在影院时，就仿佛回到自己家，立即放飞自我，脱掉鞋袜，然后一股臭味飘向四周，让其他人非常不满。这是严重违背礼仪的行为，特别是影院这种人员密集的公众场合，更应该注意，禁止脱鞋脱袜这种陋习。如果当事人不听劝阻，周围的观众可向电影院的工作人员投诉。

观看演出礼

公共礼仪

细节体现修养

生活中，我们经常会有观看演出的机会，如看戏曲、话剧、木偶剧、音乐会、文艺晚会等。观看演出能让我们放松心情，学习知识，提升品位。演出是表演者辛苦练习的成果，我们如何做到文明观看演出呢？这要从细节抓起，注意观看演出时的礼仪，文明观看，对表演者的辛勤工作表示尊重和称赞，让演出获得成功。

迟到观众在等候区等候

演出开始，大幕拉开，场灯熄灭，剧场应该变成一个充满仪式感的空间。然而，很容易打破这种和谐的行为就是迟到。迟到的观众不仅会影响其他人观看演出，更重要的是会直接干扰到舞台上演员的发挥，极大地影响演出质量。

如果观众不小心迟到，就请遵守剧场的有关规定，在等候区耐心等候。然后，按照场务人员的指引，轻声入场、就近入座。待中场休息时再凭票回到自己的座位。

观看演出要衣着得体

剧场是欣赏文艺表演的艺术殿堂，也是重要的社交场所。影视作品中宫廷贵族往往华服入场礼貌观演。在实际生活中，观众只要穿着整洁大方即可。如果穿着居家短裤、拖鞋，会被谢绝入场。观众可携带随身小包，较大的书包、背包或拉杆箱等可寄放在剧院行李寄存处。怕冷的观众可携带一件薄外套抵御剧场里面的冷气系统。

何时鼓掌有讲究

观众鼓掌是一种基本的礼仪，是对表演工作者的鼓励和肯定，也是让他们解压和在演出结束后得到满足的极好办法。所

以，鼓掌是台下观众的正确情感表达，能够使得表演者与观众建立起良好的精神沟通。

观看音乐会时，曲间不可鼓掌，乐章间保持宁静既可以保证一部宏大作品的整体性，又能保证观众思绪的连贯性。全部乐章演奏结束后，指挥一般都会转过身来鞠躬谢幕，此时观众就可以纵情鼓掌、喝彩欢呼来表示对艺术家们的感谢了。部分芭蕾舞剧、话剧等文艺表演，看到精彩之处，观众可以放心大胆地鼓掌，演员非常需要来自观众的这种积极反馈。

作为传统礼仪，任何形式的演出结束时，观众都应该主动向台上的表演者热烈鼓掌，以示鼓励和敬意。

提前关掉手机或静音

演出过程中手机铃声突然响起，会严重影响演出的观感，手机铃声不仅会影响台下的观众，还会影响台上的演员。突然响起的铃声和过亮的手机屏幕都会影响到演员在表演过程中的专注度。演员在演出中会随时关注整个剧场的环境，有时剧场内也会设立一些标记来提示演员，而手机屏幕过亮，很可能导致演员误解提示标记，造成演出事故。

所以，作为有礼仪的观众，在演出前，会关闭手机铃声或调至静音状态，手机屏幕亮度也会调到最低。这样既不妨碍自己处理事情，也可降低手机对演员和观众的不利影响。

保持座位及剧场整洁

演出现场的垃圾主要是各种食品包装、纸屑、饮料瓶等。在演出结束以后，保洁人员清理出的各种食品包装有时能达到上百公斤。还有一些粘在地面的口香糖，保洁人员得用小铲子才能把它们清理干净。

作为文明观众，要注意保持座位及剧场整洁，把垃圾投放在现场的垃圾桶中，或把垃圾放在随身携带的塑料袋中，在演出结束后带走。要认识到，爱护环境是一个人的基本修养，并且保洁工人也不容易，尽量少给他们添加麻烦和工作量。

谢幕时，请勿提前离场

一般情况下，大型演出和歌剧、话剧、舞剧、芭蕾舞等都会安排总谢幕程序。由一般演员、次要演员、主要演员到导演等按次序谢幕。观众在演员谢幕时不要提前离场。演员谢幕是整个演出活动的重要组成部分，是演员对观众表达谢意的一种高雅艺术化礼仪。作为观众应该以礼相待，用喝彩欢呼等方式向演员表示敬意和感谢。在谢幕过程中，观众应在最后一个节目谢幕时热烈鼓掌，待演员退场后或大幕关闭时再有序离场。

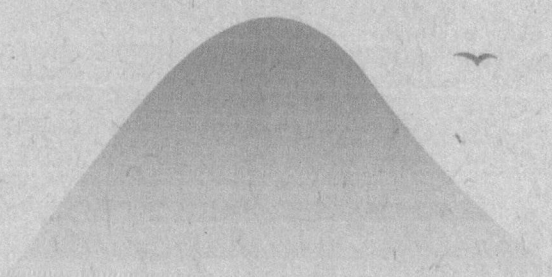

演讲礼

一举一动
皆可成『礼』

公共礼仪

演讲是一种面向听众的讲话，是就某一事件或某一问题向听众发表个人见解、论证个人观点的表达形式。演讲者在演讲时可以单向思维、单独表达，但必须讲究礼仪规则，不能随意表述。在公共场合演讲时，演讲者的表现会引起有关各方的热切关注，所以更需要注意礼仪。

演讲者上场要大方自然

演讲者上场时务必态度大方、表情自然，做到亮相得体。上场后首先环视一下全场，接下来才是开场白。演讲的开场白没有固定模式，例如可以介绍一下自己的姓名，并向听众致意。在没有特定演讲台的情况下，演讲者一般以站在前台中间位置比较合适。这可以统观全场，最大限度地注意到周围听众的情绪，使处在不同位置的听众都能从各自的角度看清楚演讲者。演讲者站姿要得当，不可以掉肩斜背，或是抖腿、晃动身体。目光要散到全场，尽量落到每位听众的脸上。

演讲者要充满激情

情是人性的天然表现，演讲者要善于在情的方面调动听众的情绪。演讲者在感情上一步一步地抓住听众，使听众的内心激情逐渐地燃烧起来，演讲将自然地被推向高潮。通俗地讲，就是以情激情，以心换心。具体而言，就是要适当地预设或埋伏一连串能够触发听众的想象、情感、意志、经验等的兴奋点，以便张弛有度、擒纵自如地驾驭现场，感染听众，从而获得演讲的成功。

演讲时尽量穿正装

对于大多数演讲活动来说，演讲者的服饰只要干净、大方、朴素就可以了。但是要严格要求演讲者的服饰，就有很多需要注意的地方了。

演讲者在演讲时必须尽量穿正装。正装，顾名思义就是正式场合穿的衣服。传统的正装有中山装、西装、套裙等。穿正装要注意：正装的色系不应超过 3 种，颜色太多则给人一种花里胡哨的感觉；正装必须是有领的，无领的服装，如运动衫一类不能称为正装；正装应当是带有纽扣式的服装，拉链服装通常不能称为正装；男士的长裤必须是系皮带的，运动裤不能称为正装，牛仔裤自然也不算正装；没有皮鞋的正装绝对算不上正装，运动鞋、布鞋、拖鞋是不能搭配正装的；女式正装常见的就是西服套裙，与之搭配的衬衫、鞋子、袜子等颜色不能太艳丽。

演讲者的声音要响亮

演讲的初步要求是让观众能听懂，所以要尽可能地使用普通话。在讲普通话时，声音要足够大。声音响亮是有信心的表现。响亮的声音，语气激昂，充满了能量和活力，不仅能配合演讲的内容更准确恰当地表情达意，而且能给观众留下更深刻的印象。

演讲时双手不要胡乱挥动

在演讲过程当中，所有的外在肢体动作都是向观众传递演讲者内在的情绪状态。所以无论是背在身后的双手，还是交叉抱在胸口的双手，都是在向外界传递，此刻演讲者很放不开，他很紧张，很没有自信。所以，演讲者演讲时，双手尽量不要

知识链接

演讲时万能手势：摊手

演讲时的摊手动作，顾名思义，就是向前伸出双臂，然后双手掌心，向上摊开，面向观众。这个手势，无论在什么场合，针对什么主题，面对什么人，无论在室内还是在室外，无论是人多还是人少，无论是有准备还是没有准备，无论演讲者说什么，都可以大方地采用。

心理学研究表明，人的手心向上面向别人，是一种开放、共享、给予、鼓励、认可、赞美等正面积极情绪的传递。摊手这种动作会让别人感觉非常舒服。因此，当我们在演讲过程当中，不知道用什么动作来搭配内容的时候，就可以大方地去使用摊手的动作。

胡乱挥动，可以双手相握，放在身前或身后，或者放松垂在两侧。手势的合理运用，可以让你的演讲更丰富，让你的演讲充满活力。

演讲结束后的礼仪

演讲结束时，作为演讲者离开讲坛前应面带微笑向听众说一声“谢谢”，并在向观众点头示意或鞠躬致意后，从容不迫地含笑退场，回到原座。下台时，切不可过于激动、匆忙，显出羞怯失意之神态；也不可摆出得意、满不在乎的样子。坐下后，如大会主席和听众以掌声向演讲者表示感谢，演讲者应立即起立，面向听众点头敬礼，以示回谢。

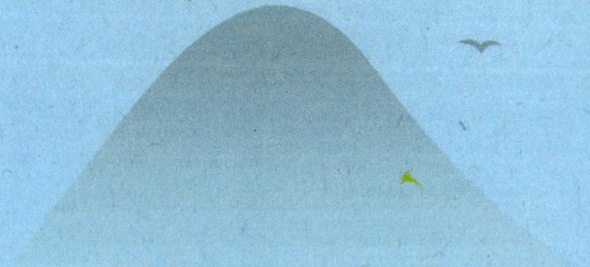

图书馆礼

小细节 大文明

公共礼仪

读书是为了增长知识、净化心灵、提高自身素质和修养，进而成为知书达理之人。图书馆是人们查阅资料、借阅图书和学习研究的地方。它与教室一样，是获取知识的殿堂，也是很多人希望保持静谧氛围的公共场所。这就要求人们必须遵守一定的礼仪和规范，共同营造文明舒适的阅读环境。

保持图书馆内的安静

一个大大的“静”字，经常作为警示贴在图书馆的墙上，也鲜明地归纳了人们在图书馆应当遵守的礼仪。

保持图书馆内的安静，就要求读者做事要轻手轻脚，说话要轻声细语，不得大声喧哗，并将手机及其他电子产品调整为无声状态，在馆内不应拨打、接听手机，不应做与读书学习无

关的事情。具体地说，就是进入图书馆走路要轻，入座起座要轻，翻看书刊要轻。在图书馆要尽量少说话，遇到朋友、同学等以点头、微笑的方式打招呼；如果确实需要与其他人交换意见，应该简明快捷、附耳低语，较长时间的讨论应到室外。在安静的图书馆环境里，旁若无人地大笑、喋喋不休都是很失礼的。

注重个人仪表的整洁

图书馆通常有专业的保洁人员，读者到图书馆有义务讲究卫生、保持环境整洁，不给保洁人员增加额外的负担。

在图书馆，读者应注意自己的仪表礼仪，塑造自己的最佳形象。面容清洁，头发梳理整齐，会给人留下生气勃勃、精神饱满的好印象。保持双手的干净，没有油腻污渍，这样才不至于翻书时把书弄脏。着装整洁得体，每个纽扣都要扣好，不要披衣散扣，不要穿拖鞋、短裤入馆。打喷嚏、打嗝、咳嗽、打哈欠时都要有节制，应事先道歉，捂上嘴转身再做动作。

保持馆内环境卫生

在图书馆就座时移动椅子不要出声。不要利用阅览室睡觉、休息。阅读时，坐姿要文明得体，不要乱扔纸屑，不随地吐痰，不大声咳嗽，不在馆内吃东西。在图书馆内边看书边吃东西，不仅影响他人阅读、破坏学习气氛，还易弄脏图书。板凳、桌子等都属于公共财产，应该注意爱护，不要随意写字、画画或涂抹。

雨天进图书馆时，应注意把雨具放在指定地点。还要把鞋底的泥水弄干净，以免溅到其他读者身上或把图书馆的地面弄脏。

进入图书馆举止要文雅

读者应当尊重图书馆工作人员和他们的劳动成果，与图书管理员说话要客气，注意使用“您好”“请”“谢谢”等礼貌用语。不要长时间地站在书架前阅读，以免影响他人查寻图书。在借还图书时，应当自觉排队，双手将书递到工作人员手中。如果借还图书的人很多，要耐心等待，不可连声催促工作人员，也不可烦躁地走来走去。图书馆内人多，不应为他人占座位，但想坐在他人旁边空位时，应当有礼貌地询问旁边是否有人。

珍惜借阅时间，熟悉借阅流程

有的超大型图书馆有数百万册藏书，有的读者费了很长时间却找不到需要的书籍，就愤怒地去和工作人员争吵。其实，在这样的图书馆，快速方便地找到自己想要的书籍是有方法的。

首先在电脑上查找自己所要的书籍，搞清楚它所在的地点、书架号、序列号。可用手机拍下序列号，如果实在不会用电脑查找序列号就去问总服务台。然后需要查找到图书馆的楼层示意图，记下所找书籍的具体楼层，以及该类书籍的存放位置。在该类书籍的存放位置找到大致范围的几个书架，根据之前拍下的书架号，找到放书的架子。根据拍下的序列号，找到序列号标签所在的地方。根据序列号标签，按顺序查找，就能找到所需书籍。

爱护图书，离馆时放回原处

在查阅书籍时，不可将书籍撕坏、撕页、折角，或用笔在书上乱写乱画。翻页时不用手指蘸唾液。用完了的图书、报纸、杂志，如果清楚地知道放在哪里，应尽量把它们放回原处，不能随便放在桌子上，或者随便在书架上找个位置乱放。如果在书籍中看到需要的资料，可到复印部去复印，不能将资料撕下来，甚至私自带走整本书。

疫情期间要配合防疫工作

疫情期间，凡进入图书馆的人员，都必须佩戴口罩，自觉在隔离区排队，保持 1 米及以上距离，经体温检测正常、人员信息登记、工作人员确认后方可入馆。入馆后听从馆内工作人员安排。

实行预约入馆的图书馆，读者在预约成功后，到图书馆入口处签到并向工作人员出示签到成功信息，经检查确认后方可入馆。预约后必须到馆签到，否则预约信息将会被取消。离开图书馆时，在图书馆出口处签离并向工作人员出示签离成功信息。签离后再次入馆必须重新预约。

以找人、会客、使用洗手间等非阅读理由进入图书馆必须在入口处登记相关信息，经工作人员允许后方可进入。

撑伞礼

雨伞、阳伞
都有学问

公共礼仪

每逢炎热的夏日或者下雨天，撑伞出行是生活中常见的现象。一把小小的雨伞不仅能为我们遮风、遮阳、挡雨，也能反映出一个人的修养和素质。常言道：伞品即人品。学会撑伞的礼仪，就能够以一份好心情度过雨天和炎炎夏日。

撑雨伞向着没人的地方

遇到下雨天，在打开雨伞之前，要确认周围有没有人，特别要小心那种“嘭”的一声，一键打开的雨伞，打到别人脸上。撑雨伞前，应抖动伞面，理直伞骨，缓慢撑开，可防止断裂。注意不要让手里的伞头漏出来，或让伞头对着后面的人，这样可能会打到小孩子，尤其是在上楼梯时非常危险。正确的做法是把伞头朝下，轻轻打开。另外，注意不要让雨伞碰到别人，把周围的人给弄湿了。

撑雨伞遇到路人要礼让

下雨天在路上和别人擦身而过的时候，为避免两把雨伞相

碰撞，或者是被对方雨伞上的水滴淋到，应当将伞往对方相反的方向倾斜避让（或者将伞举高）。当接近比我们矮的行人时，我们需要举起伞，以便他们安全通过。如果我们和路过的行人的身高差不多，那么手撑大伞的人应该主动避让。如果大家的伞的大小是一样的，那么提前发现对方的人，可将自己的伞歪向一边避让。

乘车时系好伞带

雨伞的使用方法，折射出使用者的素养。在乘坐公交、地铁、旅游大巴等公共交通工具时，上车前最好在月台上轻轻甩掉上面的水，一定要先系好伞带再上车，不要让湿雨伞碰到别人。有的人习惯上车后再收伞，这时候要小心，注意不要把雨伞侧向有人的地方。车里有空位的时候，可以手里拿着雨伞或者把雨伞立在身边，不要放在乘客座椅上。如果车里很拥挤，要把雨伞放到身体正前面，以免弄湿旁边的人。如果是折叠伞，应当把伞折叠起来放进专用的伞套或者塑料袋里。

做客收好伞，体现高素质

雨天到别人家做客，进门前要把雨伞放在室外控干水分。收伞时要做到伞尖朝下、伞骨完全收拢。若主人家有立伞架就要把雨伞放进立伞架。如果主人家没有立伞架，就应当装入备塑料袋或伞袋。必要时，可用手帕把伞面的雨水擦掉。另外，在收拢雨伞时，请保持自己的右手干燥，从而方便自己在开门或握手等社交场合中可以使用到右手。

使用阳伞有讲究

炎热的夏日，火辣辣的太阳逼得人们不得不在出门时撑起一把阳伞。当太阳直射，撑阳伞时将伞稍稍向后倾斜，不会遮挡视线。当太阳斜射，撑阳伞时，撑伞的手一般与光源方向相同，例如光线从右侧照来，就用右手撑伞。这样既能最大限度地遮阳，姿势也更加好看。从礼仪的角度分析，当同性两人共用一把阳伞时，应由身材更高的人撑伞；当异性两人共用一把阳伞时，应由男士撑伞。